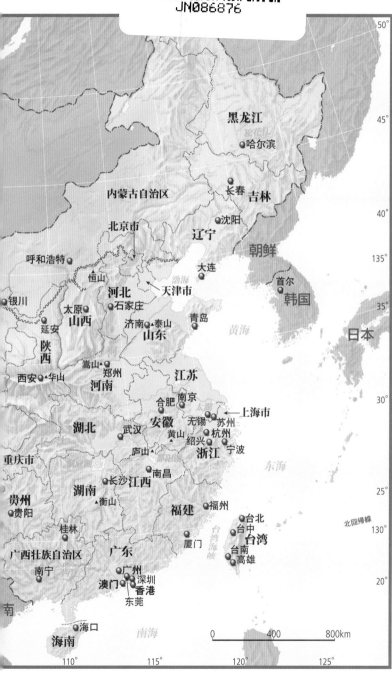

中国全図

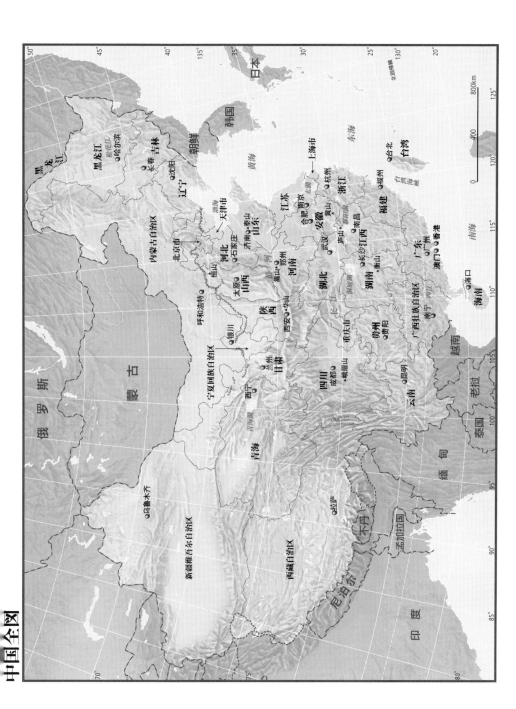

時事中国語の教科書
四半世紀版

—中国25年の変遷 (1998-2023) —

三潴正道

陳　祖蓓

古屋順子

朝日出版社

まえがき

　今般、朝日出版社から、『時事中国語の教科書』シリーズ各冊のエッセンスを集め、編集し直し、江沢民政権から習近平政権第二期に至る四半世紀を市民の目から捉えた中国現代史として出版したらどうか、というご提案をいただきました。

　1998年から始まったこのシリーズは、2022年度版でちょうど25冊目になります。1998年は、前年に鄧小平が死去し、中国の改革開放路線が新たなスタートを切った年でもありました。したがって、毎年、その前年1年間の世相を様々な側面から紹介したこのシリーズは、結果として、現代にいたるポスト鄧小平時代の転変を映し出す万華鏡になっています。この総集編を通し、これまでの中国の発展経過をたどりつつ、今後を展望することは誠に時宜にかなったものと思います。

　総集編は、各冊からそれぞれ4本を精選したものです。各冊にはまた、その前年を代表する副題を付けてあります。これをつなげてみると、この四半世紀の流れが生き生きとよみがえってきます。これについては、資料のページに解説付きでご紹介します。

　顧みれば、本シリーズスタートの初志は、第一に、先入観に支配された、ステレオタイプ的な中国に対する見方を是正すべく、中国の現実の発展ぶりや庶民の生活ぶりを年々同時進行形で紹介すること、第二に、現代中国語における書面語、とりわけ、新聞・雑誌・インターネットなどで使用されている論説体と口語体との異同を教育の現場できちんと学習者に理解してもらうことでした。それはまた、著者にとっても学びの連続にもなりました。

　このシリーズを開始したとき、私はちょうど50歳でした。したがって、この2023年で75歳になります。あの頃、自分が引退する頃には、日中関係は戦後のレジームを脱し、次世代に明るい未来を託すことができるだろうと信じていました。しかし、現実は一層混迷を深めていくばかりです。また、現代中国語書面語の研究は、中国ではここ二十数年来、馮勝利氏をはじめとするすぐれた学者が輩出され、研究書も十数冊に上っていますが、日本では、固定観念にとらわれているため、独立したジャンルとして研究する学者はいまだほぼ見当たりません。その意味で25年の営みはなお十分な効果を上げるには至っていませんが、播いた種がいつか芽生えることを祈りつつ、この総集編を送り出します。

　この25年間、共著者、陳祖蓓先生とは、編集方針をめぐって時には激論を交わしつつ互いに切磋琢磨してきました。テーマの選択での意見交換、テーマに沿った陳先生の原文執筆、それにあわせた三潴のコラム欄の執筆、25年間、7、8月はそれに

かかりっきりでした。その後、強力な援軍として古屋順子先生が編集執筆に参加され、現在に至っていますが、『時事中国語の教科書』シリーズが今後も続くことを切に祈っております。

　末尾ながら、本シリーズを長年ご採用くださいました諸先生、並びにスタート当時から絶大なご支援をいただいた朝日出版社の藤野様、今も一貫して支えてくださる同中西様、宇都宮様に厚く御礼申し上げます。

2023年8月吉日　花菫翁　三潴正道

目　次

副題で綴る四半世紀（1997〜2022年）の動き

第二期江沢民政権

　1997年2月19日、中国の最高実力者、**鄧小平**が死去しました。1989年の**天安門事件**後、西側の制裁が続く中で改革開放の将来を案じた鄧小平は、自分が影響力を行使できるのは1992年秋の第14回党大会が最後のチャンス、と判断し、同年初頭、老齢を押して武漢・深圳・珠海・上海などを巡り、世に知られる「**南巡講話**」を発表、「改革開放の方針は百年揺るぐことはない。思い切ってやれ」との大号令を発しました。これが契機となって中国は再び積極的高度経済成長路線に回帰したのです。

　傑出した指導者、鄧小平の死去を受け、当時の**江沢民総書記**を中心とした党首脳部は、この危機を結束して乗り越えようと、"**稳定压倒一切**"「安定はすべてに最優先する」というスローガンを掲げ、党の団結を呼びかけました。

　ちょうどその頃、中国は世界貿易機関「**WTO**」への加盟申請が大詰めを迎えていました。第二次世界大戦末期の1947年、戦争終結後の国際自由貿易システム構築へ向けて**GATT**（貿易と関税に関する一般協定）が設置されましたが、中国は1986年に同協定への加盟を申請し、それが、GATTを含み込む形で1995年にWTOが設立された後も引き継がれていたのです。しかし、世界の自由貿易経済の盟主はアメリカ。天安門事件でぎくしゃくした対米関係を改善することが焦眉の急になっていました。こうして、1997年には江沢民総書記がアメリカを訪問、翌1998年にはアメリカの**クリントン大統領**の訪中が実現しました。この時期は、1996年にロシアの**エリツィン大統領**が中国を訪問、また、1998年には江沢民総書記が日本を訪問するなど、中国が積極的に世界に融け込もうとした時期です。1998年の"**越过太平洋**"「太平洋を越えて」というスローガンは、中国のそういった未来志向を示した言葉と言えましょう。

　1998年春の全人代で、それまでの**李鵬首相**に代わって、鄧小平が改革開放のかじ取りを託した**朱鎔基首相**が登場すると、WTO加盟へ向けた動きがいよいよ鮮明になりました。その一方で、WTO加盟は中国にとっても様々な痛みを伴うものでした。朱鎔基首相の下で展開されたいわゆる三大改革（政治改革（行政改革）、国有企業改革、金融改革）はその象徴と言えましょう。とりわけ、政治改革は膨大なレイオフ対象者を生み、国有企業改革は住宅問題・医療問題など社会保障に関わる様々な問題を噴出させました。そこで朱鎔基首相は1999年、この難関を突破しなければ、未来の水平線は開けないとばかり、"**知难而进**"「困難と知りつつも前進しよう」と国

民を鼓舞しました。

　それでも国民は慄きました。西側の先端企業が中国に進出したら、旧態依然とした国有企業はひとたまりもないのでは、と。そこで朱鎔基は2000年にさらに"**走出去吧**"「打って出よう」とはっぱをかけました。「受け身になるな。中国の安価な製品を世界の発展途上国に売り込むチャンスにせよ」と。こうして2001年、中国は念願の"**入世**"「WTO加盟」を果たしました。首尾よく加盟を実現したものの、そこで中国が直面したのは、契約を守らない、偽物粗悪品を売る、といった中国企業の信用失墜でした。自由経済では信用第一です。2002年、朱鎔基が"**誠信建設**"「信用確立」を国民に訴えた所以です。

胡錦濤政権

　2002年、江沢民に代わって、**胡錦濤**が総書記になり、翌2003年春の全人代では、朱鎔基に代わって、**温家宝**が首相に就任しました。そんな中、経済では、当時12億5000万人の人口を抱えた大市場を西側企業が見逃すはずがなく、中国進出ラッシュが続きました。その結果は、沿海地方を中心とした所得の上昇、生活の向上につながり、2003年には、それまでの"**温飽**"「衣食」の確保から"**奔小康**"「ゆとりある生活へ進もう」という新たなスローガンを生みました。

　しかし、急速な経済成長は大規模な環境破壊、環境汚染を引き起こし、また、「経済成長速度が所得増加速度に反映されない」、「社会保障が依然として貧弱である」、といった民衆の不満を増大させました。これに対し、胡温政権は"**以人为本**"「人を中心に置く」というスローガンを2004年に掲げ、また、経済成長と自然の調和、都市と農村の調和といった、様々なアンバランスを是正する方針として2005年には"**和谐社会**"「調和の取れた社会」を提唱、これは後に胡温政権を象徴する言葉となりました。

　1990年代に高度経済成長期に入った中国は、この時期、その自信を深め、2001年には北京市がオリンピック招致に成功、「2008年の**北京オリンピック**を成功させて、中国の発展ぶりを世界に示そう」と国を挙げて取り組みを進めていました。 しかし、一方で、あまりに急速な経済成長に人々のマナーがついていけず、やたらに唾を吐く、並ばない、道路を勝手に横断する、大声で話す、といった行儀の悪さが外国人に悪いイメージを与えるのでは、と懸念されました。そこでオリンピックを2年後に控えた2006年、胡錦濤は"**八荣八耻**"「八つの誇りと八つの恥」を掲げ、国民にマナー向上を呼びかけました。

　オリンピックを迎えるにあたり、もう一つ懸念されたのが、ますます深刻化する環境問題でした。2005年の統計では、全国的な大気や水の汚染がもう待ったなしの状態になりました。胡温政権は2006年から始まった第11期5カ年計画で環境問題の

Ｖ字回復を示唆しましたが、初年度の2006年の結果は想定目標値と遥かに乖離し、このままでは翌2007年の党大会を乗り切れないのでは、と懸念されました。突きつけられた課題は、当時の中国が自前の技術で解決できるものではなく、中国は、**靖国参拝**を強行していた**小泉首相**が2006年9月に引退すると、**安倍新首相**に協力を依頼、環境政策を再構築しました。これが2007年の温家宝首相の訪日、即ち日中 *"融冰之旅"*「氷を融かす旅」につながったのです。

2008年、*"北京奥运"*「北京オリンピック」が盛大に開催され、中国の改革開放路線の成果を世界に示しました。ところが、ちょうどその年、突如、アメリカのリーマン・ブラザーズの破綻が世界を震撼させ、アメリカへの輸出が経済成長の主たる原動力になっていた中国も大打撃を受けました。政府はすかさず4兆元に上る巨額の経済対策を打ち出すとともに、経済を下支えするため、*"家电下乡政策"*「家電を農村に」、*"汽车下乡政策"*「自動車を農村に」を打ち出し、農村消費を喚起しました。多くの西側諸国は、中国のこの底力を見落としていましたが、1990年代以降、営々と交通・通信インフラ、電力インフラ、物流インフラの建設に努力を重ねてきた結果、2008年当時、農村への自動車道路、電力、通信手段の普及率は70～90％以上に達しており、中国はいち早くリーマンショックのダメージから抜け出ることができました。

2009年のスローガンは *"保八"*（GDPの8％成長維持）。ちょうどこのころ、第二次ベビーブーマーたちが就職期に差し掛かり、8％の成長維持は社会不安を抑制するボトムラインだったのです。こうした中国の努力は、深手を負った世界経済の安定維持にも大きく貢献しました。

巨額の経済対策で危機を切り抜けた中国は大いに自信を高めました。潤沢な資金の下、人々の生活向上に拍車がかかり、2010年には *"让生活更美好"*「さらによりよい生活を」がスローガンになりました。ちょうど、日本のバブル期のような様相を呈し始めたのです。2011年になると、中国は自ら *"中国模式"*「中国モデル」は世界の発展途上国のお手本である、と自画自賛しました。日本が過去に "Japan as No.1" と胸を張ったのによく似ています。こうして中国は2012年の *"换届之年"*「バトンタッチの年」を迎え、胡錦濤に代わって、**習近平**が総書記に就任したのです。

習近平政権

翌2013年春の全人代で、温家宝に代わって首相に就任した**李克強**は、バブル経済中にむやみに設備投資を進め、生産ラインの増強に走ったり、放漫経営で経営不振に陥った国有企業に対処するため、*"推向市场"*「市場化」を掲げ、市場の見えざる手による合理的な淘汰を目指しましたが、様々な抵抗に遭遇していました。経済成長の鈍化が危惧される中、国民の士気を鼓舞する *"中国梦"* というスローガンを掲

げる一方、モデルチェンジとアップ・グレードを目指すための新たな成長エンジン育成が急務となりました。国民がデフレマインドに陥り、経済が混乱するのを避けるため、政府は**"新常态"**「ニューノーマル」というスローガンを生み出し、危機感を鎮静させるとともに、2017年と2018年の副題にある**"互联网＋"**「インターネットプラス」、**"一帯一路"**「陸と海のシルクロード」政策を推進しました。前者は、科学技術革命・デジタル社会の建設による新たな成長を、後者は、習近平が就任当初から提起し始めたもので、ユーラシア大陸、ひいてはグローバルな**中華経済圏**を建設することで、中国をアメリカにとって代わるグローバルガバナンスのリーダーにしようというものです。

　この頃、中国は、2017年に登場したアメリカ、**トランプ大統領**の厳しい中国バッシングに遭っており、さらに2019年末には**コロナの流行**が始まるなど、内憂外患に晒されました。そんな中でも、習近平が2022年の党大会で自らの三選への道を開くには、「2021年の中国共産党結党百年に、全国の貧困を撲滅し、全面的な小康社会を実現しよう」、という従来の公約を何が何でも実現しなければなりません。豊かな自然は**"金山银山"**「宝の山」という、総書記就任前から習近平が用いていたスローガンが、2019年には再び大々的に提唱されるようになりました。こうして、第12次5カ年計画（2011〜2015）期に立案された「全国主体機能区計画」をマザープランに、西部地区をはじめとする農村部振興政策が全面的かつ強力に推進されました。いくつもある農村振興の目玉の中で、特に力を入れたのが、住宅・教育・医療といった社会保障面で、2020年には**"全民健康"**「国民全体の健康促進」がテーマとなり、国民の健康をいかに向上させるかが主たる問題としてクローズアップされました。

　2021年、小康社会実現に目途がつき、習近平三選への道筋が見えてくると、政府の姿勢は今後の政策方針の提示へと移り、コロナ発生後3年目に当たる同年は、コロナ終息後に向けた経済政策が論点になり始めました。**"后疫情时代"**「ポストコロナ時代」という言葉が新聞にしばしば登場するようになったのはこの頃です。しかしその一方で、同年1月に**バイデン大統領**が誕生したのちも、アメリカの厳しい対中姿勢は、**台湾問題**も絡めてエスカレートする一方で、**半導体問題**など中国の経済にも深刻な影響が生じ始めました。こうした中、中国は、国際社会の経済システムに不可欠な役割を果たしつつ、外部の圧力に屈しない国内経済体制構築を目指す**"双循环"**「二つの循環」政策を掲げるようになりました。

　2023年に誕生した習近平第三期政権は、**"新征程"**「新たなスタート」を掲げて国民を鼓舞していますが、西側の経済制裁や新たに生じた**ウクライナ問題**との絡みなど、そのかじ取りはますます困難を極め、新たな国際秩序確立に至る道が遠のく中でこの巨大な人口を抱える国をどうリードするのか、前途多難と言わざるを得ません。とはいえ、中国の目覚ましい先端技術の発展、国を挙げた研究体制の整備、多

方面での計画的な発展ぶりは決して過小評価されるべきではなく、その実力はまさに「世界の大国」レベルに到達しようとしています。

　この25年間、中国は、民法などの法整備、行財政改革、産業構造の転換、中小零細企業の育成と起業の推進、先端科学技術研究の奨励、地域発展のレベルアップ、交通物流インフラの飛躍的発展、デジタル化の推進、農村の発展、環境政策の強化、社会保障の充実、生活の質の向上、医療・教育の充実、社会モラルの向上、文化産業の育成、民俗文化遺産の保全継承など、多方面で世界を驚かせる進歩発展を見せてきました。

　我々は、ともすれば外交・内政など政治的側面で中国を見ることに目を奪われがちですが、中国のこのような発展の原動力にも目を向け、場合によっては学ぶ姿勢も忘れないようにするべきでしょう。

―稳定压倒一切―

時事
中国語の
教科書
稳定压倒一切
―98年度版―

三潴正道＋陳祖蓓
朝日出版社

1998年度　目次

※本テキストには **T1** ～ **T4** を掲載しています。

1998　まえがき

　本書は、昨年、現代中国語新聞体学習のためのテキスト『現代中国・放大鏡』の姉妹編として出版した『現代中国13の素顔』の98年度版です。『放大鏡』が新聞体解読に重点を置いているのに対し、このシリーズは、現代中国を様々な角度から分析・理解することに重点を置いています。

　1997年は、中国にとって、天安門事件のあった89年とは違った意味での激動の一年でした。鄧小平の死、香港返還、15全大会と続く中で、誰もが歴史の大きなうねりを感じ、一方では未来に大きな期待を抱きつつ、一方で予断を許さない、中国国内国外情勢の不確実性に今、固唾を飲んで見守っている状況と言えましょう。

　だからこそ、中国で起こっている事象を、さまざまな側面からきちんと把え続けていくことが今ほど必要なときはない、とも言えます。

　本書には、ひき続き著者の一人、陳さんの「つぶやき」コーナーを設けてあります。異文化理解のきっかけになればと祈っております。

　各課に用意した時事用語の解説、日訳問題は、教室での中国理解のキーワードとして使っていただければ、と思います。先生方の豊富な御経験や御見識をひきだす糸口となれば、まさに著者の狙いどおり。これにまさる喜びはありません。

1997年秋　著者

	整頓期	発展安定期	混乱・停滞期
1950年代	建国期	第一次5カ年計画	大躍進政策
1960年代	劉鄧路線	経済回復	文化大革命 九全大会
1970年代	経済再建	四つの近代化	洋躍進 11期三中全会
1980年代	経済調整	改革開放本格化	第二次天安門事件
1990年代	経済調整	高度経済成長	リストラ旋風 （三大改革）
2000年代	WTO加盟と調整	調和のとれた社会へ	環境破壊と リーマンショック
2010年代	バブル経済対策	新常態／一帯一路と インターネット＋	米中貿易戦争 新型コロナ

大西南的希望之路——南昆铁路

1996 年 3 月 18 日，南昆铁路全线铺通庆祝大会在百色市火车站前隆重举行，国务院总理李鹏出席了庆祝大会并发表重要讲话。他说："南昆铁路是沟通西南与中南沿海的重要通道，是沿线人民脱贫致富之路，是一项造福西南人民的千秋功业。"

早在本世纪初，孙中山就在《建国方略》中提出"建设中国西南铁路系统"，勾画了一条与今天的南昆线大体一致的铁路。但是，这个"世纪之梦"的实现却经过了漫长的岁月。1990 年，全国政协会议上，百名政协委员签名提交了一份"西南铁路应掀起第二个高潮案"，其中第一条就是南昆铁路建设。

南昆铁路成了九十年代中国最大的扶贫工程，于 1990 年底动工。铁路所经地区地形非常险峻，地质极为复杂。沿线到处都是熔岩、断层、坍塌、泥石流、瓦斯、强地震区，被称为"地层博览"，"地下迷宫"。铁路从海拔 78 米的南宁盆地到海拔 2000 多米的云贵高原，高差达 2010 米，为我国铁路前所未有。

成千上万的铁路建设者们经过六年艰苦奋斗，终于完成了西南地区大动脉的建设工程。它东起广西南宁，西至云南昆明，北接贵州红果，途经广西、云南、贵州三省区的 19 个县市，全长 898.7 公里。它的建成将使全国五分之一的贫困人口直接受益。

铁道部长韩杼滨对这条希望之路作了这样的评价：西南内陆地区拥有丰富的资源，华南地区拥有绵长的海岸线，南昆铁路把这两个地区连成一体，将有利于加快西南地区的资源开发，也有利于加快沿线地区的经济发展。

大西南の希望の道——南昆鉄道

　1996年3月18日、南昆鉄道全線敷設完了祝賀大会が、百色市駅前で盛大に挙行されました。国務院の李鵬首相は祝賀大会に出席して重要なスピーチを行い、「南昆鉄道は、西南地区と中南・沿海地区を結ぶ重要な交通ルートであり、沿線住民が貧困を脱して豊かになる道であり、西南地区の人々を幸せにする不朽の大業である」と述べました。

　中国西南鉄道網の建設は、既に今世紀初頭に、孫文が『建国方略』の中で提起し、今日の南昆線とほぼ同様のルートがイメージされましたが、この「世紀の夢」の実現には長い歳月を要しました。1990年の全国政治協商会議の席上で、100名の委員が連名で「西南鉄道再推進プラン」を提出しましたが、その筆頭に挙げられたのが南昆鉄道の建設だったのです。

　南昆鉄道は、90年代における中国最大の貧困支援プロジェクトとして、1990年末に着工されました。この鉄道が通る地域は、地形が大変険しく、地質も極めて複雑で、沿線はいたる所、熔岩・断層・崩落・土石流・ガス・強度の地震がからむ地域であり、「地層の博覧会」とか「地下の迷宮」とよばれていました。海抜78mの南寧盆地から2000mあまりの雲貴高原まで、高度差は2010mに達し、我国の鉄道としては、古今未曾有のものとなりました。

　おびただしい数の鉄道建設関係者の、6年にわたる困難な戦いを経て、西南地区の大動脈の建設工事は遂に完成しました。東は広西チワン族自治区の南寧から、西は雲南省昆明に至り、北は貴州省の紅果へ接続し、途中で広西・雲南・貴州の三省区、19の県や市を通り、全長は898.7km。この鉄道の完成によって、全国の貧困人口の5分の1が直接にその恩恵に浴することになるでしょう。

　韓杼濱鉄道相は、この希望の道を次のように評価しています。

　「西南内陸地区には豊富な資源があり、華南地区には長い海岸線がある。南昆鉄道がこの二つの地区を結びつけることは、西南地区の資源開発を速め、また沿線地域の経済発展を速める上でプラスとなる」と。

"三大件"的历史变迁

1998

七十年代，中国百姓把手表、自行车、缝纫机看成是家庭的"三大件"。人们在戴上手表、骑上自行车后，就开始省吃俭用盼着给家里添台缝纫机。当时，这"三大件"都需要领到购物票才能去买。

跨入八十年代，习惯了凭票购物的中国人突然发现单调、冷清的消费市场变得像万花筒一样绚丽多彩。八十年代初期，黑白电视、单门冰箱和单缸洗衣机就足以引人羡慕了。到了八十年代后期，进口彩电也开始走进了平常百姓的家门。

九十年代的调查表明，北京、上海、广州、深圳等地居民拥有这"三大件"的比例均在90%以上，许多居民家中甚至有两、三台彩电。

这"三大件"的消费中，现在出现了追求高质量和高档次的现象。1996年家电商品销售中，大屏彩电走俏，全自动洗衣机的销售量占洗衣机总销售量的45.9%。"换就换个好的"，许多人带着这个想法，把眼光投向名牌、精品，引来了家电市场新一轮的消费购买热潮。

对九十年代的"三大件"，有人说是空调、电脑、电话；也有人说是私人住宅、小轿车和现代通讯设备；更多的人则认为，今天的中国人消费走向了多元化，很难再对"三大件"作出一致的判定。可以说，从七十年代到九十年代这三十年间，中国城市家庭消费走完了"旧三大件"到"新三大件"的历史过程，现在正在全力追求更有质量和品位的生活。

"三大件"这个名词也许在被收入《现代汉语词典》之前，就将从人们的记忆中消失。

「三種の神器」の歴史的変遷

1998
1999
2000
2001
2002
2003
2004
2005
2006
2007
2008
2009
2010
2011
2012
2013
2014
2015
2016
2017
2018
2019
2020
2021
2022
2023

　70年代、中国の庶民は、腕時計・自転車・ミシンを家庭の三種の神器とみなしていました。人々は、腕時計をつけ自転車に乗るとすぐ倹約をはじめ、家にミシンを持とうとしました。当時、この"三大件"（三種の神器）は、どれも購入券を手に入れないと買いに行けなかったのです。

　80年代に入ると、購入券で買物をすることに慣れていた中国人は、それまでの単調で活気のない消費市場が、突然万華鏡のように多彩になったことに気がつきました。80年代初期、白黒テレビ・ワンドア冷蔵庫・単槽式洗濯機は、人々にとって魅力たっぷりでした。80年代後期になると、輸入モノのカラーテレビも、一般庶民の家庭に普及し始めました。

　90年代の調査では、北京・上海・広州・深圳などの住民の"三大件"の保有率は、いずれも90％以上になり、2～3台のカラーテレビを持っている家庭も珍しくなくなりました。

　この"三大件"に対する消費性向に、今、高品質、ハイグレードを求める現象が現れています。1996年の家電商品の売れ行きを見ると、ワイドカラーテレビが上々の売れ行きで、全自動式洗濯機の販売量が、洗濯機の全販売台数の45.9％を占めています。「換えるならよい物に換えよう」という考えで、多くの人がブランド物や高級品に注目し、家電市場に新しい消費ブームをもたらしました。

　90年代の"三大件"については、クーラー・コンピュータ・電話を挙げる人もいるし、マイホーム・自家用車・現代通信設備だ、と言う人もいます。また、より多くの人が、今日の中国人の消費は多様化してきていて、これ以上、"三大件"について一致した見解を出すことは困難だと考えています。70年代から90年代の30年間で、中国の都市の家庭消費は、「古い三種の神器」から「新しい三種の神器」へと歴史的プロセスを歩み終え、現在は、より質の高い、品位のある生活を全力で求めています。

　"三大件"という言葉は、たぶん、『現代漢語詞典』に収められる前に、人々の記憶から消えてしまうことでしょう。

户籍制度的改革变化

建国初期，为了发展工业化建设，政府采取了牺牲农业帮助工业、牺牲农村保护城市的政策，在户籍管理上制定了农业和非农业户口。农业户口是指农村人口，非农业户口是指城市人口。

1957年，全国人民代表大会在修改宪法时，又把"迁徙自由"四字从宪法中抹去，农民从此被牢牢地限制在土地上。这种结构在当时为稳定新生政权，迅速恢复战后经济，具有非常重要的意义。但是，数十年来这一结构一成不变，现在已成了改革开放的一大障碍。

这个户籍制度最突出地体现在各种社会待遇上，比如：就业、婚姻、子女上学、享受各种各样的补贴等等。这种待遇同时还能惠及家属，甚至可以世袭。

五、六十年代，上海的许多工厂被迁移到安徽和江西两省。几十年过去了，至今仍然约有5万6千名的工人捧着上海市户口本不放。他们发誓："宁做上海鬼，不做当地人。"其中最大的原因就是，上海户口本具备了全家人都能享用的大城市的生活待遇和特权。

八十年代后，离开土地的农民越来越多。这些农民绝大多数流入城市，造成了一场空前的民工潮。虽然城市发展需要劳动力，但是民工潮带来的最大社会问题，也许就是户籍问题了。

1993年底，上海推出了"蓝印户口"，走出了户口制度改革的第一步。规定外地人只要在上海投资20万美元或100万人民币，或者购买居住面积100平方米以上的商品房，就可以申请"蓝印户口"，一年后可转为常住户口。

目前，国务院已成立了户籍改革领导小组，不久的将来全国户籍改革的总体方案必将出台。

戸籍制度の改革と変化

　建国初期、政府は工業化建設を発展させるために、農業を犠牲にして工業を助け、農業を犠牲にして都市を保護するという政策を採り、戸籍管理の上で、農業戸籍と非農業戸籍を定めました。農業戸籍とは農村人口を指し、非農業戸籍とは都市人口を指します。

　1957年、全国人民代表大会は憲法を改正し、「移動の自由」という文字を憲法から削除し、この時から農民は土地にしっかりとしばりつけられたのです。このような枠組は、当時では、新政権を安定させ、戦後経済を迅速に回復させるために大変重要な意義がありました。しかし、数十年にわたりこのシステムは全く変ることなく、今では、改革開放の大きな障害になってしまいました。

　この戸籍制度は、就職・結婚・子供の教育・各種手当の受け取りなど、様々な社会的待遇に最もはっきり現れています。こういった待遇は同時にその家族にまで恩恵が及び、世襲さえ可能なのです。

　5、60年代に、上海の多くの工場が安徽省と江西省に移転させられました。数十年が過ぎた今でも、なおおよそ5万6千名の労働者が、上海市の戸籍を持ったまま放そうとしません。彼らは、「たとえ上海の亡霊となろうとも、地元民にはならぬ」と誓っています。その最大の原因は他でもなく、上海の戸籍が一家全員が享受できる大都市の生活上の待遇と特権を保証しているからなのです。

　80年代以後、土地を離れる農民がますます多くなってきました。これらの農民のほとんどが都市に流入し、空前の出稼ぎブームをまきおこしました。都市の発展に労働力は必要ですが、出稼ぎブームがもたらした最大の社会問題は、たぶん戸籍問題でしょう。

　1993年末に、上海では青色戸籍がお目見得し、戸籍改革の第一歩が踏み出されました。他地域の者は、上海で20万ドルか100万元を投資するか、あるいは居住面積が100m²以上の分譲住宅を購入しさえすれば青色戸籍の申請ができ、一年後には定住戸籍にチェンジできる、と規定されています。

　目下、国務院はすでに戸籍改革指導小組をつくっており、近い将来、全国の戸籍改革の全体計画がきっと打ち出されることでしょう。

十里长安送小平

早春，挂满白花的松柏，低垂半降的国旗。2月，把一个哀伤的日子留给了中国。春风，送走了小平同志。

1997年2月24日早晨，壮丽的首都蒙上沉沉灰雾，天公也在为小平的离去哀伤。天刚放亮，北京市民和首都高校的大学生们，就迈着沉重的步伐，陆续聚集在解放军总医院外的五棵松一带，来为敬爱的邓小平同志送行。

9时34分，哀乐响起，灵车缓缓驶出解放军总医院大门。过来了，简朴的白色灵车，四周披着黑黄相间的挽幛。两旁送行的人们站直了身体，用深情的目光迎接灵车驶来，目送灵车驶去。

清华大学的同学们举起他们连夜赶制的横幅："洒热泪，送别小平同志；继遗志，实现四化宏图"。北师大的学生们也举起在白纸上写好的四个大字"小平走好"。

北大的学生准备了"再道一声，小平您好"的横幅，寄托了深深的哀思。1984年，小平同志检阅国庆35周年游行队伍时，北大学生举起了一条"小平您好"的横幅，道出了师生的心声，也引起了全国人民的共鸣。

来自全国各地的十万群众涌向长安街。从山西赶来的退休干部王兰英动情地说："我在这里送走了三位伟人，今天送小平与过去送毛主席，送周总理心情不同。那时我们心是悬着的。今天，我们心里是踏实的。"

灵车过去了，送行的人们把佩戴在胸前的白花摘下，挂到路旁的一棵棵松柏树上。白色的小花是人民的哀思，表达着人们心中无尽的悼念。

1998
1999
2000
2001
2002
2003
2004
2005
2006
2007
2008
2009
2010
2011
2012
2013
2014
2015
2016
2017
2018
2019
2020
2021
2022
2023

十里の長安街に鄧小平を送る

　早春、白い花を一杯につけた常緑樹、半旗となった国旗。2月、それは、中国に哀しい日を刻みました。春風が小平同志を連れていってしまったのです。

　1997年2月24日朝、壮麗な首都は、どんよりとした霧に覆われ、天の神も小平との別離を哀しんでいました。空が白みはじめるやいなや、北京の市民たちや首都の大学の学生たちが重い足どりで続々と解放軍総病院のはずれの五棵松一帯に、敬愛する鄧小平同志に別れを告げるために集まりました。

　9時34分、哀しい音楽の調べとともに霊柩車がゆっくりと解放軍総病院の正門を出ました。来ました、質素な白い霊柩車、周囲には、黒と黄色の絹の布が交互に掛けられています。道の両側の人々は姿勢をただし、心をこめた眼差しで霊柩車を迎え、そして見送りました。

　清華大学の学生たちは、彼らが幾晩かかけて急いでつくった「熱き涙をこぼし小平同志を送る、その遺志を継ぎ、四つの近代化の雄図を実現せん」と書かれた横断幕を掲げました。北京師範大学の学生たちも、白い紙に書かれた"小平走好"（小平さん、道中御無事で）という四つの大文字を掲げました。

　北京大学の学生は、「もう一度言おう、小平さん、こんにちは」という横断幕を用意し、深い哀しみを托しました。1984年、小平同志が建国35周年の国慶節のパレードを観閲した時、北京大学の学生たちは「小平さん、こんにちは」という横断幕を掲げ、教師や学生たちの本音を吐露し、全国人民の共感を呼んだのです。

　全国各地からやって来た10万の人々が長安街へおし寄せました。山西省から駆けつけた定退幹部の王蘭英さんは感動して言いました。「私はここで三人の偉人を見送ったが、今日、小平氏を見送る気持は、過去に毛主席や周総理を見送った時の気持と同じではありません。あの時は、私は心中不安でした。今日は安心感があります」

　霊柩車は去って行きました。見送った人々は胸につけた白い花をはずし、道端の一本一本の常緑樹にかけました。白い小さい花は人々の哀しみであり、人々の心の中の尽きせぬ追悼の思いを示していました。

1999年度

―越过太平洋―

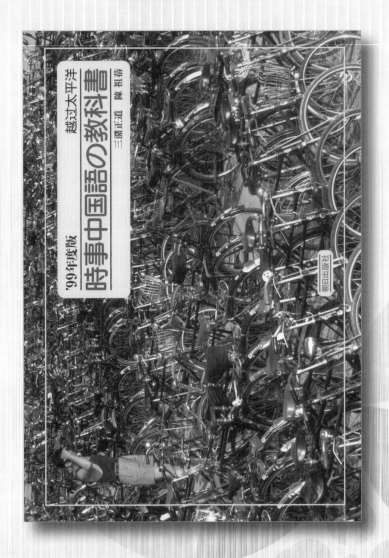

1998
1999
2000
2001
2002
2003
2004
2005
2006
2007
2008
2009
2010
2011
2012
2013
2014
2015
2016
2017
2018
2019
2020
2021
2022
2023

1999　まえがき

　現代中国語新聞体学習者のためのテキスト『現代中国・放大鏡』の姉妹篇として
スタートしたこのシリーズも3冊目の99年度版 "越過太平洋" を出版するに到りま
した。

　98年度版は "穏定圧倒一切" でした。鄧小平の死、香港返還、15全大会と続く中
で、鄧小平以後の政治の安定が最優先されたのは当然でしょう。

　15全大会、そして98年春の全人代で江沢民総書記の下、朱鎔基首相、李鵬全人代
委員長など新しい指導体制が構築され、国内体制に一応の目途がついていく一方、
流動的なアジア太平洋地区、特に東アジアの将来の枠組をめぐって、米中日、更に
東南アジア諸国連合、ロシアも視野に入れた総合的な安全保障体制と協力的経済関
係の確立が強く求められています。

　江沢民の訪米、クリントンの訪中は、まさに太平洋時代への扉を開き、二大超大
国が21世紀へ向けた信頼関係を醸成する第一歩と言えます。

　本書は、政治、外交はもとより、民衆の日常生活に到る様々な側面からテーマを
集め、現代中国の最新映像を立体的に浮かびあがらせようというものです。

　コラム欄は、より深い中国理解への足がかりとして頂ければ幸いです。好評の『陳
さんのつぶやき』欄は、中国人からの視点と実体験をふまえ、日中文化コミュニケー
ション理解のきっかけになれば、と思います。

　練習問題の欄は、気楽にゲーム感覚で楽しんで下さい。日訳問題も類推能力をた
めすゲームとして眼をとおして頂ければOKです。

　猛スピードで変りゆく中国。2000年版はどんなテーマになるのでしょうか…。

1998年秋　筆者

鄧小平	1966年の文化大革命で失脚。1976年再度失脚。1978年復活し、改革開放路線を指導。92年の南巡講話で改革開放路線を堅持。1997年死去。
江沢民	1989年の天安門事件後、趙紫陽失脚により、積極改革派と穏健改革派の妥協の産物として総書記に。西部大開発を発動、「三つの代表」論で経営者を共産党員に。2003年引退、2022年死去。
李　鵬	江沢民政権下で首相。保守派。2003年引退、2019年死去。
朱鎔基	1998年以降、首相として三大改革に取り組み、WTO加盟を視野に置いた、中国社会体制の大変革を実行した。「切れ者宰相」の異名をもつ。2003年引退。
胡錦濤	2002年、江沢民の後継者となった前総書記。
温家宝	2003年、朱鎔基の後継者となった元首相。2013年引退。
習近平	2012年の18全大会で党総書記に。2013年全人代で国家主席就任。2017年に再選、2023年に三選を果たす。
李克強	2012年の18全大会で政治局常務委員（事実上のNo2）。2013年全人代で首相就任。胡錦濤の流れを汲む、中国共産主義青年団派のリーダー的存在。2023年に引退。
李　強	2023年に首相に就任。習近平の腹心。

克林顿游览长城

6月28日，北京地区的气温高达37摄氏度，是入夏以来气温最高的一天。美国总统克林顿和夫人希拉里携女儿一起今天下午来到北京东北80余公里的慕田峪长城。

克林顿第一眼看到万里长城时，连声说："真美，太壮观了，简直令人惊叹。"

克林顿一家迎着扑面而来的热浪，乘缆车登上慕田峪长城，游览了一个多小时。来到慕田峪长城最险峻的地段时，他说："长城陡然起伏，比我想像的壮观得多。"

在长城上，克林顿对采访他的中美记者说："我认为长城是中国的象征，而不再是一道将人们拒之门外的墙。"

クリントン、万里の長城に遊ぶ

　6月28日、北京の気温は37度にもなり、この夏に入って最も暑い日になりました。アメリカのクリントン大統領とヒラリー夫人は今日の午後、娘と一緒に北京の東北80kmあまりにある慕田峪長城を訪れました。

　初めて万里の長城を目の当たりにして、クリントンは、「素晴らしい、見事なもんだね、ともかくエキサイティングだ！」と立て続けに声を上げました。

　クリントン一家は正面からの熱風を受けながらケーブルカーにのって慕田峪長城に登り、1時間あまり見物しました。慕田峪長城の最も険しいところまで来たとき、クリントンは、「長城は起伏が激しくて、私たちが想像していたよりはるかに素晴らしい眺めだ」と感想を述べました。

　クリントンは長城で、彼を取材している中国とアメリカの記者に言いました。

　「私は、長城は中国のシンボルであり、もはや人々を拒む壁ではなくなった、と思う」

网络咖啡厅

网络咖啡厅，也称"网吧"，目前在北京很时兴。人们在里面一边喝着咖啡，一边操作电脑，通过网络会友、做游戏，或了解各种信息、发电子邮件。

在一家"网吧"，靠墙有十几台电脑，六七个"网迷"，紧盯着屏幕。"网吧"的经理说，刚开业时用户很少，过了几个月生意才有起色。

一位美国女士在电脑前笑得前仰后合，原来她在网上和朋友聊得正欢。这位女士对"网吧"的上网条件感到满意，认为和美国没什么区别。

光顾"网吧"的还有一些小"网虫"，他们大多是高中生。这些学生往往利用假期和星期天来这里上网。一位学生说："上网聊天很轻松，没有压力。"

インターネット喫茶

1998
1999
2000
2001
2002
2003
2004
2005
2006
2007
2008
2009
2010
2011
2012
2013
2014
2015
2016
2017
2018
2019
2020
2021
2022
2023

　"网络咖啡厅"（インターネット喫茶）は"网吧"とも言い、今、北京で大はやりです。みんなは店の中でコーヒーを飲みながらコンピュータを使い、インターネットで友達とコンタクトを取ったり、ゲームをしたり、様々な情報を見たり、電子メールを出したりしています。

　ある店では、壁際に十数台のコンピュータが置いてあり、6、7人のマニアが画面に見入っていました。店のマネージャーは、「開業した頃は客が少なかったけれど、数カ月して、やっと商売も様になってきた」と言っています。

　アメリカ人の女性がコンピュータの前で笑いこけていました。ネット上で友達と楽しいお喋りをしている真っ最中だったのです。インターネット喫茶はネットにアクセスする条件がアメリカと全く同じだ、と彼女は大満足でした。

　インターネット喫茶にやって来る人の中には若者のマニアもいます。その多くが高校生で、休みや日曜日を使ってよくアクセスしにやってきます。ある生徒が言いました。「インターネットでおしゃべりするのは気楽で良いよ、プレッシャーが無いもの」

丰田在中国起步

"车到山前必有路，有路必有丰田车"，这大概是中国人最早熟知的外国汽车广告。但是，在1998年以前，中国大地上却还没有一辆丰田与中国合作生产的汽车。

很多人认为，丰田公司在八十年代回绝了中国，失去了一次大好机会。但是，丰田公司的理由是："不是我们不重视中国的市场，而是由于八十年代在欧美增加投资建厂，无法顾及中国的市场"。

1995年接任丰田公司社长的奥田硕先生对中国的市场表示很有信心。他认为，迟到不一定就是最差，重要的是现在赶快行动。

1998年6月，丰田天津汽车发动机有限公司正式投产。由此，丰田在中国大地上迈出了真正的第一步。

トヨタが中国に進出

1998
1999
2000
2001
2002
2003
2004
2005
2006
2007
2008
2009
2010
2011
2012
2013
2014
2015
2016
2017
2018
2019
2020
2021
2022
2023

「車、山前に到らば、道、必ず有り、道有らば、必ずトヨタ車有り」これは、中国人によく知られている外国の自動車の広告としては、たぶん最も時期の早いものでしょう。にもかかわらず、1998年以前には、中国の大地にトヨタと中国が協力して生産した自動車はまだ一台も無かったのです。

「トヨタは80年代に中国と手を結ばなかったことで大きなチャンスを逃した」と多くの人は考えています。しかし、トヨタ側の理由によると、「私たちは中国の市場を重視していなかったわけではなく、80年代には欧米への投資を増やして工場を建設しており、中国の市場まで手が回らなかったのです」とのこと。

1995年にトヨタの社長を引き継いだ奥田碩氏は中国市場に対し自信満々で、彼は、「遅れたことが最大のマイナスとは限らない。大事なのは今すぐ行動することだ」との考えを示しています。

1998年6月、トヨタ天津自動車エンジン有限会社が正式に生産に入りました。これによってトヨタは中国の大地に実質的な第一歩を踏み出したのです。

牧民用上移动电话

内蒙古鄂托克旗新召苏木的蒙古族牧民中，现在有不少人用上了"大哥大"、"BP机"等现代通讯工具。

新召苏木土地辽阔，面积达2750多平方公里。以前，这里的通讯条件很落后。牧民家有急事时，很难与外面联系；苏木和新召内别的地区之间开会、安排工作或汇报生产时，人们往往得骑马或骑骆驼走上半天，甚至一两天。苏木地区的牧民居住得不仅十分分散，而且其中还有不少是游牧民。即使拉上了电话线，也很可能是线到人走。

1995年，新召苏木地区安装了第一套移动电话新设备。

对常常需要移动的牧民们来说，再也没有比移动电话更方便、更需要的通讯工具了。

遊牧民、携帯電話に飛びつく

1998
1999
2000
2001
2002
2003
2004
2005
2006
2007
2008
2009
2010
2011
2012
2013
2014
2015
2016
2017
2018
2019
2020
2021
2022
2023

　内蒙古自治区鄂托克（オトク）旗新召蘇木の蒙古族の牧畜民の間では今、携帯電話やポケベルといった現代的な通信機器を使う人が増えています。

　新召蘇木は土地が広く、面積は2750平方キロメートルあまりも有ります。以前は通信条件が悪く、牧畜民たちは急用があっても外部と連絡がなかなか取れませんでした。蘇木と新召内の他の地区との間で会合を開いたり、仕事の手配をしたり、生産報告をするときは、人々はウマやラクダに乗って半日、時には一両日もかけて行くのが常でした。蘇木地区の牧畜民は非常に分散して住んでいるうえに、まだその多くが遊牧民なので、たとえ電話線をひいてもその時には人間が移動してしまっている可能性が高いのです。

　1995年、新召蘇木地区に最初の移動電話施設が設置されました。

　しょっちゅう移動しなければならない牧畜民たちにとって、移動電話ほど便利で欠かせない通信機器はないでしょう。

2000年度

―知难而进―

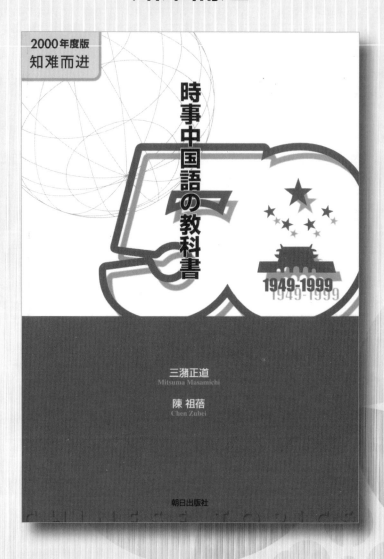

2000年度版
知难而进

時事中国語の教科書

1949-1999
1949-1999

三潴正道
Mitsuma Masamichi

陳 祖蓓
Chen Zubei

朝日出版社

1998
1999
2000
2001
2002
2003
2004
2005
2006
2007
2008
2009
2010
2011
2012
2013
2014
2015
2016
2017
2018
2019
2020
2021
2022
2023

2000　まえがき

　本書は3年に一度全面改訂して出版される、中国語論説体学習用テキスト『現代中国・放大鏡』の姉妹編で、毎年出版される時事中国語教科書シリーズの第4冊目になります。

　過去1年間の中国国内の状況、中国を取り巻く国際情勢を20のテーマにわけて取り上げ、改革開放政策の下、急速に発展変化している中国を活き活きと描き出し、学生諸君に現代中国を正しく理解してもらおう、というのが本書の狙いです。

　今年のテーマは"知难而进"。98年6月のクリントン訪中で新時代の到来をうかがわせた米中関係は、その後のコソボの中国大使館爆破事件で急旋回を見せましたし、台湾の李登輝総統の「特殊な二つの国」論はマカオ返還後に控える台湾統一問題を論議するテーブルにつくための布石としての位取りが既に始まったことを示唆しています。

　また、国内では、国有企業の改革や公務員削減による大量の失業者の発生、経済の低迷が相乗作用を起こし、法輪功事件のように社会不安を象徴するような事件も起こりましたが、他方、建国50周年の国慶節は、改革開放の成果を内外に誇示し、人々に未来への自信と希望を植え付けました。

　儒家思想が大々的に復活し、再び、中国社会全体の倫理的基盤になる勢いを見せはじめたことも、大いに注目されます。

　本書には各課に詳細な時事解説と、中国人の視点を紹介する好評の「陳さんのつぶやき」が用意されています。また、クイズ形式の設問や時事用語の学習を通じて各テーマへの興味を深めてもらう工夫もしてあります。

　本書が多くの学生諸君の中国理解の一助になれば幸いです。

1999年秋　筆者

キーワード：5カ年計画と党大会と人民代表大会

要素1 ：党大会。5年に1度（2と7がつく年）

要素2 ：5カ年計画（年末尾数1〜5、6〜0）

要素3 ：春の全人代（＋政治協商会議　＝"両会"）

要素4 ：中央委員会総会（〜中全会）

　　　　1中全会：1年目　党大会直後　顔合わせのセレモニー
　　　　2中全会：2年目　党大会翌年2月頃　当座の1年間の方向付け
　　　　3中全会：2年目　重要！党大会翌年秋　次の党大会までの大方針
　　　　4中全会：3年目
　　　　5中全会：4年目　重要！（5カ年計画最終年）
　　　　　　　　　　　　　　次の5カ年計画の方針提示
　　　　6中全会：5年目
　　　　7中全会：6年目　党大会直前　直後に次の1中全会

要素5 ：中央経済工作会議：毎年12月　1年の総括と翌年の基本方針

黄河之水天上来

　　"君不见黄河之水天上来，奔流到海不复回。"这是唐代大诗人李白的两句诗。"黄河入海流"是自古以来中国人对黄河的印象。

　　黄河是中国的第二大河。黄河文明是中国最古老的文明之一。黄河在数千年的奔流中，也给沿途地区带来了深重的水灾。中国的历史中少不了书写黄河的一页，从古代帝王大禹治水到今天的黄河小浪底水利工程，黄河的故事仍在继续。

　　而黄河现在又正面临着一个新的危机：断流！

　　黄河的发源地在青海省玛多县境内。位于海拔4500米处的扎陵湖和鄂陵湖是黄河的主要两大水源地。但是，自90年代起，这两座湖的水位每年下降2到3米，其中一部分已退化为沼泽。

　　1990年以来，黄河源头多次发生断流，而且断流的时间也越来越长。专家们警告：黄河有可能变成一条内陆河！

　　在黄河入海处——渤海湾附近，黄河展现给我们的是宽大的河底。黄河的归宿应该是大海，但是黄河与大海的距离却开始拉远。

黄河の水は天上から

1998
1999
2000
2001
2002
2003
2004
2005
2006
2007
2008
2009
2010
2011
2012
2013
2014
2015
2016
2017
2018
2019
2020
2021
2022
2023

「君見ずや、黄河の水、天上より来たり、海に奔流して再び戻らざるを」これは唐代の大詩人李白の二行の詩です。「黄河が海へと注ぐ」というのは黄河に対する中国人の古くからの印象です。

黄河は中国第二の大河で、黄河文明は中国で最も古い文明の一つです。黄河はまた、数千年にわたるその激しい流れによって、沿岸地域に甚大な水害をもたらしてきました。中国の歴史において黄河に触れる頁を無くすわけにはいきません。古代の帝王禹の治水から今日の黄河小浪底ダムに至るまで、黄河の物語はなお続いているのです。

ところが、今、黄河はその流れが途絶えるという新たな危機に直面しています。

黄河の源は青海省瑪多県内にあり、海抜4500mにある扎陵湖と鄂陵湖は黄河の主要な二大水源地になっています。しかし、90年代に入ってからこの二つの湖の水位は毎年2〜3m下降し、一部分は沼沢化してしまいました。

1990年以来、黄河の源ではたびたび水流が途絶え、その期間もますます長期化しています。専門家は、「黄河が内陸河になってしまうこともありうる」と警告を発しています。

黄河が海へ注ぎ込む渤海湾付近では、黄河が私たちに広大な河底を見せつけています。黄河の帰着地はやはり海ですが、黄河と海の間には距離が開き始めているのです。

中式服装的今天

1998年冬季，北京出现了"格格服"热。现在的"格格服"一般多指旗袍。"格格"原来是对清朝皇族女儿的称呼。

旗袍，最初是清朝皇族的女子服装。到20世纪初，民间也开始流行穿旗袍。

渐渐地，旗袍成了代表中国女性美的服装。新中国成立以后，旗袍成为中国妇女的礼服。近几年，在社交场合、结婚仪式上穿旗袍的女性越来越多。

据说，现在旗袍的流行主要有两个原因：一是受世界上时装复古潮流的影响；二是中国人开始重视属于自己民族的服装。

女设计师顾林成功地把传统旗袍式样和西式服装特点结合成一体。她一方面采用了传统服装的要素，如：斜襟、盘扣、滚边，同时也加上了西式长裙的特点，既优雅、大方，又便于行动。

中国有五千年悠久的文化，有56个不同的民族。中式服装要得到真正的复兴和发展，还必须从中国文化中吸取底蕴。

中国式ファッションの現状

1998
1999
2000
2001
2002
2003
2004
2005
2006
2007
2008
2009
2010
2011
2012
2013
2014
2015
2016
2017
2018
2019
2020
2021
2022
2023

　1998年冬、北京で"格格服"ブームが起こりました。今の"格格服"は一般にはほぼチーパオ（チャイナドレス）のことを指します。"格格"とは本来、清朝の皇女に対する呼称を言います。

　チーパオは、初めは清朝の皇女の服装のことでしたが、20世紀初頭になると民間でもチーパオを着ることが流行し始めました。

　しだいにチーパオは中国の女性の美しさを象徴する服装になり、新中国が成立した後は、チーパオは中国人女性の礼服になりました。近年では、社交の場や結婚式でチーパオを着る女性がますます多くなっています。

　現在チーパオが流行しているのには、主に二つの原因があると言われています。一つは世界のファッションの復古調の流れの影響で、もう一つは、中国人が自分の民族が持つ服装を重視し始めたことです。

　女性デザイナーの顧林は伝統的なチーパオのスタイルと西洋の服飾様式をうまく一体化させました。一方では伝統的ファッションの持つ諸要素、例えば、"斜襟、盤扣、滾辺"を取りいれつつ、同時に西洋式のロングドレスの特徴も加味し、エレガントかつ上品で、しかも動きやすくなっています。

　中国には5000年の悠久の文化があり、56の異なる民族がいます。中国式ファッションが本格的な復興と発展をするためには、より一層中国文化からその精華を吸収しなければならないでしょう。

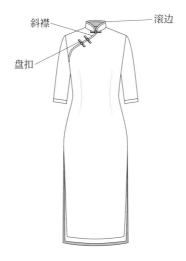

斜襟　滾辺　盤扣

3 朱鹮东渡传友情

2000

朱鹮是濒临灭绝的世界珍稀鸟类，到1998年为止，全世界仅存137只，其中136只在中国的陕西省洋县，另外一只在日本。日本唯一的一只朱鹮名字叫"阿金"，已失去繁殖能力。

江泽民国家主席在1998年11月访问日本时，向日本人民赠送了一对朱鹮。这对朱鹮的名字叫"友友"和"洋洋"。

"友友"和"洋洋"是1999年1月30日乘飞机从西安来到日本的。他们的新居在佐渡朱鹮保护中心。佐渡岛在新潟县境内，保护中心位于佐渡岛中心地带的新穗村，占地约7公顷，近处绿树掩映，远处山峦起伏，空气湿润新鲜。

5月21日，"友友"和"洋洋"不负众望，于当地时间3时30分孵出一只可爱的小朱鹮。这是日本成功孵化出的第一只朱鹮。佐渡岛的居民们无不满心喜悦，孩子们更是欢呼雀跃。小朱鹮诞生的喜讯迅速传遍日本列岛，成为这里最热门的话题。

日本的孩子们给小朱鹮取名"优优"。现在，年轻的朱鹮"优优"正展翅飞翔在日本的天空下。

友情を携えトキは東へ

1998
1999
2000
2001
2002
2003
2004
2005
2006
2007
2008
2009
2010
2011
2012
2013
2014
2015
2016
2017
2018
2019
2020
2021
2022
2023

　トキは絶滅に瀕している、世界でも珍しい鳥です。1998年現在で全世界に137羽しか残っておらず、そのうち136羽が中国の陝西省洋県にいて、他の1羽が日本にいます。日本でただ1羽のトキは「きん」と言い、すでに生殖能力を失っています。

　江沢民国家主席は、1998年11月に日本を訪問した際、日本国民に一つがいのトキを贈りました。そのトキの名は「友友」「洋洋」と言いました。

　「友友」「洋洋」は1999年1月30日に飛行機に乗って西安から日本へやってきました。新居は佐渡トキ保護センターです。佐渡島は新潟県にあり、保護センターは佐渡島の中心にあたる場所の新穂村にあります。面積は約7ヘクタールで、辺りは緑の木々に覆われ、遠くには起伏に富んだ山並みを望み、しっとりとした、空気がきれいなところです。

　5月21日現地時間の3時30分、「友友」「洋洋」は期待通りに可愛いトキの赤ちゃんをもうけました。日本で孵化に成功したトキの第1号です。佐渡島の島民たちはみんな大喜びで、とりわけ子供たちは躍り上がって喜びました。トキの赤ちゃん誕生のニュースはあっという間に日本列島を駆け巡り、一番ホットな話題になりました。

　日本の子供たちはトキの赤ちゃんを「優優」と名づけました。今、若いトキ「優優」は翼を広げ日本の空を飛びまわっています。

村村通电视

2000

买回电视机，打开电源，就能收看到画面清晰的电视节目，这其实只是城市地区居民的享受。我国的大多数农村地区因为远离电视发射塔或转播站，所以还不能看到电视节目。

1998年，国家广播电视总局提出，到2000年要实现"村村通"计划。华广公司利用卫星和卫星地面接收技术，研制了"村村通"计划的专用设备。

99年1月中旬，还不到春节，但是，福建省肖尚村热闹得好像过年一样。在卫星接收器的调试现场，挤满了村里的男女老少。

当电视机上出现了清晰的画面时，人群中发出了欢叫。很多老人怎么也不能相信：眼前的这个"大圆盘"竟然能带来五彩缤纷的世界。

孩子们几乎都是头一次看到清晰亮丽、丰富多采的电视世界。他们一个个惊喜得瞪大了眼睛。肖尚村小学的校长含着眼泪说："这下，我们山里的孩子能看到外面的世界了！我们的孩子有希望了！"

村々にテレビが来た！

　テレビを買ってきて電源を入れれば画面が鮮明なテレビ番組が見られる、これは実を言うと都市の住民だけが受けられる恩恵なのです。我が国の大多数の農村地区は、テレビ塔や中継基地から遠く離れているためにまだテレビ番組を見ることができません。

　1998年、国家ラジオテレビ総局は2000年には村々にテレビが通じるようにしようと言う計画を打ち出しました。華広社は衛星と衛星地上受信技術を利用し、この計画用の専用設備を開発しました。

　99年1月中旬、まだ旧正月前なのに、福建省肖尚村はまるで年越しのような賑わいでした。衛星受像機のテスト現場は村の老若男女であふれんばかりです。

　テレビに鮮明な画面が現れた途端、人々の中から歓声が沸きあがりました。老人たちの多くは目の前のこの「大きな円盤」がカラフルな世界を見せてくれるということがどうしても信じられない様子でした。

　ほとんどの子供たちが、鮮明で美しく、豊富多彩なテレビの世界を初めて目の当たりにしました。誰もが大喜びで目を見張っています。肖尚村小学校の校長先生は目に涙を浮かべて言いました。「これで、山里の子供たちも外の世界を見ることができるようになりました。この子たちに未来が開けたのです」

1998
1999
2000
2001
2002
2003
2004
2005
2006
2007
2008
2009
2010
2011
2012
2013
2014
2015
2016
2017
2018
2019
2020
2021
2022
2023

2001年度

―走出去吧―

2001年度版
時事中国語の教科書
走 出 去 吧

三潴正道・陳祖蓓

朝日出版社

56

1998
1999
2000
2001
2002
2003
2004
2005
2006
2007
2008
2009
2010
2011
2012
2013
2014
2015
2016
2017
2018
2019
2020
2021
2022
2023

❋ **2001**年度　目次 ❋

※本テキストには **T1** 〜 **T4** を掲載しています。

2001　まえがき

　本書は、3年に一度全面改訂して出版される中国語論説体学習用テキスト『現代中国・放大鏡』の姉妹編で、毎年出版の時事中国語教科書シリーズ第5冊目（2001年度版）になります。

　本シリーズの狙いは、過去1年間の中国国内の状況、中国を取り巻く国際情勢を20のテーマにわけて取り上げ、目覚ましく発展する現代中国を活き活きと描き出し、学生諸君に正しく理解してもらおう、というものです。

　2000年の中国の主要なニュースといえば、西部大開発、レジャー消費元年、WTO加盟へ向けた動き、国有企業改革・行政改革などの総仕上げ、砂嵐や干照りなどの自然災害、台湾での陳水扁政権誕生に伴う中台関係の新局面などが挙げられましょう。

　これらの問題は決して別個に存在しているのではなく、互いに様々な要素がからみ合い、影響しあっています。

　西部大開発は、80年代後半に鄧小平が提起した「二つの大局」論にある二つ目の大局に中国政府がシフトしたことを明確に示す大転換ですが、それによる農村需要の掘り起こしは、レジャー消費の奨励や輸出振興と並び、中国の経済成長を維持するための不可欠の政策でもあります。

　国有企業改革等はWTO加盟の前には待ったなしでしたし、加盟後の中台経済の一層の緊密化は、否応なしに中台の政治的関係に変革を迫ります。

　13億近い人口を抱える巨大国家が、このような大変動を平和裡に行なうというのは、人類史上で稀に見る出来事であり、その渦中に生活する人々の生活観や生活スタイルの変化もまた、様々な視点と話題を提供してくれます。

　本書は各課に詳細な時事解説欄〈放大鏡〉を設け、また毎年好評の〈陳さんのつぶやき〉を通して、「中国人の感性」にも触れることができます。

　基本文法や、話し言葉との違いを解説した「解読の手がかり」欄、最新の語彙に挑戦する「日訳にチャレンジ」欄と共に、学習者のお役に立てば幸いです。

2000年秋　著者

中国には全部で七つの祝日があります。そのうち三つは毎年同じ日付ですが、四つは旧暦に合わせて毎年変動します。

[固定された祝日]

元旦　：1月1日

労働節：5月1日

国慶節：10月1日（建国記念日）

[日付変動型祝日] ＊旧暦の日付に基づくので、毎年変動します（以下は2023年の例）。

春節　：1月22日（旧正月）

清明節：4月5日。春のお彼岸にあたる。"踏青"とも。

端午節：6月22日。戦国時代、楚の愛国詩人屈原を記念。粽を食べる。

中秋節：9月29日。中秋の名月を鑑賞。月餅を食べる。

[国民生活に浸透している新旧の行事]

元宵節：旧暦1月15日（2月5日）
　　　　　旧暦新年から15日目の満月の日。団子入りスープを食べ、灯籠を掲げる。

情人節：2月14日
　　　　　バレンタインデー。すでに若者の間に広く浸透。ホワイトデーは徐々に。

婦女節：3月8日
　　　　　国際婦人デー。女性は仕事が半日休み。関連会議や行事も行われる。

児童節：6月1日
　　　　　国際子供デー。14歳以下の児童は一日休み。

建軍節：8月1日
　　　　　1927年8月1日の中国共産党の南昌蜂起を記念。解放軍関係者のみ半日休み。

教師節：9月10日
　　　　　学生が先生に感謝する日。本来は孔子の誕生日。

重陽節：旧暦9月9日（10月23日）
　　　　　縁起のよい「9」が重なる日。山に登り、悪疫退散の菊花酒を飲む。

臘八節：旧暦12月8日（2024年1月18日）
　　　　　釈迦が悟りを開いた日。豊作を祈り、「臘八粥」というお粥を食べる。

聖誕節：12月25日
　　　　　クリスマス。都市部を中心に広く浸透。イルミネーションも盛んに。

假日经济升温

"五一"长假，姐姐一家三口到北京来玩，打算先去故宫。可到了故宫前，我们就傻眼了。故宫门前人山人海，根本进不去。于是，马上转道去动物园。动物园，进是进去了，可是除了人头，几乎什么也没看着。

第二天，我们决定去不在市中心的颐和园。可是，车在离颐和园还有七八公里处就开始阻塞，过一个红绿灯大约要半个小时。进了颐和园，里面早已人满为患，著名的长廊成了一条看不到头的"人廊"。

回去路上，我问出租车司机："西单怎么样？"他说，"千万别去。我开这三天车，觉得哪个地方都难说，最不能去的就是故宫、颐和园和动物园。"我和姐姐苦笑着说，"咱们怎么都去了人最多的地方。"

往年5月1日劳动节只休息一天，但是从2000年起，5月1日前后都能休息，使劳动节变成了真正的"黄金休假周"。据统计，在全国各地有4千6百万人次出外旅游，铁路运输比春节还忙。

京津沪三大城市的休闲消费出现火爆现象，尤其是餐饮业，都创了历史最高记录。

バカンス消費が大ブレイク！

　5月1日（＊メーデー）の連休に姉の一家三人が北京に遊びに来ました。まず、故宮に行くつもりだったのですが、故宮の前まで行って、わたしたちは呆然としてしまいました。すごい人波で、とても入れたものではありません。そこですぐ動物園のほうへ回ってみましたが、入場はできたものの、人の頭以外、ほとんど何も見えませんでした。

　翌日、私たちは市の中心から外れた頤和園に行くことにしました。車は頤和園からまだ7、8キロも離れたところでもう渋滞し始め、信号一つを通るのに30分ほどもかかります。入場してみると中はもう身動きできないほどの超満員、有名な長い回廊は先が見えない「人の回廊」と化しています。

　帰り道、わたしはタクシーの運転手に「西単はどうかしら？」と聞いてみました。彼が言うには「絶対やめたほうがいいよ。わしゃ、ここ三日走っているが、どこも話にならないよ。一番だめなのが故宮と頤和園と動物園さ」。わたしも姉も「私たちってなんでまた人出が一番多いところばかり行ったのかしら」と苦笑してしまいました。

　これまで、5月1日のメーデーは休みが1日だけでしたが、2000年からその前後も休みになりました。その結果、メーデーは文字どおり「ゴールデンウィーク」になったのです。統計では、全国各地で延べ4千6百万人が観光に出かけ、鉄道輸送は春節（旧正月）よりも慌ただしかったようです。

　北京、天津、上海の三大都市のレジャー消費には爆発的流行が見られ、とりわけ、飲食業は軒並み史上最高を記録しました。

沙尘暴袭击我国北方地区

2001

大量的尘土和细小的沙砾被风卷到了天上，能见度不到100米。虽然是周末，北京市民大都闭门不出。商店里，空空荡荡；名胜景观，冷冷清清。2000年4月9日，第5场沙尘暴再次袭击北京，吹走了近10万游客。

今年的沙尘暴来得早，次数多，范围广，强度大，给交通运输和日常生活带来了很大的不便。

专家们指出，干旱和缺水是主要原因。1999年，北方地区持续干旱，北京地区的总降雨量只有349毫米，是这50年中最少的一年。但是，应该说，生态恶化、森林减少，才是沙尘暴的罪魁祸首。

沙尘暴也使邻国的日本和韩国忧心忡忡。早在十多年前，日本人远山正瑛就带领日本志愿者多次来中国，在恩格贝沙漠上种下了大批绿林，取得了可喜的成绩。今天，又有很多韩国人认为，从西部吹来的沙尘，今天能吹到北京，明天就可能吹到汉城，因此帮助中国造林，也等于为韩国造林。

"人无远虑，必有近忧"，今年的沙尘暴为我们上了一课，日本人、韩国人的"忧沙"意识又为我们上了一课。如果我们不想重演楼兰古城的悲剧，那就赶快行动起来吧。

砂嵐が来たぞ！

1998
1999
2000
2001
2002
2003
2004
2005
2006
2007
2008
2009
2010
2011
2012
2013
2014
2015
2016
2017
2018
2019
2020
2021
2022
2023

　大量の砂ぼこりと細かな砂礫が風で空高く巻き上げられ、視界は100メートルもありません。週末なのに、ほとんどの北京市民は家にひきこもって外出せず、お店はがらがらで観光地もひっそりとしています。2000年4月9日、5回目の砂嵐がまた北京を襲い、10万人近い観光客を吹き飛ばしてしまいました。

　今年の砂嵐は始まりが早く、回数が多く、範囲が広く、勢いも強く、交通や日常生活に大変な支障をきたしました。

　専門家は、干ばつと水不足が主な原因だ、と指摘しています。1999年、北方地区は干ばつが続き、北京地区の総降雨量は349ミリしかなく、ここ50年で最低でした。生態環境の悪化、森林の減少こそが砂嵐の元凶だ、というべきでしょう。

　砂嵐のおかげで、隣国の日本や韓国も戦々恐々としています。既に十数年前、日本人遠山正瑛氏は日本のボランティアを連れて何度も中国を訪れ、恩格貝砂漠にたくさんの木を植え、目覚しい成果を上げました。今日、また、多くの韓国人が、「西部から吹いてくる砂塵は今日には北京に、明日にはもうソウルへとやってくるだろう、だから、中国の造林を援助することは韓国のために造林するのと同じことだ」と考えています。

　「将来への備えなくば、必ず目前の憂いあり」、今年の砂嵐は私たちにとっていい勉強になりましたし、日本人や韓国人の砂嵐への憂慮も良い勉強になりました。私たちが楼蘭古城の悲劇の二の舞を演じたくなかったら、さっそく行動を始めましょう。

医院的"五怕"

很多病人对医院有"五怕"。

一怕问。在医院，收费处很醒目，但是，门诊却不容易找到。在过道上碰到医生，跑过去问。医生带着口罩，边走边用手往上一指，也不说话。让人猜半天，也不知道他指的是几楼。

二怕医生抽烟。医生问几句病情，就吸一口烟，写几句病历，又吸一口烟。真让人担心他写没写错处方。

三怕医生嫌烦。一天，亲戚特地从老远的乡下来大医院看病，我带着他去医院，多问了一些病理情况，比如饮食起居应该注意些什么，要不要做检查等等。医生马上脸一沉，说："你去找别的专家门诊，我不会看。"我忙说好话，总算求他看了病。

四怕医生写"天书"。不知道为什么，医生的处方大多很难认。有一次，在药房，等了很长时间还取不到药。因为，发药的人怎么也辨认不出处方上的字。

五怕医生"走后门"。大家都在排队等候，但是医生却带着熟人、家人和朋友优先接受治疗。没有"后门"的病人心里自然不好受：他是病人，我不是吗？看病也要找熟人吗？

病院が恐い！

多くの患者は病院に五つの恐れを抱いています。

恐れその1：尋ねる。病院では支払窓口はよく目に付きますが、外来診療はなかなか見つかりません。通路で医者に出くわして駆け寄って尋ねますと、医者はマスクを着けたまま歩きながら無言で上の方を指差します。しばらく考えても、彼が指差したのが何階なのか見当もつきません。

恐れその2：医者の喫煙。医者は病状を数語尋ねるとタバコを一口吸い、カルテに数行書き込み、また一口吸います。処方を間違えて書きはしないかと、本当にはらはらさせられます。

恐れその3：医者が面倒がること。ある日、親戚の者がわざわざ遠くの田舎から大病院に診察を受けに来ました。わたしは彼を連れて病院に行き、飲食や日常生活ではどんなことを注意したら良いか、検査を受ける必要があるかどうかなど、病気の様子についてあれこれ尋ねました。すると医者はさっと気難しい顔になり、「他の専門家の外来で診てもらいな。わしゃ、よう診ん！」と言いました。わたしは慌ててご機嫌をとり、どうにか診察をしてもらいました。

恐れその4：医者の達筆。なぜだかわかりませんが、医者の処方は大体が解読困難なのです。ある時、薬局で随分待ちましたが薬が出てきません。薬を出す人が処方に書かれている字をどうしても解読できなかったのです。

恐れその5：医者のコネ。みんなが並んで待っているのに、医者は知り合いや家族、友人を連れてきて優先的に治療を受けさせます。コネのない患者は当然心中面白くありません。「あいつは病人で、俺はそうでないとでも言うのか。診察を受けるのにも知り合いを探さなければならないのか？」

1998
1999
2000
2001
2002
2003
2004
2005
2006
2007
2008
2009
2010
2011
2012
2013
2014
2015
2016
2017
2018
2019
2020
2021
2022
2023

中国人比日本人矮吗？

1997年，国内的19个省市区对10万成年人进行了体质监测，结果揭示了一个惊人的事实：我国有近三分之一的成年人体质不合格；40岁以下成年人的平均身高低于同龄的日本人。

1998年，对中小学生实行的体检结果也显示：在7至14岁年龄段中，我国男生学生的平均身高比日本男生学生矮2.28厘米。

这两个调查结果都引起了强烈的社会反应。政府也马上批示，要卫生部、教育部、体总和农业部一起研究有效对策，并提出要大力推行家庭体育。

以前，很多人以为只要不生病，就是体质好，而不太重视锻炼身体，在公园里散步、打太极拳的也多是老年人。近几年，随着经济实力的增强、对健康的关注和闲暇时间的增多，家庭体育越来越受到欢迎，家庭用健身器材成了热门商品。

江西省兴国县的农村地区，近两年，纷纷建起了篮球场，添置了乒乓球桌、跳绳、羽毛球拍等器材。农民们即使在劳动休息时，也不放过锻炼身体的机会，常常在田间拔河、较手劲儿。

日本人より背が低い？

1998
1999
2000
2001
2002
2003
2004
2005
2006
2007
2008
2009
2010
2011
2012
2013
2014
2015
2016
2017
2018
2019
2020
2021
2022
2023

　1997年に国内の19の省、直轄市、自治区で10万人の成人に対し体力測定が実施され、その結果、驚くべき事実が明らかになりました。我が国の三分の一近くの成人の体力が不合格で、40歳以下の成人の平均身長は同年代の日本人より低かったのです。

　1998年に高校生以下の児童・生徒に行なわれた身体測定でも、7歳～14歳の年代では、我が国の男子の平均身長は日本人の男子に比べ2.28cm低いことが判明しました。

　この二つの調査結果は大きな社会的反響を呼びました。政府も即座に指示をして衛生省、教育省、国家体育委員会、農業省に合同で効果的な対策を練るよう求め、また、家庭スポーツを強力に推進するよう打ち出しました。

　以前は多くの人が病気さえしなければ健康だと思い、あまり体を鍛えることを重視せず、公園を散歩したり太極拳をしたりするのもその多くは老人でした。ここ数年、経済力の向上、健康に対する関心や余暇が増えるに連れて、家庭スポーツの人気がますます高まり、家庭用健康器具がヒット商品になりました。

　江西省興国県の農村地区では、ここ2年ほど次々とバスケットボールのコートが造られ、卓球台、縄跳び用の縄、バドミントンのラケット等の器具も買い足されました。農民たちは労働の合間の休憩時間も体を鍛えるチャンスと、よく、田畑で綱引きや腕相撲をしています。

2002年度

―入世―

2002年度版
時事中国語の教科書
入世

三潴正道・陳祖蓓

朝日出版社

1998
1999
2000
2001
2002
2003
2004
2005
2006
2007
2008
2009
2010
2011
2012
2013
2014
2015
2016
2017
2018
2019
2020
2021
2022
2023

2002年度　目次

※本テキストには **T1** ～ **T4** を掲載しています。

2002　まえがき

　本書は、3年に一度全面改訂して出版される中国語論説体学習用テキスト『現代中国・放大鏡』（今年、シリーズ3冊目を同時出版）の姉妹篇です。

　この『時事中国語の教科書』は毎年出版され、過去1年間のできごとを様々な角度から紹介するものです。2002年度版でシリーズ6冊目になります。

　中国にとって2001年は、単に21世紀の最初の年と言うだけでなく、まさに21世紀への輝かしいスタートを切る年になりました。

　7月には、2008年オリンピック北京開催の決定、そして、今朝の新聞は11月に中国のWTO加盟が正式決定されることを伝えました。よほどの事が無い限り、もう覆ることはないでしょう。

　過去の歴史を振り返ると、50年代、60年代、70年代、80年代と各年代の末期に、中国はまるで判で押したように大きな混乱と停滞を経験しました。

　大躍進政策の失敗、文化大革命の混乱、華国鋒の洋躍進の失敗、天安門事件、それらはいずれも、政策の失敗や権力闘争を反映したものであり、一般民衆に少なからぬ厄災をもたらしました。

　90年代末、中国はやはり幾つかの困難に直面しました。国有企業をリストラされた人々の再就職問題、東西格差の拡大。西側の一部マスコミや研究者のなかには、過去の事例と同様な危機として捉え、累卵の危うきを論じる向きもありましたが、これは全くの見当違いでしょう。

　90年代半ばに改革開放の本格的発展期を迎えた中国は、更なる発展を目指すには、社会のしくみを根本から作り直さなければならないことを痛感しました。そして、三年という期限を切って、金融改革、行政改革、国有企業改革に果敢に取り組んだのです。

　労働市場の確立、各種保険の普及、私企業の育成、農業の産業化、住宅の商品化、医療改革、金融ネットワークの確立、各産業での有力企業の育成、各種内需振興政策、西部大開発、交通インフラの整備、天然ガスの使用や水力・原子力発電の推進、環境保護、教育改革、科学技術振興と、改革はあらゆる方面に及んでいます。

　勿論、前途にはまだまだ困難が山積しています。しかし過去との大きな違いは、それが、中国人民が自ら覚悟し、不退転の決意で逆巻く荒波に突っ込んでいった結果だ、ということです。オリンピックとWTOはそんな中国の人々を一層勇気づけるに違いありません。

2001年秋　著者

三星堆之谜

高鼻纵目、阔嘴大耳的脸形，似笑非笑，似怒非怒的表情，这就是在四川广汉三星堆出土的青铜器面具形象。三星堆文化遗址是五千年到三千年左右以前的古蜀文化遗址，被称为"世界第九大奇迹"。

1986年，一家工厂在起土时，发现大量青铜器面具和古代玉器。震惊中外的三星堆古文化终于重见天日。

三星堆的出土文物实在太独特了。于是，引出了众多的疑问和猜测。三星堆文化究竟来自何方？高鼻纵目、阔嘴大耳的青铜器兵团到底是些什么人？

有人说，古代三星堆人可能是"外国人"。三星堆遗址在日本展出时，有日本学者说，三星堆人是日本人的祖先。

还有一些媒介把金杖上的图案说成是"天外来客"留下的"密码"等等。

对此，专家们指出，三星堆固然很神奇，但是不应该神化。比如，青铜器和玉器的加工技术都具有长江文明的特点，而"纵目"其实反映了古蜀人"眼崇拜"的习俗。

对三星堆文化的起源和前身的研究还刚刚起步，这无疑是二十一世纪考古界的重要研究课题。

なぞの文明——三星堆

1998
1999
2000
2001
2002
2003
2004
2005
2006
2007
2008
2009
2010
2011
2012
2013
2014
2015
2016
2017
2018
2019
2020
2021
2023

　高い鼻に飛び出した眼、広い口元に大きな耳という顔立ち、笑っているようで笑っていない、怒っているようで怒っていない表情、これが、四川省広漢県の三星堆から出土した青銅の面の形です。三星堆文化遺跡は5千年～3千年ほど前の古代蜀文化の遺跡で、「世界の9番目の奇跡」と呼ばれています。

　1986年、ある工場が地面を掘り返した時、大量の青銅の面と古代の玉器を発見しました。国内外を驚かせた三星堆の古代文化が遂にまた日の目を見たのです。

　三星堆の出土文物は実に独特なものです。そこで、多くの疑問や推測が出されました。三星堆文化は一体どこから来たのか？ 高い鼻に飛び出した眼、広い口元に大きな耳の青銅器軍団は一体どんな人たちだったのだろうか？

　古代の三星堆人は多分外国人だろう、と言う人もいれば、三星堆遺跡が日本で展示された時、ある日本の学者は、三星堆人は日本人の祖先である、と言いました。

　また、一部のメディアは、金の杖の文様を、宇宙からの客が残した暗号だなどと言いました。

　これらに対し、専門家は、「三星堆はなるほど謎めいているが、神格化してはいけない。例えば、青銅器と玉器の加工技術はいずれも長江文明の特徴を具えており、飛び出した眼は実は古代の蜀の人の『眼に対する崇拝』という習俗を反映しているのである」と指摘しています。

　三星堆文化の起源と其の前身に対する研究はまだ始まったばかりで、これは間違いなく21世紀の考古学界の重要な研究課題になることでしょう。

青藏铁路开工

2001 年 6 月 29 日，青藏铁路正式开工。开工典礼在海拔 3080 米的格尔木南山口火车站和海拔 3639 米的拉萨河畔造耳峰隧道工地同时举行。

朱镕基总理在开工典礼的致词中自豪地说，青藏铁路将是"世界上海拔最高和线路最长的高原铁路，是人类建设史上前所未有的伟大壮举"。

进入九十年代以后，内陆地区的发展成为一个重要的课题。为了帮助贫困地区脱贫，国家相继建设了京九铁路、南昆铁路，接着，又在 2000 年，把建设青藏铁路列入了第十个五年计划中。

西藏自治区地处青藏高原，平均海拔 4000 米以上，自治区民多为藏族。进出西藏，主要依靠公路和航空运输，至今不通铁路，严重制约了西藏地区的经济发展。

青藏铁路将穿越"世界屋脊"——青藏高原腹地，全长 1118 公里，其中多年冻土地段广布，技术难度很大。经过四十多年的研究和实验，九十年代后期，终于有了一个比较可行的冻土筑路方案。

现在，几代人的期盼和梦想将要变为现实，列车长鸣驶向"世界屋脊"的日子已经为期不远。

チベットに鉄道が開通する

1998
1999
2000
2001
2002
2003
2004
2005
2006
2007
2008
2009
2010
2011
2012
2013
2014
2015
2016
2017
2018
2019
2020
2021
2022
2023

　2001年6月29日、青蔵鉄道が正式に着工されました。起工式は海抜3080mのゴルムドの南山口駅と海抜3639mのラサ河畔の造耳峰トンネルの工事現場で同時に執り行われました。

　朱鎔基総理は起工式の挨拶の中で誇らしげに、「青蔵鉄道は世界で海抜が最も高く、線路が最も長い高原鉄道になるだろう。これは、人類の建設史上で未曾有の偉大なる壮挙である」と述べました。

　90年代以降、内陸地区の発展が重要な課題になりました。貧困地区の貧困脱出を援助するために、国は相次いで京九鉄道、南昆鉄道を建設し、続けて2000年に青蔵鉄道の建設を第10次5カ年計画に組み入れました。

　チベット自治区は青蔵高原にあり、海抜は平均4000m以上で、自治区の住民の多くはチベット族です。チベットへの出入りは主として自動車道路と航空輸送に頼っており、未だに鉄道はなく、チベット地区の経済発展を大きく阻害していました。

　青蔵鉄道は世界の屋根——青蔵高原のふところを穿ち、全長1118km、そのうち、永久凍土の地域が広範囲に渡り、技術的に困難を極めています。40年あまりの研究と実験を経て、90年代後期に、遂に比較的実行可能な凍土鉄道建設案が出来上がりました。

　今、何代かの人々の願いと夢が現実になろうとしています。列車が汽笛を鳴らし世界の屋根に向かって走り行く日はもうそこまで来ているのです。

入世对中国老百姓的冲击

2002

奋斗了近十五年，中国，终于在2001年底，实现了入世的愿望。

入世，首先意味着对外开放市场。比如，现在中国的电信市场几乎是中国电信集团一家垄断的局面。老百姓常说："现在的手机，打也付费，接也付费，太不合理了。"而入世以后，外资可以在电信服务业中占49%的股权。竞争扩大，将使用户获利。

2001年7月的一次调查显示，中国大城市中约有70%的市民希望拥有私家车，其中很多人非常明确地表示，入世以后，国外的好车也会降价，还要再等等。

但是，也有不少人对入世忧心忡忡。有的农民说："入世以后，国外的便宜品种进入中国市场，谁来管我们？"

一些乡镇企业的干部也说："入世以后，有实力的外国企业来中国办厂，咱这样的小企业怎么办？还不是等着关门吗？"

为了迎接入世，武汉大学从2000年起举办世贸学习班，学习世贸组织的基本原则和有关协议，积极培养应对世贸的人才。

不管怎么说，入世，究竟会带来什么样的变化，谁也说不清。

WTO加盟でどう変わる？

　15年近い努力の結果、中国は遂に2001年末にWTO加盟の願いを実現させました。

　WTO加盟がまず意味するところは、対外的な市場開放です。例えば、現在、中国の電信市場はほとんど中国電信グループが独占している状態です。庶民はよく「今の携帯はかけても有料、受けても有料、本当に納得がいかない」と言っています。でも、WTO加盟後は、外資が電信サービス業で49％の株を取得できるようになります。競争が広がればユーザーに有利になるでしょう。

　2001年7月の第1回調査では、中国の大都市の約70％の市民がマイカーを持ちたいと思っていることが明らかになりました。その中の多くの人が「WTO加盟後、外国のいい車も値段が下がるだろう。まだ、もうちょっと待つつもりだ」と極めて態度を明確にしています。

　一方、WTO加盟に心配を募らせている人も少なくありません。ある農民は「WTOに加盟すれば、外国の安い品種が中国市場に入ってくる。俺たちのことは誰が面倒見てくれるんだい？」と言いました。

　一部の郷鎮企業の幹部たちも「WTOに加盟すれば、実力ある外国企業が中国にやってきて工場を建てる。我々のような小企業はどうしたらいいんだい？ つぶれるのを待ってろ、てんじゃないだろうね」と言っています。

　WTO加盟に備え、武漢大学では、2000年からWTO学習班を作りました。WTOの基本原則や関連合意を勉強し、WTOに対処する人材を積極的に育成しよう、というものです。

　いずれにせよ、WTO加盟が結局どんな変化をもたらすのか、誰もはっきりしたことは言えないのです。

1998
1999
2000
2001
2002
2003
2004
2005
2006
2007
2008
2009
2010
2011
2012
2013
2014
2015
2016
2017
2018
2019
2020
2021
2022
2023

蟹岛和 "三峡移民"

一百多万长江三峡的移民将归属到何处？他们在新的土地上是否已经安定下来？

进入2000年以后，上海市崇明岛陆续迎来了新的居民——"三峡移民"。

39岁的徐继波一家是2000年8月坐船从重庆来到崇明岛的。在船上，一家人根本没有心思"游长江"，心中只有对新生活的不安。

三峡工程完成以后，徐继波一家居住的整个村子将沉入长江。村里的六百多人成了"三峡移民"，被分配到崇明岛。

崇明岛是长江的泥沙冲积后形成的一个江岛，自古又被叫做"蟹岛"，岛周围的湿地是上海螃蟹的栖息地。到了近代，上海螃蟹成了美食，上海螃蟹的养殖业成了岛上的主要产业。

徐继波一家落户崇明岛后，渐渐开始习惯了当地的生活。为了早日打下自己的生活基础，他也开始养殖上海螃蟹。

在当地人的帮助下，徐继波渐渐学会了养殖技术，还学着去集市贩卖自己的蟹苗。

对徐继波他们来说，移民可能会成为一条脱贫致富的近路。

三峡移民はどこへ？

1998
1999
2000
2001
2002
2003
2004
2005
2006
2007
2008
2009
2010
2011
2012
2013
2014
2015
2016
2017
2018
2019
2020
2021
2022
2023

　百万人あまりの長江三峡の移民は一体どこへ落ち着くのでしょうか？彼らは新しい土地でもう定着したのでしょうか？

　2000年以降、上海市崇明島は次々と新しい移民——三峡移民を迎えました。

　39歳になる徐継波一家は2000年8月、船に乗って重慶から崇明島にやって来ました。船中では、「長江に遊ぶ」などといった気分の者は一人もなく、心の中にはただ新しい生活に対する不安しかありませんでした。

　三峡工事が完成した後は、徐継波一家が住んでいた村全体が長江に沈んでしまいます。村の600人あまりの人が三峡移民になり、崇明島に割り当てられたのです。

　崇明島は長江の土砂が堆積してできた川中島で、古くから蟹島とも呼ばれ、島の周囲の湿地は上海ガニの生息地になっています。近代になって、上海ガニはグルメになり、上海ガニの養殖業が島の主要産業になりました。

　徐継波一家は、島に移り住んで、だんだん島の生活にも慣れてきました。一日も早く自分たちの生活の基盤を安定させたいと、彼も上海ガニの養殖を始めました。

　現地の人の援助で徐継波はしだいに養殖技術をマスターし、更に、市場へ行って自分の稚ガニを売ることも覚えているところです。

　徐継波たちにとっては、移民となったことが貧困を脱して豊かになる近道となることでしょう。

2003年度版
時事中国語の教科書
誠 信

三潴正道・陳祖蓓

PEUGEOT

起来! 起来!
前进! 前进进!
男兒当入

朝日出版社

1998
1999
2000
2001
2002
2003
2004
2005
2006
2007
2008
2009
2010
2011
2012
2013
2014
2015
2016
2017
2018
2019
2020
2021
2022
2023

81

2003　まえがき

　本書は、3年に一度全面改訂して出版される中国語論説体学習用テキスト『現代中国・放大鏡』（現在シリーズ3冊目）の姉妹編です。

　この『時事中国語の教科書』は毎年出版され、過去1年間のできごとを様々な角度から紹介するものです。2003年版でシリーズ7冊目になります。

　中国にとって、2002年は、1978年の改革開放のスタートに次ぐ、新しい船出の年となりました。前年末に念願のWTO加盟が実現し、状況が一変したのです。

　産業界は、外資の本格的な進出にさらされることになり、金融、家電、自動車、IT関連、小売、さらには農業に至るまで、生き残りをかけた再編の大波に洗われています。外資との提携も盛んになり、様々な合従連衡のニュースがひきもきりません。

　自由貿易体制への加入は、中国にとって、13億という巨大市場の門戸を開放するのと同時に、自らが世界に打って出る絶好の機会でもあります。既に"走出去"を合言葉に、全国に輸出加工区が続々と設置され、ハイアールなどのトップ企業が海外に足場を築き始めています。

　そんな中、今、にわかにクローズアップされているのが、信用問題。企業のモラルの欠如が中国の国際的な信用を大きく損ね、多大な損失をもたらしかねない状況になっています。

　偽物粗悪品の氾濫、契約の不履行、代金の未払い、農薬漬けの野菜、薬漬けの食品、証券市場の不健全と上場企業の経理の不正等々、いずれも放って置けば、中国の信用を地に落としてしまうでしょう。

　そこで、中国政府は"誠信"を旗印に、2002年春から信用建設に力を注ぎ、国際的な基準を精力的に導入し、認証制度の確立に邁進しています。

　2000年から始まった西部大開発、2001年から始まった第10次五カ年計画、三峡ダムの建設、長江の水を黄河に注ぐ"南水北调"、青蔵鉄道の建設、有人月ロケット打ち上げ準備、最新のコンテナ設備を備えた年間取扱量一億トンを超える巨大港。

　インフラ建設が着々と進み、物流システムが姿を現す一方、旧い戸籍制度が廃止に向かい、司法制度の確立によって個人の権利が重視され、社会保障も急速に整備されつつある中国。民間企業が国の経済を支える重要な成分として位置づけられ、企業経営者も共産党員になる道が開かれようとしている中国。そんな中国のこの一年を本書を通じてご理解いただければ幸いです。

　各課には恒例の時事解説欄「放大鏡」、中国人から見た目「陳さんのつぶやき」、

最新の時事用語を楽しむ「日訳にチャレンジ」などが設けてあります。併せてご活用下さい。

平成14年10月　著者

"神舟"三号遨游太空 2003

2001年4月1日下午4点51分,"神舟"三号飞船回到了中国大地。圆锥型的返回舱静静地"坐"在地上,看起来,这位天外归客一切正常,完好无损。

"神舟"三号飞船是3月25日在甘肃省酒泉卫星发射中心升入太空的。它在太空遨游了6天18个小时,绕地球运行108圈。这是中国载人航天工程的第三次飞行试验。

"神舟"三号虽然没有载人,但是飞船的技术状态和载人状态完全一致。坐在座舱里的是"模拟宇航员","他"的身高体重和真人相近。这个模拟人带了各种实验仪器,在飞行期间提供生理信号和代谢指标。除此以外,舱里还载有10枚鸡蛋。回到地面后,10枚鸡蛋中诞生了3只"太空"雏鸡。

据有关人员透露,"神舟"三号从设计到材料,完全是"Made in China"。飞船的成功发射和返回,表明了中国宇航技术的日臻成熟。为了在2005年前实现载人宇航的目标,现在已经有12名宇航员在接受集中训练,在他们中将诞生第一批中国宇航员。

神舟3号、夢は有人宇宙飛行！

　2001年4月1日午後4時51分、宇宙船神舟3号は中国の大地に帰還し、円錐型の回収カプセルは静かに地面に腰をおろしました。見たところ、この宇宙から帰還した旅人は全て正常で、なんら損傷もない様子でした。

　宇宙船神舟3号は3月25日、甘粛省酒泉衛星発射センターから打ち上げられ、宇宙空間を6日と18時間飛行し、地球を108周回りました。これは中国有人宇宙開発プロジェクトの第3回飛行実験です。

　神舟3号には人は乗っていませんが、宇宙船内の技術的な状態は有人の場合と全く同一の状態になっていました。カプセル内に座っているのはバーチャル宇宙飛行士で、その身長、体重は本物の人間とほぼ同じです。このバーチャル人間には各種の実験機器が備え付けられていて、飛行中に生理信号や代謝データを提供しました。そのほか、船内には鶏の卵が10個積み込まれていて、帰還後その中から3羽の宇宙ビナが生まれました。

　関係者によると、神舟3号は、設計から材料まで全て中国製で、宇宙船が無事発射、回収されたことは、中国の宇宙飛行技術が日増しに成長していることを物語っています。2005年までに有人宇宙飛行を実現するために、現在、既に12名の宇宙飛行士が集中訓練を受けており、彼らの中から、最初の中国宇宙飛行士たちが誕生することでしょう。

三峡工程和白帝城

2003

"朝辞白帝彩云间，千里江陵一日还。

两岸猿声啼不住，轻舟已过万重山。"

唐代李白的这首名诗已经成为千古绝唱。诗中的长臂猿早已灭绝，而白帝城也将随着三峡工程的完成，成为一个江中小岛。

白帝城所在的奉节市，是一座著名的江边古城，已有两千多年的历史。老城区不大，方圆也就一平方公里，街巷大多很窄，人口密集，自古以来就是长江的交通枢纽。奉节又是一座历史文化名城，除了白帝城以外，老城区的永乐宫是"刘备托孤于诸葛亮"的地方。

但是，这座千年古城正在消失之中。2003年三峡工程二期蓄水后，水位将达到135米。到2009年，水位将上升到175米。到时候，奉节老城将全部淹没水中，而白帝城遗址的最高点是231米，所以，只有50米左右的部分露在水上。

2002年1月20日，奉节炸响了"三峡清库第一爆"，一所政府大楼被拆毁。与此同时，位于115米处的瞿塘峡摩崖石刻的切割、白帝城古城遗址发掘和文物的搬迁工程也正在紧张进行中。考古学家们说，"我们在和时间赛跑。"

三峡工程造福不遗祸，这是所有中国人的愿望。

「白帝城」がダムの底へ

朝（あした）に辞（じ）す白帝彩雲（はくていさいうん）の間（かん）
千里（せんり）の江陵（こうりょう）一日（いちじつ）にして還（かえ）る
両岸（りょうがん）の猿声（えんせい）啼（な）いて住（や）まざるに
軽舟（けいしゅう）已（すで）に過（す）ぐ万重（ばんちょう）の山（やま）

　唐の李白のこの詩は古今の名作となっています。詩の中のテナガザルはとうに絶滅していますが、白帝城も三峡プロジェクトの完成とともに小さな川中島になってしまうことでしょう。

　白帝城がある奉節市は有名な河畔の古い町で、2000年あまりの歴史があります。旧市街は小規模で、周囲は一平方キロほど、道もほとんどが狭く、人口が密集していて、古くから長江の交通の要衝でした。奉節は歴史的に由緒ある都市でもあり、白帝城以外にも、旧市街の永楽宮は、劉備が孔明にその子を託したところなのです。

　しかし、この長い歴史を持つ都市も今まさに消えなんとしています。2003年、三峡プロジェクト第2期注水により、水位は135mに達する予定で、2009年には水位は175mにまで上昇します。その時には、従来の奉節市は全て水中に没し、白帝城の遺跡も最も高いところが231mですから、50mほどが水面に顔をのぞかせるだけになります。

　2002年1月20日、奉節で「三峡整地のための第一回爆破」の爆発音が鳴り響き、政府ビルが一つ取り壊されました。これと同時に、高さ115mにある瞿塘峡の摩崖石刻の切り取り、白帝城の古城遺跡の発掘及び文化財の移転プロジェクトも急ピッチで進められています。考古学者は、「私たちは時間と戦っているんです」と言っています。

　三峡プロジェクトが幸せをもたらし、災いを残すことの無いように、というのがすべての中国人の願いなのです。

1998
1999
2000
2001
2002
2003
2004
2005
2006
2007
2008
2009
2010
2011
2012
2013
2014
2015
2016
2017
2018
2019
2020
2021
2022
2023

远山老人，中国治沙

早春3月，北方正是黄沙漫天飞舞的季节。但是，在内蒙古的恩格贝生态开发示范区，却能看见一片北国的田园风景：一排排整齐的白杨树和防护林。

恩格贝，历史上曾是水草丰美、牛羊成群的乐土。曾几何时，这里变成了一个不毛之地。这块土地重现奇迹，是和一位日本老人的贡献分不开的。他的名字叫远山正瑛。

远山老人，今年96岁，农学博士。30多年前，他从鸟取大学退休后，就开始研究沙漠的治理和开发。1980年，远山带领日本志愿者来到中国北方，开始治沙活动。

1990年，中国的企业家王明海计划在恩格贝开发治沙示范区。远山听说后，马上来到恩格贝考察。远山的真诚，王明海的执着，使他们结下了深深的治沙缘。此后的11年，远山大部分的时间是在恩格贝度过的。

远山多次说，"恩格贝是我的第二故乡，也是我的归宿。"在他的感召下，从1991年到2002年，近7000名日本志愿者自费来到恩格贝，他们种下了一棵棵象征中日两国人民友好的常青树。

遠山さんと砂漠化防止

1998
1999
2000
2001
2002
2003
2004
2005
2006
2007
2008
2009
2010
2011
2012
2013
2014
2015
2016
2017
2018
2019
2020
2021
2022
2023

　早春3月は北方ではまさに黄砂が天を覆う季節。しかし、内モンゴルの恩格貝（エンゲベ）生態開発モデル地区では、見渡す限りポプラの木と防護林が何列にも整然と立ち並ぶ北国の田園風景を目にすることができます。

　恩格貝は、昔は水草が繁茂し、ウシや羊が群れを成す楽土でしたが、いつの頃からか、不毛の地になってしまいました。ここに再び起こった奇跡は、ある日本の老人の功績と切り離すことができません。その人の名は遠山正瑛といいます。

　遠山老は今年96歳の農学博士で、三十数年前、鳥取大学を定年退職した後、砂漠対策と砂漠の開発を研究しはじめ、1980年、日本人ボランティアを連れて中国の北方にやってきて、砂漠対策に取り組み始めました。

　1990年、中国の企業家王明海が恩格貝で砂漠対策モデル地区の開発を計画していることを耳にした遠山さんは、早速、恩格貝に調査にやってきました。遠山さんの真心と王明海さんのこだわりは、二人を砂漠対策という深い絆で結びつけました。その後11年間、遠山さんはほとんどの時間を恩格貝で過ごしたのです。

　遠山さんは、「恩格貝は私の第2の故郷であり、終（つい）の棲家（すみか）でもあるのです」と何度も言っています。彼の呼びかけに応じて、1991年から2002年の間に7000名近い日本人ボランティアが自費で恩格貝を訪れ、日中両国人民の友好を象徴する常緑樹を一本ずつ植えたのです。

民告官

1992年《秋菊打官司》在威尼斯国际电影节获得最佳女主角奖。影片说的是，农村妇女秋菊告村长的故事。秋菊的丈夫被村长打伤，忍气吞声，不敢说出去。秋菊不服，"我要讨一个说法"。她自己跑到法庭去告村长。10年前的这部电影表现的是农村法律落后现象，而今天越来越多的城里人开始把干部推上了被告席。

例一，陕西省以"扶贫"的名义，对手机用户每月增收10元救援金。省内的一位教师认为这是违法行为，把省政府和省长告到了法院。一审和二审均为原告败诉。

例二，每年春运期间，火车票上调30％。2001年，河北省的一位律师告了铁道部，虽然案子没被受理，但是2002年，铁道部对调整春运票价，开了一个价格听证会。

例三，14岁女学生小刘，在老师翻看自己的日记并公开披露之后，向法院控告老师侵犯了自己的个人隐私权。

据武汉市中级人民法院透露，"民告官"案件越来越多，各种各样的行政机关被推上法庭，原告的胜诉率超过了80％。但是，去年的两千多件"民告官"案件中没有一位行政长官出庭。

お上を訴える

　1992年、『秋菊の物語』がベネチア国際映画祭で最優秀主演女優賞を獲得しました。この映画は、農村の女性、秋菊が村長を告発する話で、秋菊の夫が村長に暴行を受け、泣き寝入りして明るみに出そうとしないことに承服できない秋菊が「正しいお裁きをしてもらおうじゃないか」と、自ら裁判所に駆け込み、村長を訴えます。10年前のこの映画が描いているのは農村の法律の後進性ですが、今日では、幹部を被告席に立たせる町の人がますます多くなってきています。

　事例1：陝西省は「貧困者援助」の名目で携帯電話使用者から毎月10元の救援金を追加徴収しています。省内のある教師が、これは違法行為だ、として省政府と省長を裁判所に告発しましたが、一審、二審とも原告側が敗訴しました。

　事例2：毎年、旧正月の間、汽車の切符は30％割高になります。2001年、河北省のある弁護士が鉄道省を告発し、訴えは退けられたものの、2002年に鉄道省は旧正月の汽車の運賃調整について公聴会を開きました。

　事例3：14歳の女子学生劉さんは、先生が自分の日記を見て、しかもそれを公開したことで、裁判所にプライバシーが侵害されたとして訴えました。

　武漢市中級人民法院によると、「人民が役人を訴える」案件は増えつつあり、様々な行政機関が法廷に立たされ、原告の勝訴率は80％を超えている、ということです。ただ、去年あった2000件あまりの「人民が役人を訴える」案件中、役人はただの一人も出廷していません。

2004年度

─奔小康─

2004年度版
時事中国語の教科書
奔小康

三潴正道・陳祖蓓

朝日出版社

2004　まえがき

　『時事中国語の教科書』は、3年に一度全面改訂して出版される中国語論説体学習用『現代中国・放大鏡』（現在シリーズ3冊目）と、会話体で現代中国事情を学ぶ『現代中国・走馬看花』（現在シリーズ2冊目）の姉妹編です。

　本書は毎年出版され、過去1年間の出来事を様々な角度から紹介するものです。2004年でシリーズ8冊目になります。

　2003年は中国にとって新しい時代の幕開けになりました。前年末の中国共産党第16回党大会で江沢民総書記が引退し、胡錦濤総書記が誕生した流れを受け、2003年春の全国人民代表大会で、胡錦濤が国家主席に、朱鎔基首相に代わって温家宝が新首相の座につきました。

　新体制発足直後、思いがけないサーズの襲来に遭いましたが、官民一丸となってこれを乗り切ったことは、逆に新指導部にとって大きな自信になったともいえましょう。

　サーズの影響は中国経済に一時深刻な影を落としましたが、自動車業界や通信業界のように、サーズのお陰で業績を伸ばした分野もありました。6月末にサーズが終息すると日本のビジネスマンも一斉に中国に戻り始め、ストップしていた日本企業の中国進出が急速に回復し始めました。

　WTOに加盟して2年が過ぎ、中国経済は貿易自由化の波に本格的に洗われ始めています。証券市場の整備、国有銀行の体質改善を含めた金融システムの整備、サービス分野の開放など問題は山積していますが、特に、中国の経済力が強まる一方、低迷を脱し切れないアメリカ、日本などからは、人民元に対する切り上げ圧力が急速に高まってきました。選挙間近という日米の政治的要因はあるものの、巨額の外貨準備高、うち続く貿易黒字という背景がある限り、切り上げ圧力がなくなることは無いでしょう。

　2002年末から着工した南水北調工事、発電・航行が開始された三峡ダム、青蔵鉄道の建設、西気東輸のパイプライン敷設など、国内ではインフラ建設が精力的に進められ、また、2008年の北京オリンピックを視野に入れた経済界の動きも活発になってきました。

　外交面では、上海協力機構などを通してロシアとの連携を深める一方、ASEANとのFTA交渉を進めるなど、地域発展も視野に入れた全方位外交が展開されています。また、アメリカの一極支配に釘を刺しつつ、朝鮮核問題では、日米との間の調整役として存在感を示していることも見逃せません。

本書の各課には、恒例の時事解説欄「放大鏡」、中国人の目「陳さんのつぶやき」、最新の時事用語を楽しむ「日訳にチャレンジ」などが設けてあります。併せてご活用ください。

平成15年10月　著者

胡锦涛亮相国际舞台

2003年5月26日，国家主席胡锦涛抵达莫斯科，开始对俄罗斯进行国事访问，并出席上海合作组织莫斯科峰会和圣彼得堡建市300周年庆典，然后，将赴法国埃维昂出席南北领导人非正式对话会议。

这是胡锦涛第一次以国家元首身份出访，在此之前，胡锦涛曾被海外媒体称为"谜"一样的人物。

胡锦涛的出访正值国际形势复杂多变之时，伊拉克的战后重建、中东和平路线图、朝核问题，加上中国国内的SARS问题，胡锦涛的言行举止成了各方关注的热点。

在圣彼得堡，胡锦涛和俄罗斯总统普京、日本首相小泉纯一郎等举行会谈，对地区局势和地区合作等问题交换了意见。胡锦涛在和小泉会谈时，感谢日本政府和人民对中国抗击非典给予的支持。

6月1日，当胡锦涛到达埃维昂时，会议东道主法国总统希拉克专程前往码头迎候。人们注意到，在南北领导人非正式会议期间，胡锦涛受到了高规格的礼遇，照片上，胡锦涛的位置是正中间；会议上，胡锦涛第一个发言；胡锦涛还是美国总统布什花最长时间进行会谈的领导人。

各国媒体认为，胡主席的此次出访，向世界展示了中国新一代领导人开放的形象，访问是成功的。

胡錦濤、颯爽と登場！

2003年5月26日、胡錦濤国家主席がロシアを公式訪問するためモスクワに到着しました。併せて、上海協力機構モスクワ首脳会議とサンクトペテルブルク建都300周年記念式典に出席、その後、フランスのエビアンへ赴き、南北首脳非公式会談に出席する予定となっていました。

これは胡錦濤にとって、国家元首として初めての国外訪問で、それまで胡錦濤は、海外メディアには謎めいた人物とされていました。

胡錦濤の国外訪問はまさに国際情勢が複雑に変化しつつある時にあたり、イラクの戦後復興、中東和平ロードマップ、北朝鮮核問題、更に中国国内のサーズの問題と、胡錦濤の言動挙措には各方面の熱い視線が注がれました。

サンクトペテルブルクで、胡錦濤はロシアのプーチン大統領、日本の小泉首相等と会談を行い、地域情勢や地域協力等の問題について意見を交わしました。胡錦濤は、小泉首相との会談で、日本の政府と国民が中国のサーズとの戦いに寄せた支援に対し、感謝の意を示しました。

6月1日、胡錦濤がエビアンに到着した時、会議の主催国であるフランスのシラク大統領はわざわざ埠頭まで出迎えました。南北首脳非公式会談の期間中、胡錦濤は手厚くもてなされ、写真撮影では真ん中に位置し、会議では真っ先に発言しました。胡錦濤はまた、アメリカのブッシュ大統領と最も長く会談した指導者でもありました。

各国メディアは、胡主席の今回の外国訪問は、世界に向けて中国の新しい指導者の開放的イメージを示し、成功だった、と見ています。

1998
1999
2000
2001
2002
2003
2004
2005
2006
2007
2008
2009
2010
2011
2012
2013
2014
2015
2016
2017
2018
2019
2020
2021
2022
2023

南水北调，世纪工程

2002年12月27号，南水北调工程正式开工。南水北调，就是把长江的水引到黄河，引到北方。在27号举行的开工典礼上，现在的总理温家宝说，工程将"为子孙后代造福，为中华民族造福。"

早在五十多年前，当时的国家主席毛泽东就说，"南方水多，北方水少，如有可能，借点水来也是可以的。"半个世纪后，这句话变成了现实。

现在，母亲河黄河面临断流危机；黄河上游的龙羊峡水电站因为没有水，不能发电；北方44座大中城市严重缺水；黄河水区内七百万人长期饮用苦咸水等含有害物质的地下水。中国大地，尤其是北方，水资源SOS已不绝于耳。

此次开工的南水北调工程为东线，即把现有的京杭大运河再扩大和延长。京杭大运河北起北京，南至杭州，全长1800公里，自古以来就是南北水上交通要道。扩大后的运河将把长江、黄河、淮河等五大水系连接起来。

中国水资源短缺，人均水资源只有世界人均水平的四分之一。一些水利专家指出，由于水的总量不足，所以南水北调还不能根本解决中国的缺水局面。为此，专家们呼吁，全社会都应该积极参加节水和防止水污染活动。

長江の水を黄河へ

2002年12月27日、南水北調工事が正式に着工されました。南水北調とは、長江の水を黄河に、そして北方に引き込むことです。27日に行なわれた着工式で、現在の温家宝首相は「この工事は子孫に幸せをもたらし、中華民族に幸せをもたらすだろう」と述べました。

はるか50年あまり前に、当時の毛沢東国家主席は既に「南方は水が多く、北方は少ない。可能ならば、ちょっと水を借りても構わないだろう」と述べましたが、半世紀後、この話が現実になったのです。

現在、母なる河黄河は水枯れの危機に直面しています。黄河上流の竜羊峡水力発電所は水が無いため、発電ができません。北方の44の大都市中都市は深刻な水不足に見舞われ、黄河水系の700万人が、苦くて塩辛いなど有害物質を含む地下水を長期に渡り飲用しています。中国の大地、とりわけ北方では水資源のSOSが絶えず発せられています。

今回着工された南水北調工事は東部ラインで、現在ある京杭大運河を更に拡大し、延長するものです。京杭大運河は、北は北京から南は杭州に至り、全長1800kmで、古くから南北水上交通の主要ルートでした。拡大された後の運河は、長江、黄河、淮河などの五大水系を繋ぎます。

中国は水資源に乏しく、一人当たりの水資源は世界の一人当たり平均の4分の1しか有りません。一部の水利専門家は、「水の総量が不足しているため、南水北調を行なっても中国の水不足を根本的に解決することはできない」と指摘しています。このため、専門家たちは、社会全体が節水と水の汚染防止活動に積極的に参加するべきだ、と呼びかけています。

迪斯尼乐园走进香港！

2004

2003 年 1 月 12 日，在香港特区行政长官董建华和美国迪斯尼公司首席执行官迈克尔·艾斯纳等嘉宾主持下，香港迪斯尼乐园正式破土动工。投资总额约为 224 亿港元，计划在 2005 或 2006 年开业，预计游客的三分之一将来自内地。

香港自 1997 年回归祖国后，因为亚洲金融危机，原定 1999 年开工的香港迪斯尼一拖再拖。而后，美国经济衰退、"9·11"事件、伊拉克战争以及非典接踵而来，使香港经济又陷入低谷。香港人的生活也受到影响，失业率居高不下，最高时达 7%。

为了早日恢复香港经济的繁荣，香港政府首先把重点放在了主要产业之一的旅游业上，除了实施迪斯尼乐园计划外，还正在加紧修建原有的名胜风景，增辟新的景点，以吸引更多的游客。并计划在未来的 3 年中，新建 20 多家酒店，提供 5 万个客房，以应付游客增加时的需要。这些旅游基建的措施，不但可以提高香港旅游业的层次，而且可以提供 1 万多个工作岗位。

同时，中央政府也在香港回归 7 周年时决定，输往国内的香港产品可以享受零关税，并同意香港 16 个行业提前进入内地市场。

进一步增强香港和内地的关系，可以拉动香港的经济发展，这已经成为港内港外的共识。为此，香港迪斯尼有可能成为香港经济恢复繁荣的最佳机遇。

香港にディズニーランドが

2003年1月12日、香港特別行政区の董建華長官とアメリカディズニー社マイケル・アイズナー最高経営責任者などのゲストの音頭とりで、香港ディズニーランドが正式に着工されました。総投資額は約224億香港ドル、2005年か2006年開業予定で、客の3分の1は内地から来るものと予測されています。

香港が1997年に祖国に返還された後、アジア金融危機のため、1999年に予定されていた香港ディズニーランドの着工は再三にわたり延期されました。その後、アメリカ経済の衰退、9.11事件、イラク戦争、サーズなどが次から次へと続き、香港経済はまた低迷してしまいました。香港人の生活も影響を受け、失業率は高止まりとなり、最高で7%にまで達しました。

香港政府は、早く香港経済の繁栄を取り戻そうと、まず、重点を主要産業の一つである観光業に置きました。ディズニーランドプランの他に、もっと多くの観光客を呼び込もうと、既存の景勝地を開発し、新しい観光スポットを増やしています。また、今後3年間で20あまりの新しいホテルを建設し、5万室を提供して観光客の増加による需要に対応する計画です。これら観光インフラに関する措置は、香港の観光業のレベルをアップさせるばかりでなく、一万人あまりの就業ポストを提供することができます。

これと同時に、中央政府も香港返還7周年に当たり、国内向けの香港製品は関税免除の特権を享受できることを決め、併せて、香港の16の業種が内地の市場に参入する時期を早めることに同意しました。

香港と内地の関係を一層強化すれば、香港経済の発展を促すことができる、ということは、既に香港内外の常識となっています。であるがゆえに、香港ディズニーは香港経済の回復と繁栄のまたとないチャンスとなる可能性があるのです。

台北上海首次直航

2003年1月26日上午8点52分，台湾中华航空公司的一架客机平安降落在上海浦东机场，这是50年来第一架降落在祖国大陆的台湾民航客机，备受关注的台商春节包机由此拉开了序幕。

现在，在上海的台资企业已达五千家左右，台湾十大笔记本电脑厂家中，有六家在上海周边地区设厂，定居或长住在上海的台胞约为三十万人。上海已经成为台湾人在大陆经商和居住的第一选择，成为台湾人的"第二故乡"。有人戏称，上海一年四季有"台风"。而在台湾谈及大陆必言上海，就连台湾的小学生都会异口同声地告诉你，最喜欢的大陆城市是上海。

但是，台胞在往返大陆和台湾时，必须在香港或澳门转机。这不仅浪费时间和金钱，到了春节、清明节、中秋节的时候，机票就特别紧张。2002年11月，台湾当局在舆论压力下，不得不同意2003年春节的台北－上海直航客机运行。

台商周先生乘坐了首航包机，他觉得包机虽然省了一点时间，但是，在经济方面并没有多大实惠。因此，周先生希望尽快开通真正的直航，使以后往返台湾和大陆能够越来越方便。

台湾から上海に直行便が！

　2003年1月26日午前8時52分、台湾中華航空の旅客機が無事上海浦東空港に着陸しました。これは、ここ50年で祖国大陸に最初に着陸した台湾民間航空機で、注目を浴びていた台湾企業の旧正月チャーター便の幕がこれによって切って落とされました。

　現在、上海の台湾資本企業は既に5千社ほどに達し、台湾の十大ノート型パソコンメーカーのうち6社が上海周辺地区に工場を設け、上海に定住あるいは長期滞在中の台湾同胞はおよそ30万人に上ります。上海は既に台湾の人が大陸でビジネス活動をしたり住んだりする場合の第一候補地になっていて、台湾の人の第二の故郷になっています。「上海には一年中『台風』が来ている」と冗談で言う人もいます。一方、台湾で大陸の話になると、必ず上海が出てきて、小学生でさえ異口同音に、一番好きな大陸の都市は上海だ、ということでしょう。

　しかし、台湾同胞が大陸と台湾を往復する時は、必ず香港か澳門で乗り換えなければなりません。これは時間とお金の浪費であるだけでなく、旧正月、清明節、中秋節の時には航空券がなかなか手に入りません。2002年11月、台湾当局は世論の圧力を受け、2003年旧正月の台北－上海直行便運行を認めざるを得ませんでした。

　台湾ビジネスマンの周さんは最初のチャーター便に乗り込みました。チャーター便はやや時間の節約になりますが、費用面ではそれほど恩恵がありません。と言うわけで、周さんは本格的な直行便ができるだけ早く実現し、今後の台湾と大陸の行き来がなお一層便利になることを望んでいるのです。

―以人为本―

		1998
		1999
		2000
		2001
		2002
		2003
		2004
		2005
		2006
		2007
		2008
		2009
		2010
		2011
		2012
		2013
		2014
		2015
		2016
		2017
		2018
		2019
		2020
		2021
		2022
		2023

�֎ 2005年度　目次 �֎

※本テキストには **T1** ～ **T4** を掲載しています。

105

2005　まえがき

『時事中国語の教科書』は、中国語論説体学習用『現代中国・放大鏡』（現在シリーズ3冊目）と、会話体で現代中国事情を学ぶ『現代中国・走馬看花』（現在シリーズ2冊目）の姉妹編です。本書は毎年出版され、過去1年間の出来事を様々な角度から紹介するもので、2005年でシリーズ9冊目になります。

2004年は、第10次5カ年計画完了の前年で、様々なプロジェクトが仕上げの段階に入った年でもありました。WTO加盟時の多くの公約が履行期限を迎えて市場の自由化がピッチを速め、加えて、前年のサーズによるブレーキから解放された勢いも手伝い、これまで以上に中国市場が注目され、日本企業の対中進出ラッシュも続きました。

第10次5カ年計画で計画された、鉄道・道路・航空・港湾といった交通インフラ整備はほぼ完成し、更にコンテナ輸送、冷凍、冷蔵輸送も発達し、物流が目に見えて活発化、海外物流との連携による中国経済の国際化、流通が機能することによる国内各地域の市場の一体化が進みました。一方、北京オリンピック特需を視野にいれた景気の過熱、素材の高騰が問題になり、経済の引き締めも行われました。

中国政府にとって2004年の最大のテーマは「三農」。農村を改造し、農業の産業化を進め、農民の増収を図ることを目標に置いたこの政策は、大量の余剰人口を抱え、年間1億人近い流動人口を発生させている農村の生活向上なしに中国の持続的発展はありえないという、中国政府の強い危機感の現れです。

2004年はまた、中国の地域発展が、巨大経済圏の形成という新段階に突入したことを示した年でもありました。環渤海湾、長江デルタ、珠江デルタという先行する三大経済圏に加え、長江上流、中部地区、西北、南昆貴各経済圏が姿を見せ始め、更に、温家宝首相の号令の下、沿海地方の発展、西部大開発に続く第3の大局として東北地方の再開発が発動されました。更には、台湾を取り込むべく、閩台経済圏構想もスタートしています。

このように経済発展が続く一方、急速な成長は、電力などの深刻なエネルギー不足を引き起こし、資源節約型社会への志向が空前の高まりを見せています。環境破壊も深刻で、人民日報は、2004年3月に、日本の水俣病を紹介する特別ページを設け、環境汚染の恐ろしさを強調し、政府の環境汚染に積極的に取り組む姿勢を示しました。

「小康」社会の全面的な実現が現実のものとなって来た中国ですが、健全な社会秩序を構築する為には、国民のモラル向上が欠かせません。2004年は海賊版の取り締

まりにようやく本腰が入れられ、また、未成年者への道徳教育の取り組みが本格的に始まった年でもあります。「衣食足りて礼節を知る」、いよいよ成熟した社会への第一歩が踏み出された、とも言えましょう。

　なお、本書の各課には、恒例の時事解説欄「放大鏡」、中国人の目「陳さんのつぶやき」、最新の時事用語を楽しむ「日訳にチャレンジ」などが設けてあります。併せてご活用ください。

平成16年10月　著者

TOPIC 1

大眼睛女孩走上讲坛

2005

　　照片上的这个女孩名叫苏明娟，本是安徽金寨山区的普通农家孩子，在贫困的山区长大。13年前，她以一双渴望知识的"大眼睛"被记者拍摄，成为希望工程的形象代表。

　　今天，苏明娟已是安徽大学职业技术学院三年级大学生。日前她在接受记者采访时说："是希望工程帮我圆了求学梦，彻底改变了我的命运。"

　　2004年夏天，苏明娟回到家乡参加暑期社会实践。她走上梅山镇骏马希望小学的讲坛，为山里的孩子们上了一堂生动的数学课，并勉励孩子们刻苦学习，回报社会。苏明娟说，她明年毕业后就要参加工作了，她将尽自己的能力使失学的孩子重返课堂。

　　希望工程创立于1989年，主要是在贫困农村地区建立希望小学，或通过捐助方式帮助贫困家庭的孩子上学。在至今为止的15年间，希望工程为千千万万个苏明娟那样的农村孩子提供了受教育的机会。

　　中国的13亿人口中有9亿是农民，目前按人均年收入1000元来算的话，中国还有9000万贫困人口。其中，农村教育更是一个关系到农业、农村和农民生活的问题。国家总理温家宝说过，"农村的情况让我们关注，农村的教育让我们关注，农村的孩子能否上好学，更让我们关注。这是一件对民族、对国家有长远意义的大事。"

あの女の子が教壇に

　写真の女の子の名前は蘇明娟、もともと安徽省金寨山間地区の普通の農家の子供で、貧しい山間地区で育ちました。13年前、彼女はその知識欲に燃えたパッチリした二つの目を記者に撮影され、希望プロジェクトのイメージキャラクターになりました。

　彼女は今はもう、安徽大学職業技術学部の3年生です。先頃、記者の取材を受けた時、彼女はこう言いました。「希望プロジェクトは私の勉強の夢をかなえてくれ、私の運命をすっかり変えてしまいました」

　2004年夏、彼女は故郷に戻り、夏季社会体験に参加し、梅山鎮駿馬希望小学校の教壇に立ち、山里の子供たちにきびきびとした数学の授業を行い、また、子供たちに、一生懸命勉強して社会に役に立つよう励ましました。彼女は、来年卒業したらすぐ仕事に就いて、学校に行けなくなった子供たちがまた戻って来られるように全力を尽くします、と言っています。

　希望プロジェクトは1989年にスタートしました。主に貧しい農村地区に希望小学校を建設したり、寄付に頼って貧困家庭の児童が学校に行けるようサポートしています。希望プロジェクトはこれまでの15年間で、蘇明娟のような無数の農村の児童に教育の機会を提供してきました。

　中国13億の人口のうち9億は農民です。目下、一人当たりの年間収入1千元をメドに計算すると、中国には未だ9000万人の貧困層が存在します。中でも、農村の教育は、農業・農村・農民の生活にとりわけ深く関わる問題です。温家宝首相は、「農村の状況に目を向けよう、農村の教育に目を向けよう、農村の子供たちがちゃんと学校に通えるか、なおのこと目を向けよう。これは民族や国家にとって将来に関わる重大事である」と述べています。

1998
1999
2000
2001
2002
2003
2004
2005
2006
2007
2008
2009
2010
2011
2012
2013
2014
2015
2016
2017
2018
2019
2020
2021
2022
2023

保护中华扬子鳄

　　扬子鳄，是中国特有的珍稀物种，产于长江流域，别名土龙。它在地球上已生存了两亿多年，与恐龙同祖，所以又被称为"动物的活化石"。它的体长一般不超过1.5米，身体呈黑色。目前，野生扬子鳄数已不到150条，远远少于野生大熊猫的数量。虽然人工繁殖的扬子鳄数量较多，但繁殖率的下降和畸形率的上升，都使野生扬子鳄的生存变得格外重要。

　　其实，20世纪50到60年代，在皖南地区经常可以发现野生扬子鳄巢，但到了90年代，这一现象已不复存在。

　　1999年7月，中美野生扬子鳄联合考察小组一行8人，在安徽宣州惊喜地发现了一窝正在孵化的野生鳄卵，共计19枚。只可惜，接下来8月中旬的连绵大雨打破了考察小组的全盘计划，整窝鳄卵无一孵化成功。

　　科学家们认为，说起鳄鱼，一般人总觉得其样子古怪、可怕，其实，扬子鳄是一种非常温驯，但又非常敏感的动物。这也是野生扬子鳄为什么越来越少的原因之一。因此，解开野生扬子鳄的生存之谜，对有效保护这一稀有动物有着非常重要的意义。

　　位于长江下游的上海，正打算到2004年底在崇明岛上建设一个美丽的"洁吧"。"洁吧"是英语Geopark的音译，为地质公园的意思。崇明岛是河口沙洲，有着一大片湿地，对保护野生扬子鳄以及长江的多样性生物有其独特的优势。

揚子江ワニを保護しよう！

　揚子江ワニは中国特有の珍しい種で、長江流域に生息し、別名を「土竜」と言います。揚子江ワニは地球上に既に2億年あまり生存しており、恐竜とは祖先が同じで、そのため「動物の生きた化石」とも言われています。体長は一般的には1.5mを超えず、体は黒い色をしています。現在、野生の揚子江ワニは既に150匹を割り、野生のパンダよりはるかに少なくなっています。人工繁殖によるものは比較的数が多いのですが、繁殖率の低下と奇形率の上昇どちらもが野生の揚子江ワニの生存をとりわけ重要なものに変えているのです。

　実は、1950〜60年代、安徽省南部ではしょっちゅう野生の揚子江ワニの巣を発見することができました。しかし、90年代に入り、こういった現象はもう見られなくなりました。

　1999年7月、米中野生揚子江ワニ合同調査チーム一行8人は安徽省宣州で、合計19個の孵化中の卵が入った野生揚子江ワニの巣を発見し、狂喜しました。ただ残念なことには、その後の8月中旬に降り続いた大雨で調査チームの全体計画は覆され、ワニの卵は一つも孵化に成功しませんでした。

　科学者達によれば、ワニというと一般の人は必ずその奇怪で恐ろしい姿を想像しますが、実際は、揚子江ワニはとてもおとなしく、ただ、非常に敏感な動物だ、ということです。このことが、野生の揚子江ワニが何故ますます減っているのか、ということの原因の一つにもなっているのです。ですから、野生揚子江ワニ生存のなぞを解くことは、この希少動物を効果的に保護する上で大変重要な意義があるのです。

　長江下流に位置する上海では、今まさに、2004年末までに崇明島にきれいな「ジエパ」を建設することを考えています。「ジエパ」は英語のGeoparkの音訳で、地質公園の意味です。崇明島は河口の砂洲で、一面の湿地があり、野生の揚子江ワニや長江の多様な生物を保護するには、他に無い利点があるのです。

1998
1999
2000
2001
2002
2003
2004
2005
2006
2007
2008
2009
2010
2011
2012
2013
2014
2015
2016
2017
2018
2019
2020
2021
2022
2023

取消强制婚检后

"我和妻子10月10日去领了结婚证。我们从夏天就开始考虑婚事，可是听说10月1日实施新的《婚姻登记条例》，单位证明和婚检都不需要了，所以我们过了'十一'以后去顺义区民政局登记。到那儿一看，嚯，人还真不少，看来大家都想到一块儿去了。"

这是刊登在03年12月《人民日报》上的一则读者来信。因为同年7月，新《婚姻登记管理条例》出台，把强制性的"结婚前必须体检"改成了自愿婚检。

原有的婚检内容主要有三点，一是问当事人的病史，如有没有急、慢性传染病，精神病，及泌尿生殖系统疾病等；二问双方家族的病史，特别是有没有遗传性疾病病史；三是了解男、女性的生殖健康史。如果发现问题的话，婚检处有义务向男女双方提出停止婚姻的忠告。

新规定很受广大青年的欢迎，他们普遍认为这个条例是对公民自由的尊重。据报道，新规定实施以后，广州10月登记的六千新人无一婚检；各地婚检处无人问津。

为此，上海的一些婚姻登记处从04年开始，向来登记的年轻人宣传婚检的好处。专家们普遍认为，虽然新条例更具有人性化，但是防止艾滋病和保证优生优育，是提高整个社会人口素质的前提，他们希望年轻人主动接受婚检。

婚前検査自由化の波紋

1998
1999
2000
2001
2002
2003
2004
2005
2006
2007
2008
2009
2010
2011
2012
2013
2014
2015
2016
2017
2018
2019
2020
2021
2022
2023

「私と妻は10月10日に結婚証明書をもらいに行きました。夏から結婚のことを考えていたのですが、10月1日に新しい「婚姻登記条例」が施行され、勤務先の証明と婚前検査が不要になる、と聞いたので、国慶節（10月1日）の長期休暇が終わってから順義区民政局に登記に行ったのです。行ってみたら、なんと本当にたくさんの人がいるんですよ！ みんな同じことを考えたんでしょうね」

　これは2003年12月に人民日報に掲載された読者からの投稿です。この年の7月、新しい「婚姻登記管理条例」が登場し、結婚前の健康診断が強制から任意になったのです。

　それまでの婚前検査の中身は主に3点ありました。第一に急性慢性伝染病・精神病・泌尿生殖関連の疾病の有無といった本人の病歴；第二に双方の家族の病歴、特に遺伝性の病歴の有無；第三に男女の生殖関連の過去の健康状態です。もし、問題があることがわかったら、婚前検査所は男女双方に婚姻をやめるよう忠告することが義務付けられていました。

　新しい規定は多くの若者に大歓迎されました。彼らはみんな、この条例は公民の自由を尊重するものである、と考えました。報道によれば、新規定が施行された後、広州で10月に婚姻届を出した6000人の新婚者中、婚前検査を受けた者は一人もおらず、各地の婚前検査所は閑古鳥が鳴いていました。

　そこで、上海の一部の婚姻登録所は2004年から、届けにやって来た若者たちに婚前検査の長所を宣伝しています。多くの専門家は「新条例はこれまで以上にヒューマニティに配慮したものではあるが、エイズ防止や優生保護は社会全体の人的な質の向上の前提である」と認識しており、若者たちが積極的に婚前検査を受けることを望んでいます。

郑和下西洋600周年纪念

据历史记载，明朝的三宝太监郑和奉明成祖之命，率领庞大船队于1405年7月11日起锚远航，直到1433年，28年中七下西洋，途经东南亚海域和印度洋，远航亚非，最远到达红海和非洲东海岸，访问了30多个国家和地区。这一伟大创举比哥伦布早87年，郑和现在已被公认为跨洋航行的世界第一人。

郑和前三次下西洋，主要是为了理顺明朝与诸藩国的关系，具有明显的政治目的。从第四次下西洋开始，船队的商业贸易特征十分突出，大批中国丝绸、茶叶、陶瓷源源不断地流向各国。郑和船队所到之处被称为"宝船"，并留下了许多佳话。在泰国、菲律宾、印尼、马来西亚等一些东南亚国家，现在还有很多以"三宝"命名的地名或寺庙，祭祀郑和的宗教仪式和庆典，已经构成东南亚民间文化的一个组成部分。

2005年是郑和下西洋600周年，中国政府正在积极准备"郑和下西洋600周年纪念活动"。中国航海学会理事长林祖乙表示："21世纪是海洋世纪，中国不仅是一个陆上大国，还是一个海上大国。举行纪念活动将有助于增强中华民族的凝聚力和大众的历史使命感，也有助于更多的人认识航海。"

鄭和大航海600周年

1998
1999
2000
2001
2002
2003
2004
2005
2006
2007
2008
2009
2010
2011
2012
2013
2014
2015
2016
2017
2018
2019
2020
2021
2022
2023

　史書によれば、明の三宝太監鄭和は成祖永楽帝の命を奉じ、大船団を率いて1405年7月11日、遠洋航海に出、1433年までの28年間に7回西へ向かい、東南アジア海域、インド洋を経て遠くアジア・アフリカを航海し、はるか紅海・アフリカ東海岸にまで到達、30あまりの国や地域を訪問しました。この偉大な壮挙はコロンブスより87年も早く、鄭和は現在では大洋を越えて航海した世界最初の人であると認められています。

　鄭和の当初3回の航海は、主に明とその属国との関係を整えることで、明確な政治的目的がありました。4回目以降から船団の商業貿易といった特徴が非常に顕著になり、大量の中国シルク・茶・陶器が滔滔と各国々へ流れ込みました。鄭和の船団は行く先々で「宝船」と呼ばれ、多くのエピソードを残しています。タイ・フィリピン・インドネシア・マレーシアなどの東南アジアの国々には、今でも多くの「三宝」という名の地名や寺院があり、鄭和を祭る宗教儀式や祭典は既に東南アジア民間文化の構成要素になっています。

　2005年は鄭和大航海の600周年記念で、中国政府は「鄭和大航海600周年記念活動」の準備を積極的に進めています。中国航海学会の林祖乙理事長は、「21世紀は海の世紀だ。中国は陸上の大国であるだけでなく、海上の大国でもある。記念活動を行うことは中華民族の団結力と大衆の歴史的な使命感の強化にプラスになり、また、より多くの人に航海というものを知ってもらうことにもプラスになるだろう」と語っています。

2006年度

―和諧社会―

2006年度版
時事中国語の教科書
和諧社会
三潴正道・陳祖蓓

朝日出版社

2006　まえがき

　『時事中国語の教科書』は、中国語論説体学習用『現代中国・放大鏡』（現在シリーズ3冊目）と、会話体で現代中国事情を学ぶ『現代中国・走馬看花』（現在シリーズ2冊目）の姉妹編です。本書は毎年出版され、過去1年間の出来事を様々な角度から紹介するもので、2006年でシリーズ10冊目になります。

　2005年は第10次5カ年計画完了の年で、第9次5カ年計画以来10年間かけた国内交通インフラ整備が一応整い、国内の物流・流通がネットワークとして動き出し、名目上の人口13億の市場が実質を伴った13億の市場へと転換する歴史的な年になりました。中国進出企業も、中国で製品を作り海外へ輸出するこれまでのビジネスから中国国内への販売へとシフトしつつあり、組織の見直し・人材配置や労務管理の見直しを迫られています。その意味では、中国の一般消費者の消費性向の研究や、流通経路・商業慣習に対するより突っ込んだ分析・把握が必要になり、地域別対応のきめ細かさも重要になります。異文化としての中国文化の把握が今後のビジネスの成否を分ける決定的要素になりかねません。

　2005年は中国経済にとっても重要な意味を持つ年になりました。久しく論じられていた人民元の切り上げが、小幅にせよ遂に実施されたからです。農産物の輸出振興は、農村からあふれ出る巨大な余剰労働力をソフトランディングさせる大事な柱。切り上げによる悪影響は回避したかったのですが、貿易赤字に悩むアメリカの圧力や急増する外貨準備高も無視できず、国有銀行の不良債権処理問題や香港ドルとの関係なども念頭に入れつつ微調整が行われたのです。その意味ではまさしく終わりではなく始まりである、と言えましょう。

　水不足・電力不足・資源不足に悩む中国にとって、2005年は"节能"（エネルギーの節約）・"循环经济"（リサイクル経済）がキーワードになった年でした。環境汚染の摘発にも力が入れられ、自然との調和・都市と農村の調和など、調和の取れた社会の建設がスローガンになりました。また、2008年のオリンピックが近づくにつれ、「世界から注目を浴びる中、恥をかくことの無いように」とモラルの建設に力が入れられ、小学校で四書五経の素読が急速な広がりを見せました。

　さて、2005年のもう一つの記憶に残る出来事といえば反日デモでしょう。単に節目の年だから、というだけでなく、必然的要素があったことは言うまでもありません。様々な議論がありましたが、中国市民を覚醒させた五四運動は日本の野心が惹き起こした反日運動であったことを忘れてはなりません。そして、日本側は明らかな侵略の事実を糊塗し美化する風潮を戒め、一方、中国側も学術的裏づけのある、

事実に基づいた批判を心がけ、かりそめにも、日中の恒久的平和友好を願う多くの日本人までも十把一絡げに攻撃することは避けなければなりません。

　なお、本書の各課には、恒例の時事解説欄「放大鏡」・中国人の目「陳さんのつぶやき」・最新の時事用語を楽しむ「日訳にチャレンジ」などが設けてあります。併せてご活用ください。

平成17年9月　著者

男女性别严重失衡

2005年1月6日是中国的第13亿人口日，伴随着这个第13亿小公民的诞生，一个严峻的现实正摆在人们的面前。国家人口计划生育委员会称，中国出生婴儿性别比接近120，即平均每出生100名女婴，相对应地出生了近120名男婴，而正常值是103：107。

其实，早在2000年第五次人口普查时，中国男女出生性别比已经达到116.9，海南、广东等省则高达130以上。北京市也在2005年发表，北京出生人口性别比例已达100：108，超过了正常值。很多人觉得不可思议：在观念开放的北京，怎么也会出现"重男轻女"的现象呢？

一位北京市民认为，由于受传统观念的影响，女性的社会地位在事实上是不平等的，除了就业上学问题以外，其中最突出的就是男女退休年龄问题，男的60岁退休，而女的则是55岁退休。这种性别歧视，使很多父母为了生一个男孩，与医院私下交易，不惜重金做违法的胎儿性别鉴定，或者进行选择性别的人工终止妊娠。

专家警告，如果这个现象不改善的话，到2020年，中国将有3000万到4000万处于婚育年龄的男性"打光棍"。

深刻化する男女のアンバランス

　2005年1月6日は中国の人口が13億になった日で、この13億人目の可愛い国民の誕生に伴い、厳しい現実が人々に突きつけられました。国家人口計画出産委員会によれば、中国の出生児の性別比は120に近づいています。つまり、平均して100名の女児に対し120名近い男児が生まれているわけで、一方、正常値は103：107なのです。

　実は、2000年の第5回人口一斉調査の時、中国男女出生性別比率は既に116.9になっており、海南・広東などの省では130にも達していました。北京市も2005年に、北京出生人口性別比が既に100：108になり、正常値を超えていることを発表しました。考え方が自由になった北京で、どうしてまた「男尊女卑」の現象が現れたのだろう、と多くの人が不思議に思いました。

　ある北京市民は以下のように見ています。古い考え方の影響で女性の社会的地位は事実上不平等であり、就職・進学の他に最も際立っているのが、男が60歳、女が55歳という男女の定年の問題。こうした性差別の結果、多くの親が男児を生む為に病院と裏取引をし、惜しげもなく大金を使って違法な胎児の性別鑑定を行ったり、或いは性別を選択する人工流産を行っているのだ、と。

　もしこのような現象が改善されなければ、2020年には中国は3000万人から4000万人の結婚適齢期に達した独身男性を抱えることになる、と専門家は警告しています。

国产客机欲高飞

2006

中国的天空很繁忙。中国现在有130多个机场，每周航班加起来已经超过了2万4千个班次。国际民航组织2004年的统计显示，中国的航空运输量已超过日本，跃居世界第三位，仅次于美国和德国。尽管如此，"国内支线航班还不够、价格还太高"的呼声还是不绝于耳。

中国民航从1972年开始购买和租赁波音飞机共565架，金额高达342亿美元。有人戏称，"中国买波音的钱已经足以买下整个波音公司。"

其实，中国一航从2000年起就开始研制国产客机。2004年11月，在第五届珠海航展上，70-90座级的国产客机ARJ21首次亮相。ARJ21完全拥有中国自主知识产权，最突出的性能是适应高原地带的高温，能保证在中国西部的绝大部分机场起降。

ARJ21于2005年6月在巴黎航展堂堂亮相，受到瞩目。2005年底，ARJ21终于飞上中国的天空。

虽然波音在中国上空仍独占鳌头，但是可以预见，国产客机高飞的日子也已经不远了。

国産旅客機颯爽登場

1998
1999
2000
2001
2002
2003
2004
2005
2006
2007
2008
2009
2010
2011
2012
2013
2014
2015
2016
2017
2018
2019
2020
2021
2022
2023

　中国の空は大忙し。中国には現在、130あまりの飛行場があり、週ごとの便をあわせると既に2万4千便を超えています。国際民間航空機関の2004年の統計によると、中国の航空輸送量は既に日本を超え、アメリカ・ドイツに次いで世界第3位。とはいえ、「国内線の便はまだ不十分、値段もまだ高すぎる」という声が依然絶えません。

　中国民航は1972年からボーイング機計565機の買い付けとリースを始め、金額は342億ドルにも達しました。「中国がボーイング機を買ったお金で、もう十分ボーイング社を丸ごと買えているよ」と冗談を言う人もいるくらい。

　実は、中国一航（中国第一航空グループ）は2000年にはもう国産旅客機の開発を始めていました。2004年11月、第5回珠海航空ショーで70〜90座席クラスの国産旅客機ARJ21が初登場しました。ARJ21は完全に中国自前の知的財産権を保有していて、その最も優れた性能は高原地帯の高温への適応で、中国西部の大部分の飛行場での離着陸を保障できます。

　ARJ21は2005年6月、パリ航空ショーに堂々お目見えし、注目を集めました。2005年末、ARJ21は遂に中国の空に飛び立ちました。

　ボーイングは依然として中国の空に君臨していますが、国産旅客機が大空高く飛び行く日も遠いことではないと予測できるでしょう。

中国人海外狂购令老外傻眼

2006

2004年夏天，巴黎的一家名牌店，突然来了一群中国游客。老板最初也没在意，但是后来他发现这群人来者不凡。精明的老板索性在店门上挂了"暂停营业"的牌子，关上店门，让中国客人"专心"购物。这个老板后来说，"我真没想到，从他们穿的衣服上也看不出来，可他们却买走了50万美元的东西，太令人吃惊了！"

无独有偶，据VISA的2004年统计，全世界刷卡单笔交易平均消费金额的排行榜上，中国人以平均253美元居首位。

中国人的海外狂购，原因主要有以下几点：一是，以各种名义出国的官员增加；二是，新型的中国富人阶层构成了一个庞大的出国旅游群体；三是，外资企业用海外旅游来酬谢客户。

但是，在人口众多的中国，能出国的毕竟还是少数，所以，绝大部分的狂购还是受人之托。这也可以说是有中国特色的高消费。

不管怎么样，中国巨大的出境旅游市场已经引起全球瞩目，欧洲和日本都在竞相打中国游客牌，争相扩大旅游签证范围。向中国公民开放本国，已经成为近几年外国首脑与中国领导人会谈时的一个重要议题。

中国人観光客の気前の良さにみんなビックリ！

1998
1999
2000
2001
2002
2003
2004
2005
2006
2007
2008
2009
2010
2011
2012
2013
2014
2015
2016
2017
2018
2019
2020
2021
2022
2023

　2004年夏、パリのあるブランド店に突然一団の中国人観光客がやってきました。店の主人は最初は気にも留めていませんでしたが、しばらくしてこの人たちがただ者ではないことに気がつきました。賢い主人は思い切って店のドアに「しばらく閉店」の札を掲げ、ドアを閉め、中国人が買い物に専念できるようにしました。この主人は後にこう言いました。「まったく予想外だったよ。着ている服装からは判らなかったが、彼らはなんと50万ドルの品を買っていったんだ、本当にたまげた！」

　それだけではありません。VISAの2004年の統計によると、世界のクレジットカードの一回当たり平均消費額ランキングで、中国人は平均253ドルでトップを占めています。

　中国人が海外で買いまくる原因として主に以下のような点が挙げられます。1. 様々な名目で出国する役人の増加。2. 新しいタイプの富裕層が厖大な海外旅行者層を形成している。3. 外資系企業が海外旅行を客への謝礼に使っている。

　とは言え、人口が多い中国で出国できる人は結局のところまだ少なく、そこで、ほとんどの買いまくりは他人に頼まれたものなのです。これは中国独特の高消費だと言えましょう。

　ともあれ、中国の巨大な海外観光市場は既に世界の注目を浴び、ヨーロッパと日本は競って中国人観光客に照準を合わせ観光ビザの範囲を広げています。中国国民に自国を開放することは既にここ数年、外国首脳と中国の指導者が会談した時の重要な議題になっています。

《千手观音》征服世界

2005年5月19日是日本爱知世界博览会中国馆日。在开幕式上，最引人注目的还是中国残疾人艺术团的舞蹈《千手观音》。表演这个舞蹈的21名男女演员都是聋哑人。

这些生活在无声世界的演员，配合得天衣无缝。虽然他们听不见音乐，但在手语指挥的指导下，他们用心读懂了音乐，用肢体表达了舞蹈的内容。在2004年雅典残奥会闭幕式上，《千手观音》也令西方观众为之倾倒。

领舞演员邰丽华两岁那年，因为发高烧注射链霉素，导致双耳失聪。7岁那年，邰丽华进了当地一家聋哑学校，在学校的律动课上，她找到了属于自己的世界——舞蹈。

中国残疾人艺术团成立于1987年，2000年，舞蹈《生命之翼》使艺术团的名字响遍中国。3名肢体残疾演员用拐杖代替失去的肢体部分，跳出了对生命的追求。

2000年，艺术团在美国卡内基音乐厅演出。演出结束时，全场观众起立为他们鼓掌。演员们用不完美的身体给人们带来梦想，也给世界带来了对和平的祈祷。

世界が絶賛、身障者の舞踊『千手観音』

1998
1999
2000
2001
2002
2003
2004
2005
2006
2007
2008
2009
2010
2011
2012
2013
2014
2015
2016
2017
2018
2019
2020
2021
2022
2023

　2005年5月19日は日本の愛知万博の中国デーでした。オープニングセレモニーで最も注目されたのはやはり中国障害者芸術団による舞踏『千手観音』でした。この舞踏を演じた21名の男女の団員はみんな聾唖者です。

　音のない世界に暮らしているこれらの団員が一糸乱れず呼吸を合わせます。音楽は聞こえなくても、手話の指揮の下、彼らは一心に音楽を読み取り、体で舞踏の内容を伝えました。2004年アテネパラリンピックの閉幕式でも、『千手観音』は欧米の観客を魅了しました。

　トップダンサーの邰麗華は2歳の時、高熱を出してストレプトマイシンを注射し、両耳が聞こえなくなりました。7歳の時、邰麗華は現地のある聾唖学校に入りました。学校のリトミック授業で彼女は自分の世界——ダンスを見つけたのです。

　中国障害者芸術団は1987年に創立され、2000年に、舞踏『命の翼』で中国全土にその名を轟かせました。3名の身障者の団員が松葉杖を失った足の代わりにして命への想いを踊りで表現しました。

　2000年、芸術団はアメリカのカーネギーホールで公演し、公演が終了した時、満場の観衆は総立ちになって拍手を送りました。団員たちは不自由な体で人々に夢を与え、また、世界に平和への祈りをもたらしたのです。

2007年度

－八栄八恥－

2007年度版
時事中国語の教科書
八栄八恥　　　　　　　　　三潴正道・陳祖蓓

朝日出版社

2007　まえがき

　『時事中国語の教科書』は、中国語論説体学習用『現代中国・放大鏡』（現在シリーズ3冊目）と、会話体で現代中国事情を学ぶ『現代中国・走馬看花』（現在シリーズ2冊目）の姉妹編です。本書は毎年出版され、過去1年間の出来事を様々な角度から紹介するもので、2007年でシリーズ11冊目になります。

　本書昨年版でも書いたとおり、2005年は第9次5カ年計画以来10年間かけた国内交通インフラ建設が一応整備され、国内の物流・流通がネットワークとして動き出し、名目上の13億の市場が実質を伴った13億の市場へと転換する歴史的な年になりました。それを受け2006年度は国内市場、特に農村市場の開拓が一挙に進み始めた年と言えましょう。商務部が音頭をとる〈万村千郷プロジェクト〉は2005年から3年間で毎年各村に8万、各郷に8千のチェーン店を展開、全国の70％の郷鎮をカバーする計画で、2006年はこの動きが活発化した1年でした。

　こういった勢いは必然的に広告業の急速な発展を呼び起こします。都会では従来の4大メディアに変わり、DM・屋外広告・移動テレビなどが幅を利かせ、一方、広大な農村という消費処女市場相手では、絶大な伝播力を持つCCTVなどのゴールデンアワー広告料がうなぎのぼりになっています。2006年から実施された農業税の全面廃止とそれに伴う農民からの各種料金取立て禁止も、もし厳格に実施されれば農村消費の向上に役立つでしょう。

　2006年から始まった第11次5カ年計画の最大のテーマは調和の取れた社会の実現です。これまでのGDP至上主義の成長一点張りの経済運営は、相当の効果を挙げた反面、資源の浪費・環境汚染と環境破壊といったマイナス面を大きくクローズアップさせてしまいました。もちろん今後も一定水準の成長が必要であることはいうまでもありませんが、環境との調和が最大のテーマであることは論を待ちません。"緑色GDP"が声高に叫ばれるようになったゆえんでしょう。持続可能な発展を目指しつつ、全体として都市と農村の調和・人と環境の調和・地域間の調和・経済と社会の調和そして国際間の調和を図り、人に優しい政治を実行することが現政権に課せられた最大の課題であると認識されています。

　多くの矛盾が顕在化する中でいかに安定を保ちつつこの政治目標を達成するか、困難な局面が続きます。最近の言論統制の強化はその一側面でしょう。しかし舵取りを誤ると致命的な失敗になります。2007年の党大会を見据え、党内の様々な動きも見え隠れしており、緊迫した政局運営が当分続くことになります。

　多くの経済圏が誕生し膨張し、全土が一つの経済圏を形成し始めた中国。北京オ

リンピック・上海万博、更にその後を展望しつつ、2006年という年が過ぎていこう
としています。10年後を占う大事なここ1、2年になりそうです。

　なお、本書の各課には、恒例の時事解説欄「放大鏡」・中国人の目「陳さんのつぶ
やき」・最新の時事用語を楽しむ「日訳にチャレンジ」などが設けてあります。併せ
てご活用ください。

2006年9月　著者

世界海拔最高的铁路——青藏铁路

2006年7月1日，青藏铁路全线开通。这是中国国内第一条通往西藏的铁路，同时也是世界海拔最高、线路最长的高原铁路。它穿越"世界屋脊"——青藏高原进入西藏，海拔4000米以上的地段达960公里，最高点海拔5072米，名副其实地成了地球上"离天最近的铁路"。

修建进藏铁路是几代中国人的梦想。新中国成立后，党中央、国务院对修建进藏铁路一直关怀备至。1984年，西宁至格尔木段正式运营。2001年6月29日，全长1142公里的格尔木至拉萨段正式动工。

滑坡、地震、风沙、雷电、强日照、泥石流，除了这些频发的自然灾害外，青藏铁路工程更面临着"多年冻土、高寒缺氧、生态脆弱"三大难题。5年来，10多万筑路大军发扬"挑战极限、勇创一流"的精神，在雪域高原创造出一个又一个奇迹。

英国《卫报》在长篇报道《横跨世界屋脊的铁路》一文中说，"中国是最有能力在未来几百年推进人类文明的国家"，"通往西藏的铁路就是这种精神最伟大的象征之一"。

"圣城"拉萨不再遥远，唐蕃古道成为观光之旅，"出国容易进藏难"的历史将一去不返。

海抜世界一の青蔵鉄道

2006年7月1日、青蔵鉄道が全線開通しました。この鉄道はチベットに通じる国内初の鉄道であると同時に、世界で海抜の最も高い、かつ路線が最長の高原鉄道でもあります。「世界の屋根」と称される青蔵高原を越えてチベットに入るのですが、海抜4000m以上の部分が960kmにも及び、最高地点は5072m、名実ともに地球上で最も天に近い鉄道になりました。

チベットに通じる鉄道の建設は幾世代にもわたる中国人の夢で、新中国成立後、党中央・国務院はこの件に絶えず関心を払っていました。1984年には西寧－ゴルムド間が正式に営業を開始、2001年6月29日、全長1142kmに渡るゴルムド－ラサ間が正式に着工しました。

青蔵鉄道建設工事は、地すべり・地震・砂嵐・落雷・直射日光・土石流といった頻発する自然災害に加えて、「永久凍土、高地による寒さと酸素不足、脆弱な生態環境」といった三つの難題にぶつかりましたが、5年の歳月をかけ、10万あまりの大規模な建設部隊が「極限に挑み、一流を目指す」精神を発揮し、雪の高原に一つまた一つと奇跡を生み出していったのです。

イギリスのガーディアン紙は長編ドキュメンタリー『世界の屋根を跨ぐ鉄道』の中で、「中国は、今後数百年にわたり人類の文明を推進する能力を最も備えている国である」、「チベットに通じる鉄道はその精神の偉大なシンボルの一つである」と報道しました。

「聖なる都市」ラサはもはや遥かなる都市ではなくなり、唐蕃古道（中国－チベット－インドを結ぶ古代からの通商ルート）は観光ルートとなり、「国外へ行くのはたやすいが、チベットへ行くのは難しい」という歴史はもうすぐ過去のものとなるでしょう。

1998
1999
2000
2001
2002
2003
2004
2005
2006
2007
2008
2009
2010
2011
2012
2013
2014
2015
2016
2017
2018
2019
2020
2021
2022
2023

新一代农民工进城不回头

他们来了，一下火车就决定不再回乡，要在城市各个角落寻找自己的位置，像种子一样生根、开花、结果。

"从我到的第一天开始，我就决心要留在城市。这辈子打死也不会当农民，当然也不会再回到农村去。"青年农民工王成新，28岁，湖南人。他说，他的家乡太穷了，没有电影院、没有网吧、没有超市，就连看电视的频道和节目也很少。"今后我想和朋友们联合开办一家属于自己的公司。"

四川女青年杨平说，电视剧里那些在写字楼里上班的白领一族给她留下很深的印象。"我看了这些电视剧，就发誓一定要当一个写字楼里的白领丽人。"

20多年前，肩扛编织袋、行色匆匆的农民工成了改革开放的标志之一。而今天，新一代农民工，他们出生在改革开放时代，年龄大约在18到25岁之间。对他们来说，打工已经不只是为了"赚钱、回家盖房子、娶媳妇生孩子"，而是带有"闯天下、寻发展"的目的。

这就是新一代的农民工。他们早就没有了土地的概念，他们已经熟悉了市场经济，他们实际上是在与城里的同龄人竞争。但是，他们遭遇的问题依然是没有足够的福利保障和城乡间的差别。对政府来说，解决城乡二元问题和政策公平问题已经迫在眉睫。

出稼ぎ農民、都会に定着？

1998
1999
2000
2001
2002
2003
2004
2005
2006
2007
2008
2009
2010
2011
2012
2013
2014
2015
2016
2017
2018
2019
2020
2021
2022
2023

　着いた。列車を降りたその瞬間、もう二度と故郷へは戻るまいと心に決める。町の片隅に自分の居場所を求め、種子のように根を張り、花を咲かせ、実を結ぼうとする。

　「着いたその日から都会に留まろうと決心したんです。この人生、殺されたって農民にはなりません。もちろん、また農村へ戻るなんてことはありえませんよ」。青年農民労働者王成新は28歳。湖南省の出身です。彼のふるさとはとても貧しく、映画館もネットカフェもスーパーも無く、テレビのチャンネルや番組も少ない、と言います。「これから友達と一緒に自分の会社を立ち上げるんです」

　四川省出身の若い女性楊平は、テレビドラマのオフィスで働くホワイトカラーに強く惹かれた、と言います。「そういったドラマを見て、絶対オフィスで働くかっこいいホワイトカラーになろうと誓ったんです」

　二十数年前、肩に網袋を担ぎ、そそくさとふるさとを後にした農民労働者は改革開放の一つのシンボルになりました。しかし、今日の新世代の農民労働者は改革開放の時代に生まれ、年は18歳から25歳くらい。彼らにとって出稼ぎはただ単に「金を稼ぎ、帰郷して家を建て、嫁をもらって子供をもうける」ためのものだけでなく、「天下を渡り歩き、チャンスを探す」目的もあるのです。

　これぞまさに新世代の農民労働者。彼らにはもはや土地に縛られる発想は無く、市場経済を熟知し、実際に都会の若者に競争を仕掛けています。とはいえ、彼らが遭遇している問題と言えば、依然として、十分な福利厚生が得られないとか都市と農村の格差であり、政府にとっては、都市と農村の二極化と政策の公平という問題の解決が既に差し迫った問題になっています。

中国为世界作贡献，却为污染付出高昂代价

5年前，山西省下康村的村民突然发现村里的水变咸了。水壶在烧完水后变成了红色。"我开始拉肚子，病再没好过，"一位村民说，"我的邻居们也一样"。几个月后，她双腿瘫痪。附近的钢铁厂和造纸厂近10年里的废水排放量增长了数倍，使村民长期饮用的井水遭到严重污染。

在中国北部的北山村，人们的脸常常像煤一样黑。这个地区有一百多家炼焦厂和冶金厂，他们不仅为国内市场生产，也为日本和韩国生产。当地人称自己的家乡为"黑三角"，一根根烟囱冒出黑、黄、白各色的浓烟，刺鼻的臭气令人难以呼吸、双眼疼痛。

国家环保委的一位负责人说，"我国最大的七条河流中，半数河水完全无法利用。四分之一的中国人喝不到清洁的饮用水。"据说，现在，全球空气污染最严重的20个城市有16个在中国，北京甚至被称为是全世界污染最严重的首都之一。

中国为全世界提供产品，但本身从中获益并不多。国家环保委的负责人指出："生产同样价值的产品，我们消耗的资源是日本的7倍、美国的近6倍、印度的近3倍。中国是世界工厂，但令我忧虑的是，中国正在沦为地球的垃圾场。"

世界の工場と環境汚染

　5年前、山西省下康村の農民は村の水が急に塩辛くなったことに気がつきました。やかんは湯を沸かすと赤く変色します。「下痢をして一向に治らないんです」と一人の農民が言いました。「近所の人も同じです」。数カ月後、彼女は両足が麻痺してしまいました。付近の鉄工所と製紙工場はここ10年あまりで廃水の排出量が数倍も増えています。その結果、村民が長い間飲んでいた井戸の水がひどく汚染されてしまったのです。

　中国北部の北山村では、人々の顔はいつも石炭のように真っ黒です。この地区には100あまりのコークス生産工場と冶金工場があり、国内市場向けのみならず、日本・韓国向けの生産も行っています。現地の人は自分たちのふるさとを「ブラックトライアングル」と呼んでいます。林立する煙突から黒・黄・白といった色さまざまな煙が吐き出され、鼻をつく臭気が呼吸を苦しくさせ両目が痛くなります。

　国家環境保護委員会の責任者によると、「わが国の7大河川のうち半数の河の水がまったく使用できなくなっていて、4分の1の中国人がきれいな飲み水を飲めなくなっている」とのこと。現在、世界で大気汚染が最も深刻な20の都市のうち16都市が中国にあり、北京は世界で最も汚染が深刻な首都の一つであるとさえ言われています。

　中国は世界に製品を供給していますが、中国自身がそこから得る利益は多くはありません。国家環境保護委員会の責任者は「同じ値段の製品を生産するのに、我々は日本の7倍、アメリカの6倍、インドの3倍の資源を浪費している。中国は世界の工場だが、心配なのは中国が世界のゴミ捨て場になってしまうことだ」と語っています。

1998
1999
2000
2001
2002
2003
2004
2005
2006
2007
2008
2009
2010
2011
2012
2013
2014
2015
2016
2017
2018
2019
2020
2021
2022
2023

TOPIC 4

《冰点周刊》事件说明了什么？

2006年1月13日，中国青年报发行的《冰点周刊》被停刊整顿，总编辑李大同遭到撤职的处分。原因是，11日发行的《冰点》登了中山大学教授袁伟时的文章《现代化与历史教科书》。对此，中央有关部门批示，该论文"极力为帝国主义列强侵略中国罪行翻案，严重违背历史事实，…严重伤害中国人民的民族感情。"

袁教授的论文认为，现在教科书的很多史实描述过于重视爱国主义教育，而忽视了对历史的冷静分析。比如，"火烧圆明园"事件，如果当时处于弱小地位的清政府能冷静面对"外人入城问题"和"续修条约问题"的话，也许可以避免这个悲剧。

此外，袁还对义和团的描述也进行了批判。袁认为，教科书也应该记述他们"大肆排外、敌视近代文明、滥杀教士教民"等过激行为。

《冰点》于3月复刊。复刊后的第一版刊登了中国社科院研究员张海鹏的《反帝反封建是近代中国历史的主题》，对袁论文的"严重误导"一一提出批判。

《冰点》事件引起海内外的强烈关注，但是也应该看到，今天的中国已经不是40年前的中国了。当事人并没有遭到迫害，在《冰点》网站上我们也依旧能读到袁伟时教授的论文。

『氷点』停刊の舞台裏

　2006年1月13日、中国青年報が発行していた『氷点週刊』が停刊処分になり、李大同編集局長は免職処分を受けました。その原因は11日付で発行された『氷点』が中山大学袁偉時教授の論文『近代化と歴史教科書』を掲載したことです。これに対し中央の関係部門はこの論文は「帝国主義列強の中国侵略という犯罪行為を極力弁護し、歴史的事実に重大に背き、…中国人民の民族的感情をひどく傷つけた」という通達を出しました。

　袁教授の論文は、「現在の教科書の多くの歴史記述は愛国主義に偏重しすぎていて、歴史に対する冷静な分析を軽視している。たとえば『円明園焼き討ち事件』は、もし当時弱い立場にあった清朝政府が『外国人入城問題』や『条約延長問題』に冷静に対処していたら、たぶんこの悲劇は避けられただろう」としています。

　このほか、義和団に対する袁氏の記述も批判されました。袁氏は「教科書は『公然と排外行為を行い、近代文明を敵視し、宣教師や信者を殺戮した』彼らの過激な行為も記述すべきである」との見解を示しています。

　『氷点』は3月に復刊しました。復刊後の最初の紙面に中国社会科学院の張海鵬研究員の『反帝反封建は近代中国史のテーマである』が掲載され、袁論文の「重大な誤り」が逐一批判されました。

　『氷点』事件は内外から大いに注目されました。ただし、現在の中国は40年前の中国ではなくなっていることを認識しなければなりません。当事者は決して迫害に遭ってはいませんし、『氷点』のサイトでは、我々は依然として袁偉時教授の論文を読むことができます。

2008年度

―融冰之旅―

2008年度版
時事中国語の教科書
融冰之旅   三潴正道・陳祖蓓

朝日出版社

141

2008　まえがき

　『時事中国語の教科書』は、中国語論説体学習用『現代中国・放大鏡』（現在シリーズ3冊目）と、会話体で現代中国事情を学ぶ『現代中国・走馬看花』（現在シリーズ2冊目）の姉妹編です。本書は毎年出版され、過去1年間の出来事を様々な角度から紹介するもので、2008年でシリーズ12冊目になります。

　2007年は中国にとって重要な政治的節目となる年でした。5年に1回開催される中国共産党大会の第17回大会が開催され、胡錦濤政権が第2期目に入りました。調和の取れた社会の実現を標榜する同政権ですが、難問山積の状態でもあります。

　悪化する環境問題への取り組み、度重なる不祥事によって失われた"中国製"に対する信頼回復の問題、各国から早急な改善を求められている知的財産権問題、中央の言うことを聞かない地方政府の過剰投資、格差が拡大する都市と農村の問題及び付随する出稼ぎ労働者とその家族の問題、一人っ子政策が招いた急速な高齢化と老人介護の問題、更に経済面では製造業偏重からの脱却など経済構造再編問題、資源エネルギー問題、自前の技術が乏しい現状を改善すべく国が音頭を取って展開している技術革新の問題、深刻化する技術者不足等等、どれをとっても容易なことではありません。

　一方で、2007年は翌年の北京オリンピックを控え、国を挙げてオリンピック開催の準備に取り組んだ年でした。ハード面の整備は比較的順調に進んだものの、食の安全・大気汚染への取り組み以上にネックとなったのは市民や観客のモラル問題。逆を言えば、国を挙げてこれほどまでにモラルやエチケットの向上に取り組んだのは有史以来初めてといえるかもしれません。その意味ではオリンピック開催は中国社会に一大転機をもたらすかもしれません。"文明"という言葉がモラルやエチケットを意味する言葉として大流行したことは、大いに記憶されるべきことでしょう。

　本書が教室で使用される時期は、北京オリンピック開催期間とほぼ重なります。中国語教育に携わるものとして、北京オリンピックがフェアにそしてマナー良く順調に運営され、各国メディアから高い評価を得ることを願わずにはいられません。

　なお本書の各課には、最新の時事用語を楽しむ「日訳にチャレンジ」など、恒例のコーナーが設けられています。必要に応じてご活用いただければ幸いです。

2007年10月　著者

融冰之旅

2008

"如果说安倍晋三首相去年10月对中国的访问是一次破冰之旅，那么，我希望我的这次访问能够成为一次融冰之旅"。这是中国总理温家宝2007年4月12日在日本国会演讲时的一段话，话音未落，就赢得了一片掌声。

在国会演讲当天的一大早，温总理去东京代代木公园晨跑，当时在场的坂田和子女士说："温家宝总理带领大家一起打太极拳，我当时在温总理的右侧，正好在电视镜头里面。电视播放后的三天里，家里的电话一直没断。我也因太极拳而'一举成名'了。"

13日，温家宝总理在京都与当地农民长滨义和一起栽种了西红柿苗。长滨家后院摆放着主人收获的各种蔬菜。温总理询问售价和销售情况，问起主人家的农业机械。温总理还和主人一起盘腿坐在榻榻米上，他说："在中国我经常下乡，也是这样坐"。

然后，温家宝身穿35号球衣出现在京都西新京极棒球场，与立命馆大学学生棒球队员一同打棒球。少年时代练习过棒球的温总理打起球来有板有眼。据说，球衣上的数字35象征着07年中日关系正常化35周年。

"和风化细雨，樱花吐艳迎朋友，冬去春来早。"这是温家宝总理在访日期间创作的日式"俳句"。这既是对他这次成功访日的总结，也为新世纪中日交往添上了浓墨重彩的一笔。

氷を融かす旅

「昨年10月の安倍晋三首相の中国訪問が最初の氷を割る旅ならば、私は今回の私の訪問が氷を融かす旅になることを望む」。この言葉は、中国の温家宝首相が2007年4月12日に日本の国会で講演した時のもので、言い終わるのも待たずに満場の拍手を浴びました。

国会で講演した日の朝早く、温首相は東京の代々木公園で朝のジョギングをしました。そのときその場にいた坂田和子さんの話では「温家宝首相は率先して皆と一緒に太極拳をしてくださいました。私は首相の右側にいたもので、運よくテレビのショットに入ってしまい、テレビ放送のあとの3日間は家の電話が鳴りっぱなしでした。太極拳のおかげで私もすっかり有名になりましたよ」とのこと。

13日、温家宝首相は京都で現地の農民、長浜義和さんと一緒にトマトの苗を植えました。長浜さんの家の裏庭にはご主人が収穫した様々な野菜が置いてあります。首相は値段や売れ行き、また、農業機械についても質問しました。更に畳の上で一緒に胡坐をかいて座り、「中国でよく農村に行きますが、その際もこうやって座るんです」と述べました。

その後、首相は35番をつけたユニフォームを着て京都の西新京極野球場に現れ、立命館大学の野球部員と野球をしました。少年時代に野球をしたことのある首相はボールを打つ姿も様になっています。ユニフォームの数字35番は2007年の日中国交正常化35周年を表しています。

「そよ風は優しい雨に変わり、サクラの花が色鮮やかに友を迎える。冬が去り、もう春が来た」。これは温家宝首相が訪日期間中に作った日本式の（＊中国語の字数で五七五の形式に則った）俳句で、彼の訪日成功に対する総括であり、新しい世紀の日中交流に鮮やかな墨痕を記しました。

世界上最长的跨海大桥——杭州湾跨海大桥

2007年6月26日，全长36公里的杭州湾跨海大桥顺利贯通，成为当今世界上最长的跨海大桥。从2003年6月开始动工以来，历时整整4年，杭州湾跨海大桥终于以一个豪壮的"S"形展现在世人面前。

杭州湾是世界三大强潮海湾之一，具有流速快、潮差大两大特点，潮差最大时为7.8米。此外，一年内风力6级以上的天气就达200多天。参加建设的武汉人吴维忠笑着说："刚开始，大浪打过来，我都会胆战心惊，呕吐得非常厉害，现在8级风也没问题了。"

对宁波来说，杭州湾跨海大桥彻底改变了"交通末端"的宿命。以前，开车从宁波到上海莘庄，得绕着杭州湾"大喇叭"走沪杭甬高速公路，全程约304公里，而从大桥走，直线距离只有179公里，仅需2个多小时。

慈溪的一位"的姐"兴奋地说："杭州湾大桥通车后，不用绕道杭州，到上海的时间可以省1个多小时，包车生意肯定会好起来。我可以起个大早到上海逛街，当天就能回来"。

这座总投资达140亿人民币的跨海大桥，还开了国家项目、民间投资的先河，从宣布建设开始，就出现了"民资争着参股、银行抢着贷款"的热闹景象。

世界最長——杭州湾海上大橋

1998
1999
2000
2001
2002
2003
2004
2005
2006
2007
2008
2009
2010
2011
2012
2013
2014
2015
2016
2017
2018
2019
2020
2021
2022
2023

　2007年6月26日、全長36キロメートルの杭州湾海上大橋が順調に開通、現在世界最長の海上大橋になりました。2003年6月の着工以来、まるまる4年をかけ、ついにその勇壮なS字型の姿を人々の前に現したのです。

　杭州湾は世界で潮の流れが最も激しい三つの入り江の一つで、流れが速くしかも潮位の差が激しいという2大特徴を持っており、最大潮位差は7.8メートルにも達します。また、年間で風力6以上の日は200日あまりに達します。この建設に参加した武漢出身の呉維忠さんは笑いながら、「初めのころは、大波が打ち寄せる度に肝を冷やしたものです。ひどく吐いたものでしたが、今では風力8でも大丈夫になりました」と言いました。

　寧波にとって、この橋は、交通の末端の地というその宿命をガラッと変えてくれました。それまでは、自動車で寧波から上海の莘荘まで行くには、大きなラッパ状の杭州湾を、全長304キロメートルの滬杭甬高速道路を通ってぐるっと回って行かねばならなかったのが、この橋を通れば、直線距離でわずか179キロメートル、2時間あまりで済みます。

　慈渓のある女性タクシードライバーは興奮した面持ちで、「杭州湾ブリッジが開通してからは、杭州へ回り道しなくても済むようになりました。上海に行くのが1時間あまりも短縮できたのです。タクシー稼業には絶対有利になるはずです。私だって早起きして上海に行って街をぶらつき、その日のうちに戻ってこれるのです」

　総投資額140億元のこの海上大橋は、国家プロジェクトに民間が投資する先鞭もつけました。建設が発表されるや、すぐさま民間資本は先を争って株主になり、銀行はわれ先に貸し付ける、という熱気のこもった情況が現出されたのです。

"80后" 消费现象调查

1984年出生的苏畅兴奋地摆弄着新买的索尼PSP掌机,"能玩儿游戏,还能看电影、听歌、看小说,酷吧?"在苏畅身上总能找到最新的流行元素:新款手机,ipod、数码相机、手提电脑无线上网。休闲时,他喜欢呼朋唤友去卡拉OK,假期则在网上寻找"驴(旅)友"共同出游。

与上一辈克勤克俭、量入为出的消费观念不同,"80后"超前消费意识崛起,敢于"花明天的钱,圆今天的梦"。26岁的何田田在外企工作,收入不菲,却是"月光一族"。每个月除了房租和水电费以外,还要购置名牌服饰、化妆品及更换手机等,"赤字"对何田田来说,是很平常的。对此,何田田说,"以我现在的收入,得存多少年才能买得起房子、车子啊,还不如提前享受生活呢!"

"80后"是指80年代出生的一代,约有2亿多人。他们经历了市场经济、全球化、互联网进程的洗礼,在消费观念和消费行为上,呈现出与父辈迥然不同的特征。

"80后"潜在的消费能力和膨胀的消费欲望,也使商家越来越重视这个群体。联想集团推出了"粉时尚"(意为"很时尚")系列手机。招商银行则推出专为"80后"设计的"Hello Kitty卡",并选择"80后"作代言人。

「新人類」の消費性向

1984年生まれの蘇暢さんが、買ったばかりのソニーのPSPを熱心に操作しています。「ゲームもできるし、映画を見たり、歌を聞いたり、小説を読むことだってできるし、かっこいいじゃん！」。彼の身の回りからは、いつも、新しいデザインの携帯、ipod、デジカメ、ノートパソコンの携帯通信といった流行アイテムが目につきます。ヒマがあると友だちを誘ってカラオケに行くのが好きなのですが、休暇にはネット上で旅行相手を見つけて一緒に旅行に出かけます。

倹約に努め、収入に見合った支出を、という親の世代の消費観念とは異なり、80年生まれの世代には先取り消費という考えが広がっています。思い切って明日の金で今日の夢を実現させよう、というのです。26歳の何田田さんは外資企業で働いていて、収入は多いのですが、何と「月光族」（入っただけ使ってしまう自転車操業）。毎月の家賃・水道電気代以外にブランドモノの服や化粧品を買ったり、携帯を買い換えたりするので、彼女にとって赤字はつきもの。こういった状態に対して「今の私の収入で、いったい何年貯金したら家や車が買えることやら。それくらいなら先取りして生活を楽しんだほうがいいじゃない！」といいます。

「80後」という言葉は80年代生まれの世代を指し、その数は2億人あまりに上ります。彼らは市場経済・グローバル化・インターネットというプロセスの洗礼を受け、消費観念や消費行動において、親の世代とは全く異なる特徴を示しています。

80年代生まれの潜在的な消費能力と膨れ上がる消費願望は、企業をもますますこの層に目を向けるよう仕向けていて、レノボは"粉时尚"（「とてもおしゃれ」の意味）シリーズの携帯を発売、招商銀行は"80后"のためだけに用意された「Hello Kitty カード」を発売し、更に"80后"をそのイメージキャラクターに選んでいます。

1998
1999
2000
2001
2002
2003
2004
2005
2006
2007
2008
2009
2010
2011
2012
2013
2014
2015
2016
2017
2018
2019
2020
2021
2022
2023

故宫里的星巴克

07年伊始，央视的新闻主播芮成钢在自己的博客上写了一篇文章，题为《请星巴克从故宫里出去》。几天里，点击率竟高达55万之多。5天后，故宫星巴克摘下了自己的标志，故宫方面也表示，半年内决定星巴克的去留。

用芮成钢的话来说，星巴克是美国不太高级的饮食文化的象征，开在故宫，成为世界对中国紫禁城记忆的一部分，实在不合适。

其实，早在3年前，来故宫参观的欧美游客已经表示了不满，而当时国内却没有什么反应。芮成钢搬出的其实是一条旧闻，今天被炒得这么热闹，是因为：星巴克进入故宫6年来，依然在坚持经营。

围绕这个小小咖啡店的讨论，很快上升到了国家参政议政的桌面上。07年3月，一位全国人大代表也提交议案，要求星巴克搬出故宫。但是，星巴克入住故宫，是故宫主动请缨的，这也不得不让国人感到尴尬。

对此，有人指出，中国人面对东西方文化交流，往往以情绪的宣泄来代替判断，导致片面理解或"过度诠释"。

7月，星巴克表示搬出故宫，给事件划上了句号。但是，应该说，故宫是中国的，也是世界的；它是联合国文化遗产，是全人类的共同财富；故宫，过去、现在和今后，都不会因为有什么洋玩意儿，而不成其为故宫。

故宮とスターバックス

　2007年初め、CCTVのニュースキャスター、芮成鋼が自分のブログに「スターバックスに故宮から退出してもらおう」という一文を発表しました。これに対するヒット率は数日間でなんと55万件あまりに達し、5日後には、故宮のスターバックスはそのロゴを取り外し、故宮側も、半年以内にスターバックスの去就を決める、と表明しました。

　芮成鋼の言によれば、「スターバックスはアメリカのさほど高級とはいえない飲食文化のシンボルであり、故宮で営業することによって、それが中国の紫禁城に対する世界の想い出の一部分になってしまったら、全くもって似つかわしくないことだ」

　実は既に3年前、故宮を参観しに来た欧米の旅行客が不満を漏らしていたのです。しかし、当時国内では何の反応もありませんでした。芮成鋼が持ち出したのは旧聞に過ぎなかったわけですが、それが今になってこれほどまでに騒がれたのは、故宮に店を開いてから6年間、スターバックスがずっとその営業を維持してきたからなのです。

　ちっぽけなコーヒーショップを巡る議論はあっという間に国政レベルに達しました。2007年3月、ある全人代の代表が議案を提出し、やはりスターバックスの故宮からの退出を求めました。しかし、スターバックスが故宮に店開きしたのは故宮側からの要請であり、このことも、国民に困惑を抱かさせずにはいられませんでした。

　この事件に対しては、「東西文化の交流に直面し、中国人は往々にして鬱憤晴らしで判断に替え、その結果、一方的な理解や過度の解釈をしてしまうのだ」と指摘する人もいます。

　7月、スターバックスは故宮から退去する旨を表明し、事件に終止符が打たれました。しかし、故宮は中国のものであり、また世界のものでもあります。ユネスコの文化遺産であり、全人類共通の財産でもあります。過去・現在・未来にわたり、何か舶来品があるからといって、それで故宮でなくなるわけではないことは認識しておくべきでしょう。

―北京奥运―

❀ 2009年度　目次 ❀

※本テキストには **T1** ～ **T4** を掲載しています。

2009　まえがき

『時事中国語の教科書』は毎年出版され、過去1年間の出来事を様々な角度から紹介するもので、2009年でシリーズ13冊目になります。

　2008年は大きな出来事が目白押しの年でした。まず特筆大書すべきは改革開放30年という節目の年に開催された北京オリンピックでしょう。清末以来の欧米列強の蹂躙に100年近い半植民地的屈辱を嘗めた中華民族、また、異民族王朝清朝統治以来300年にわたる屈辱辛酸に耐えてきた漢民族にとって、このオリンピックはそのトラウマを癒すために天から与えられた絶好の機会であり、当然与えられるべき時であったとも言えましょう。
　一党独裁の権力の下、しきりに強国振りを誇示する、やや過剰な愛国主義の突出に兎角の批判が有るのは致し方ないとしても、その一方で率直で飾り気無く、世話好きで人情深い中国一般庶民の、世界の人々を心からもてなそうという心遣いは、確実に世界の人々に伝わったと思います。
　日本が東京オリンピックで敗戦の屈辱を癒し自信を取り戻したように、中国がオリンピックの感動を踏まえて狭小な愛国主義に決別し、国際社会で堂々たるリーダーシップを発揮することが期待されます。一方、それに応じて日本もまたアジアに対する真摯な気持ちを忘れずに、積極的に手を携えていく姿勢が求められるでしょう。

　オリンピックの華やかさとは対照的に、2008年は、自然災害が甚大な被害をもたらしました。四川大地震をはじめ年明けの南方の大雪、その後の豪雨による洪水など、大規模災害が相次ぎました。また、チベットでは民族問題が火を噴き、新疆ウイグル自治区にも広がり、少数民族問題という休火山が不気味な鳴動を始めています。大量に資金を投入して経済を発展させ、人々の暮らしを向上させても、その一方で宗教を弾圧してその心を踏みにじり、漢民族を大量に移住させて数の優位を勝ち取り、経済的支配の強化と資源の収奪を行えば、その矛盾はいつか爆発せざるを得なくなります。そうならないよう、細心の注意と寛容の精神が求められますし、厳しい自己点検が不可欠でしょう。

　2008年は又、経済が大転換を迫られた年とも言えましょう。30年の発展を経て、多くの産業が廉価な労働力による安かろう悪かろうのレベルから、独自技術を要する、国際的に通用する企業の育成へと転換を迫られています。経済の実力向上とと

もに元高が当然の帰結として加速し、また、都市と農村の格差是正による調和の取れた社会を目指す一環として最低賃金も上昇し、従来型の薄利多売式ビジネスに決定的なダメージを与えつつあります。農村の余剰労働力・産業構造転換による失業者増・新卒者の就職問題といった三重苦も顕在化しています。

更に2007年以来の物価上昇によって本格的なインフレが目の前に迫っており、住宅バブルは政府の強力な引き締めで沈静化の兆しを見せたものの、サブプライムローン問題や原油高、それに連動する世界景気の減退という外的要因もあって、逆に景気刺激策を採らざるを得ない事態にもなっています。オリンピックバブルがはじけた後の調整がこれに重なることを考えると、非常に厳しい経済運営が迫られることは確実でしょう。

2008年はまさに改革開放の成果を世界に示す年であったと同時に、良くも悪くも過去から未来に繋がるあらゆる問題が凝縮された年と言えます。

なお、本書の各課には、恒例の時事解説欄「放大鏡」・中国人の目「陳さんのつぶやき」・最新の時事用語を楽しむ「日訳にチャレンジ」などが設けてあります。併せてご活用ください。

平成20年9月　著者

奥运，使中国走向成熟

"郎平，加油！""郎平，加油！"

8月23日晚上，北京首都体育馆内，奥运女排冠军之战在美国队和巴西队之间进行。场上唯一的中国人——郎平，美国队主教练成了一大亮点。

郎平曾是中国女排的主力队员，有"铁榔头"之称。这是郎平第三次进入奥运会决赛：24年前的洛杉矶奥运会上，在决赛中，以郎平为主的中国女排击败美国队；96年的亚特兰大奥运会上，郎平率中国女队进入决赛，获得亚军；24年后的今天，美国女排在曾经的对手郎平带领下，击败中国队，进入奥运会决赛。

《纽约时报》说："郎平曾是中国的'金牌'，但在中国融入世界的今天，她是世界排球运动的骄傲。"意大利《欧联时报》评论称："我们可以说中国人成熟了，这份成熟不仅是观众的成熟，更是一个国家、一个民族的成熟。"

是的，百年奥运，百年梦想。世界在变化，中国在发展。北京在接过了象征着奥林匹克精神的五环旗时，就要与世界分享成功的喜悦，要为世界奉献奥运的激情。在一个个精彩的比赛前，中国人渐渐明白了一个道理："鸟巢"不是鸟笼，应该用自信、开放的心态，经受来自全球化的考验和洗礼。

有人指出，一百多万名年轻的志愿者将作为"鸟巢"一代，成为中国后奥运时代的爆发力。

北京オリンピックの意味するもの

「郎平、頑張れ！」「郎平、頑張れ！」

8月23日の晩、北京首都体育館では、オリンピック女子バレーボールの決勝戦がアメリカ・ブラジル両チームの間で行われ、コート上唯一の中国人である郎平アメリカチーム監督に大きなスポットが当てられました。

郎平はかつて中国女子バレーの主力メンバーで、「鉄槌」と呼ばれていました。今回は彼女にとって3回目のオリンピック決勝戦進出です。24年前のロサンゼルスオリンピックの決勝戦では郎平を中心とした中国女子バレーがアメリカチームを撃破し、96年のアトランタオリンピックでは、彼女が中国チームを率いて決勝に進出、準優勝を勝ち取りました。24年後の今日、アメリカチームはかつての対戦相手郎平に率いられ、中国チームに勝ってオリンピック決勝に進んだのです。

ニューヨーク・タイムズは「郎平はかつて中国の『金メダル』だったが、中国が世界に融けこんだ今日、彼女は世界のバレーボールの誇りとなった」と述べ、イタリアのユーロタイムズは「我々は、中国は成熟した、といってよいだろう。この成熟とは観衆のことだけを言っているのではなく、何よりも、国家、民族としての成熟なのである」と評論しました。

そう、オリンピック、100年間の夢。世界は変化し、中国は発展しています。オリンピック精神を象徴する五輪旗を受取った時、北京は、世界と成功の喜びを分かち合い、世界のためにオリンピックへの情熱を捧げたいと思ったのです。数々の素晴らしいゲームを目の当たりにして、中国の人たちは次第にある道理に気がつきました。「『鳥の巣』は鳥かごではない。自信を持って、胸襟を開いて、グローバル化がもたらす試練と洗礼を受けとめるべきなんだ」と。

こう指摘する人もいます。「100万人あまりのボランティアの若者は『鳥の巣』世代として中国のポストオリンピック時代の起爆力になることだろう」

1998
1999
2000
2001
2002
2003
2004
2005
2006
2007
2008
2009
2010
2011
2012
2013
2014
2015
2016
2017
2018
2019
2020
2021
2022
2023

"百度一下，你就知道"

2008 年 1 月，就在中国产饺子在日本闹得沸沸扬扬的时候，全球最大中文搜索引擎公司"百度"的日本分公司正式开始运营。1 月 23 日，百度创始人李彦宏亲自亮相东京的发布会。他在祝词中表示，希望日本网民也能体验一下"百度的便捷引擎"。

据 Livedoor 的调查，到 3 月的两个月里，在图片、视频方面，利用百度搜索引擎的日本网民一度竟超过了谷歌。

百度，诞生于 2000 年。当时的中国，雅虎、搜狐、新浪等网络搜索巨头此起彼伏，后来，又闯进了美国的谷歌。但是，百度偏偏要在这群雄逐鹿的时代争一席自己的地位，而且是第一把交椅。凭着拥有搜索引擎的核心技术，2005 年，百度击败中国国内谷歌，成为全球最大中文搜索引擎公司。

百度成功的另一个重要因素，可以说是 2003 年推出的百度贴吧。贴吧开创了搜索社区化的先河，受到了广大网民的巨大支持。百度随即又推出了"百度知道"和"百度词典"。在中国，"百度词典"的利用者远远超过"维基词典"。

但是，百度最大的问题也在自身，它的 mp3 功能可以帮助用户免费试听多种音乐曲目，为此，在产权问题上，百度频频遭到起诉。

不管怎么样，应该说，"百度"，这个名字起得好，可以诠释成"摆渡"，就是"用船把人载过河"。在当今这个信息泛滥的时代，也许一艘能顺利横渡百川、又能迅速到达目的地的船，会更受人欢迎。

“百度” 一発、何でもわかる！

　2008年1月、あたかも中国産餃子が日本で大騒ぎになっていた時、世界最大の中国語ポータルサイト企業“百度”の日本支社が正式に営業を開始しました。1月23日、“百度”の創業者李彦宏は東京での発表会に自ら姿を現し、「日本のネットユーザーにも“百度”の便利なサーチエンジンを体験してもらえたらと思う」と挨拶しました。

　ライブドアの調査によると、3月までの2カ月間で、写真や動画などで“百度”のサーチエンジンを利用した日本のネットユーザーは一挙にグーグルを凌駕してしまいました。

　“百度”が誕生したのは2000年のこと。当時の中国は、Yahoo・SOHO・SINAといったネットポータルサイト大手がしのぎを削り、更にアメリカのグーグルも参入して来ました。しかし、“百度”はこの群雄割拠の中でなんとしても自分のポジション、それもトップの座を勝ち取ろうとしたのです。そしてサーチエンジンの中核技術を持っていることを武器に、2005年、中国国内のグーグルを打ち破って、世界最大のポータルサイト企業になりました。

　“百度”の成功のもう一つの重要なファクター、それは2003年に登場させた百度チャットだと言えましょう。このチャットはポータルサイトのコミュニティ化に先鞭をつけ、幅広いユーザーから絶大な支持を受けました。その後、立て続けに“百度知道”“百度词典”も登場させ、“百度词典”の中国における利用者はウィキペディアをはるかに凌駕しています。

　しかし、“百度”の最大の問題も“百度”自身にあります。“百度”のmp3機能は、ユーザーが無料で多くの音楽を試聴するサービスを提供できるため、知的財産権問題で絶えず訴えられる羽目に陥ってしまいました。

　それにしても、“百度”というネーミングはうまくつけたものだ、と言えましょう。“百度”は“摆渡”ともとれます。すなわち、船を使って人を対岸まで渡してあげることです。今日、この情報が氾濫している時代に、百川を無事に渡らせ、しかもすばやく目的地に到達できる船はおそらく一層人々に歓迎されることでしょう。

1998
1999
2000
2001
2002
2003
2004
2005
2006
2007
2008
2009
2010
2011
2012
2013
2014
2015
2016
2017
2018
2019
2020
2021
2022
2023

震后的羌族

"羌笛何须怨杨柳，春风不度玉门关"。这是唐朝诗人王之涣的《出塞》中的名句。千百年来，雄浑悲壮、独具韵味的羌笛传达着羌族人的命运和心声。但是，"5·12"的汶川地震，使羌族和羌族文化遗产受到了毁灭性的打击。

6月的一个晚上，羌族人栖身的帐篷区传出了传统乐声，很多人走出帐篷，随着乐声翩翩起舞。乍一看，还以为他们已经摆脱了震后的阴影。"我女子死了，孙女也死了，所以，我要跳，我要忘记一切。"一位在跳舞的女性说。羌乐、羌舞，此时此刻，竟成了这个民族的安魂曲。

地震前，羌族人口有30.61万人，80%以上居住在这次大地震断层沿线一带。有着两千多年历史的"中国羌族第一寨"——汶川县雁门乡的萝卜寨，房屋全部被毁，全村有44人在地震中遇难。

羌族，因居住在半高山地带，被誉为"云朵上的民族"。早在三千多年前，殷代甲骨文中就有关于羌人的记载。著名社会学家费孝通曾经指出，羌族是中华民族最古老的几个民族之一，其他古老民族要么融合了，要么消失了，只有羌族一直衍生下来，可以说是中华民族的活化石。

这次大地震，还使北川羌族民俗博物馆中的馆藏文物全部被埋，无一幸免，一些研究羌族文化的知名专家也在地震中遇难。有关专家甚至担心，羌族文化有可能成为绝响。

地震後の羌族

"羌笛何須怨楊柳，春風不度玉門関"「羌笛が哀調のある『柳を手折る』を奏でて何になろう。玉門関の外には柳どころか春風さえ吹かないのだ」。これは唐代の詩人王之渙の『出塞』にある名句です。長い間、勇壮でもの悲しく、独特な味わいを持つ羌笛は羌族の人々の運命と心を伝えてきました。しかし、"5・12"（5月12日）の汶川大地震は羌族と羌族の文化遺産に壊滅的な打撃を与えました。

6月のある晩、羌族の人々が身を寄せているテント村から伝統的な楽の音が流れてくると、多くの人がテントから出てきて、調べに合わせ軽やかに踊り始めました。見た目には、彼らはもう地震の後遺症から脱却したかのようにさえ思えます。「娘は死んでしまったわ、孫娘も。だから踊りたいの。何もかも忘れたいのよ」、踊りに加わっている女性が言いました。ああ、この時、羌の楽の音、羌の舞は、はからずも民族の鎮魂曲になっていたのです。

地震前、羌族の人口は30万6100人で、80％以上が今回の大地震の断層沿いに住んでいました。2000年あまりの歴史を有し、「中国羌族第一の村」と呼ばれる汶川県雁門郷の蘿蔔寨（らふくさい）では、家屋が全て破壊され、村全体で44人が地震で亡くなりました。

羌族は高山の中腹に住んでいるところから、「雲上の民」と讃えられています。3000年あまり前、既に殷代の甲骨文に羌族に関する記載があり、著名な社会学者費孝通はかつて「羌族は中華民族の中で最も古い民族の一つであり、そのほかの民族が融合したり消滅しても、羌族だけはずっと生き延びてきた。中華民族の生きた化石といってよいだろう」と指摘しました。

今回の大地震は更に北川羌族民俗博物館所蔵の文化財をも全て飲み込んでしまいました。一つとして難を免れ得ず、羌族の文化を研究していた一部の著名な研究者も地震で遭難し、専門家の中には、羌族の文化が消滅してしまうのではないかと心配する向きもあります。

溪桥镇——中国小提琴之乡

江苏省溪桥镇是中国江南地区的一个普通乡村，人口只有3万多，但是，这里生产的小提琴却占全球的三分之一。小镇上，到处可见小提琴生产企业和销售店的牌子，还不时能听到小提琴的演奏声。

溪桥小提琴的历史源于30多年前。当时，上海提琴厂的几位工人师傅下放到溪桥，他们在当地办厂，先是生产提琴配件，后来才开始生产小提琴。现在，溪桥镇有30多家小提琴生产企业，家庭小提琴作坊不计其数，拥有一大批制作小提琴的能工巧匠。全镇3万多人中，约有两万人从事小提琴的制作。

学拉小提琴是溪桥镇中心小学的必修课，孩子们人人有自己的小提琴，都是当地生产企业捐赠的。一个四年级的女孩子说："我的琴也许是我妈做的呢。妈妈在家，总是要我拉琴给她听。"

据说，有一年，一个美国的小提琴贸易商到小镇来做生意，调侃地说，你们号称自己是中国提琴之乡，却没有代表你们乡音的琴声。这句戏言促使小镇开始行动，他们马上请来小提琴教师，在小学开设了小提琴必修课。

现在，溪桥镇小提琴远销欧美、非洲及东南亚的50多个国家和地区。2006年4月，溪桥小提琴还被博鳌亚洲论坛的一个主办单位选为赠送各国嘉宾的珍贵礼品。

渓橋鎮——中国バイオリンの里

　江蘇省の渓橋鎮は人口わずか3万人あまりの江南地域のありふれた農村です。ところが、この地で生産されるバイオリンは何と全世界の三分の一を占めています。渓橋鎮ではいたるところでバイオリン生産企業や販売店の看板が目につき、その上、折々バイオリンの演奏が聞こえてきます。

　渓橋バイオリンの歴史は30年あまり前に遡ります。当時、上海弦楽器工場の数人の技能労働者が渓橋に送り込まれてきました。彼らは地元に工場を建て、まず、弦楽器の部品の生産を始め、その後、おもむろにバイオリンの生産も始めました。現在、渓橋鎮には30あまりのバイオリン生産企業があり、家内工業的な作業場は数知れず、バイオリンを製作する多くの腕利き職人を抱えています。渓橋鎮の3万人あまりの住民のうち2万人ほどがバイオリンの製作に従事しているのです。

　バイオリンの演奏を学ぶことは渓橋鎮中心小学校の必修科目です。子供たちはそれぞれ自分用のバイオリンを持っていますが、全て現地企業からの寄贈です。4年生のある女の子は、「私のバイオリンは多分お母さんが作ったものよ。お母さんは家にいるとき、いつも私に、弾いて頂戴って言うの」と言っていました。

　話によると、ある年、一人のアメリカ人バイオリン貿易商が渓橋鎮に商売にやって来て、「君たち、中国バイオリンの里なんて言っているけど、それにしちゃあ君たちの土地ならではのバイオリンの音がしないね」とからかったそうです。この冗談が渓橋鎮を突き動かしました。彼らはすぐさまバイオリンの先生を招聘し、小学校にバイオリンの必修科目を設けたのです。

　今、渓橋鎮バイオリンは遥か欧米・アフリカ・東南アジアなど50あまりの国や地域に売られています。さらに2006年4月、渓橋バイオリンはボアオアジアフォーラムのある主催者によって各国からのVIPに贈られる大切なプレゼントに選ばれました。

2010年度版
時事中国語の教科書
保八　　　　　三潴正道・陳祖蓓

朝日出版社

※本テキストには **T1** ～ **T4** を掲載しています。

2010　まえがき

　『時事中国語の教科書』は毎年出版され、過去1年間の出来事を様々な角度から紹介するもので、2010年でシリーズ14冊目になります。

　2009年は中国政府にとって、2008年に引き続き、気が抜けない1年になりました。前年秋に起こったリーマンショック、それによる世界同時不況の荒波は中国にも容赦なく降りかかりました。それまで、対外貿易、とりわけ対米輸出に頼って経済成長を遂げてきた中国にとって、アメリカ経済のクラッシュに伴なう輸出の急減は、経済の安定と雇用を保つのに必要な最低ラインと言われる8％成長の確保（"保八"）に暗雲を投げかけました。

　政府はそれまで進めてきた経済の構造変換政策、即ち第一次産業と労働集約型第2次産業中心からハイテク中心第2次産業と第3次産業への転換速度を一時的に緩め、加熱抑制のため引き締めに転じていた住宅産業政策も見直すなど大きく舵を切り、2008年末には4兆元に上る緊急経済対策を発表しました。2009年はまさにそれが実行に移された年であり、特に上半期はその政策の即効性に注目が集まりました。

　中国にとって幸いだったのは、未曾有の危機に直面したこの時期に、まさに第9時五カ年計画（1996〜2000年）以来、営々として力を注いできた各種インフラ建設が完成期に入っていたことでしょう。全国全ての村に自動車道路・電気・通信（電話やネット）を通すプロジェクト"村村通"は2008年までにいずれも90％以上の農村に普及し、電気は更に99％の農家に通電する"戸戸通"を達成、これらが"家電下郷政策"（全ての農村に家電を）や"汽車下郷政策"（農村に自動車を）を可能にしました。

　こういった動きに即応して2005年から進められてきた「万村千郷プロジェクト」（全ての農村にスーパーを）は普及率が75％を越え、上記の政策を下支えしました。とはいえ、農村からの出稼ぎ労働者のうち2000万人が職を失ったという現実は、新卒者なども加え、大きな社会問題になりました。政府は職業訓練を強化する一方、起業を促進するため、短期ローンの貸し出し基準を緩和するとともに、2007年から進めてきた農村銀行ネットワークの整備にも力を入れ、また中小企業の労働力吸収を促進するため、銀行の貸し渋りをチェックする一方、中小企業に対する民間資本による融資にも道を開きました。沿海部で一定の資金と技術を獲得した労働者たちが故郷で起業すれば、長期的には地方の活性化にもつながります。

　一方、4兆元の緊急経済対策は、その多くが鉄道や道路の建設など公共工事に振り向けられました。中国は、1999年に国土資源大調査を開始、2006年以降、全土で、

石炭・石油・天然ガス・鉄・銅・金、更にはレアメタルなど様々な鉱脈の発見が相継いでいます。西部地区を中心とした鉄道幹線の急速な整備は、これらの資源開発に大きな役割を果たすことでしょう。

　ただ、そのことが反面、チベット族やウイグル族の危機感を刺激し、少数民族問題では不穏な情況が続いています。2009年7月には、新疆での騒乱で胡錦濤総書記が急遽ヨーロッパ歴訪を切り上げ帰国しなければならなかったほどでした。政府は、厳しい取締りを進める一方で、経済援助を大幅に増やし、情勢の鎮静化を図っていますが、それらの援助はともすれば漢化政策の下で現地に進出した漢族に有利に働いており、少数民族にどこまで行き渡るかが懸念されています。

　経済発展の一方で、共産党はその統治体制を維持するため、地域社会（"社区"）では党組織の浸透を積極的に進め、法曹界では弁護士に対し党による組織化を強力に進め、大学教育においては思想教育を強化しています。また、党の求心力を高めるため、愛国精神作興運動も盛んになっていますが、このことが将来的にどんな意味を持つのか、その舵取りはまさに正念場に差し掛かりつつある、と言えましょう。

平成21年9月　　著者

中国人2009新年愿望：不折腾

1978年12月18日，中国共产党召开了十一届三中全会，正式提出要进行改革开放。2008年12月18日，国家主席胡锦涛在改革开放三十周年纪念大会上发表了一篇长达1万5千多字的讲话。当胡主席用他独特的南方口音说出北方方言"不折腾"时，全场响起了会心的笑声。

的确，对大多数中国人来说，2008年是很不寻常的一年，大悲和大喜交织，激情和梦想飞扬。虽然有过北京奥运、神舟七号载人飞天，但是也有雪灾、地震等自然灾害，还有西藏问题、国际金融风暴。

"折腾"有"曲折多变"、"反复多次"、"不安宁"等意思，结果也总是不太理想。也许是这个词的意思太形象了，以至于中国人都很难说清楚，"不折腾"的意思是什么。新华网上公布的"不折腾"民意调查中，第一位是"官员不折腾"，第二位是"物价不折腾"，第三位是"身体不折腾"。此外，还有"自己不折腾"、"股市不折腾"等等。

胡锦涛主席曾经提出过"科学发展观"、"和谐社会"等理念，其实这次的"不折腾"也是和上述观点相吻合的，"不折腾"，也就是要"和谐"。经历了"折腾"的2008年以后，"不折腾"成了中国人对新的一年的期望。

2009年年頭の願い、“不折騰”とは

1998
1999
2000
2001
2002
2003
2004
2005
2006
2007
2008
2009
2010
2011
2012
2013
2014
2015
2016
2017
2018
2019
2020
2021
2022
2023

1978年12月18日、中国共産党は第11期3中全会を開催、改革開放の実施を正式に打ち出しました。2008年12月18日、胡錦濤国家主席は、改革開放30周年記念大会において、1万5千字以上にも上る長大なスピーチを行いました。胡主席が彼独特の南方訛りで北方方言の“不折騰”を口にした時、満場に共感の笑い声が響き渡りました。

そう、大多数の中国人にとって、2008年は尋常ならざる年でした。大きな悲しみと大きな喜びが交錯し、心が揺り動かされ、夢は大空を駆け巡りました。北京オリンピック・神舟7号有人宇宙飛行があった一方で、雪害・地震といった自然災害にも見舞われ、さらにチベット問題や国際金融危機もありました。

“折騰”には「紆余曲折する」「何度も繰り返す」「不安定である」と言った意味があります。つまりいずれもはかばかしくないということです。たぶん、この言葉のもつ意味があまりに感覚的に捉えられるようになったせいでしょう、中国人は誰もが“不折騰”の意味が何であるか、はっきり言えなくなってしまいました。新華ネットが発表した“不折騰”に関する民間調査では、第1位が「役人が無茶をしないこと」、第2位が「物価があまり変動しないこと」、第3位が「健康であること」で、そのほかには「いらいらしないこと」、「株価が安定すること」などが挙げられました。

胡錦濤主席はかつて「科学的発展観」（“科学发展观”）・「調和の取れた社会」（“和谐社会”）といった理念を提起しましたが、実は今回の“不折騰”もこれらの観点に沿ったもので、“不折騰”はまさに「調和を取ろう」ということでもあるのです。“折騰”を経験した2008年以降、“不折騰”は新しい年に対する中国人の願いになりました。

两个故宫博物院

应该说，故宫只有一个，可是故宫博物院却有两个，一个在北京，一个在台湾。1933年，"九·一八事变"后，北京故宫的文物被迫南迁，开始了历时十几年的"长征"。1948年，2972箱65万件文物被运往台湾。1965年11月，台北故宫博物院成立。"一宫两院"的历史就是这样写成的。

据统计，北京故宫博物院拥有各类文物150万件以上，而台北故宫博物院则是65万件；台北故宫博物院是以展览为主的博物馆，而北京故宫博物院则是以古建筑为主，在提供陈列服务方面，局限性比较大。两个故宫博物院如果能走到一起，广泛地开展合作的话，既是两岸文化交流的一件盛事，也可以让两岸的人民大饱眼福。

2009年2月14日，台北故宫博物院一行抵达北京，第一次与北京故宫博物院交流，并谈论合作办展的可能性。台北故宫访问团的到来，跨出了两岸故宫互访的第一步。台北故宫博物院的一位高层说，此行是一次"文化破冰之旅"。

也许在不久的将来，大陆的中国人不必远赴台湾，就能够看到珍藏在台北故宫博物院里的《东坡肉型石》和《翡翠大白菜》等稀世珍品了。

二つの故宮博物院

　故宮はたった一つと言うべきでしょう。しかし、故宮博物院は二つあります。北京に一つ、台湾に一つ。1933年、満州事変の後に、北京の故宮の文化財は南遷を余儀なくさせられ、その後十数年にわたる「長征」（流浪）の旅を始めたのでした。1948年、2972箱、65万点の文化財は台湾に送られ、1965年11月、台北故宮博物院が設立されました。「一つの故宮に二つの博物院」という歴史はこのようにして描かれたのです。

　統計によると、北京故宮博物院には各種の文化財が150万点以上あり、台北故宮博物院には65万点あります。台北故宮博物院は展示を主とした博物館で、北京故宮博物院は古代建築物を主とし、展示サービスという面ではかなり限られています。もし、二つの博物館が歩調を合わせ、幅広い協力を行えば、両岸の文化交流におけるビッグイベントになり、両岸の人々の目を大いに楽しませることでしょう。

　2009年2月14日、台北故宮博物院の一行が北京を訪れ、初めて北京故宮博物院と交流を行い、また、協力して展示会を開催する可能性について意見を交わしました。台北故宮博物院の訪問で、両岸の故宮の相互訪問第一歩が踏みだされたのです。台北故宮博物院の幹部の一人は、「この訪問は文化面での氷を砕く旅だ」と述懐しています。

　たぶん近い将来、大陸の中国人ははるか台湾まで出向かなくても、台北故宮博物院に秘蔵されている「肉形石」（トンポーロウのような形をした石）や「翠玉白菜」（ヒスイで作った白菜の彫刻）といった至宝を目にすることができるでしょう。

注：東坡肉（トンポーロウ）は豚肉ブロックのしょうゆ煮込み料理。

(1) 海尔　尽管海尔与夏普、松下、索尼等日本国内家电相比品牌形象显得异常薄弱，但是，海尔的超低价家电由于功能性和设计能力的提升，正在逐步受到日本消费者的青睐。09年春天，以海尔的冰箱、除尘器为主的"单身生活舒适套餐"成了抢手货。

此外，海尔还以"补缺"的角色受到瞩目。就在日本大企业纷纷开始生产多功能、高价位的家电时，海尔却生产了日本的传统家电——双槽洗衣机，销售的第一个月里，在日本全国卖出了200多台，据说大部分购买者是用惯了双槽洗衣机的老年人。

海尔日本营销公司的人很有信心地表示，09年的销售收入将比08年增加30%以上。

(2) 苏宁　苏宁电器是中国家电连锁零售企业的领先者，09年6月底，正式成为日本电器连锁店LAOX的第一大股东，这也是中国企业首次收购日本上市公司。

LAOX公司创立于1930年，是日本的老字号家电销售商，但由于市场竞争格局的变化，近年来公司经营状况日趋严峻。

09年，LAOX公司谋求重组经营，向苏宁电器发出了邀请。在经历了初步接洽、深度沟通、投资方案磋商等一系列程序之后，双方正式达成了投资收购方案。据悉，苏宁将以此为契机，建立与日本家电连锁企业的协同发展平台，为国内连锁经营模式的创新发展助一臂之力。

中国企業、いざ日本へ

1998
1999
2000
2001
2002
2003
2004
2005
2006
2007
2008
2009
2010
2011
2012
2013
2014
2015
2016
2017
2018
2019
2020
2021
2022
2023

(1) ハイアール

　シャープ、パナソニック、ソニーといった日本の国内メーカーと比べると、ハイアールはブランドイメージではまだはるかに劣ります。しかし、ハイアールの超安値の家電は、機能性やデザイン力の向上により、だんだんと日本の消費者の好評を博しつつあります。2009年春、ハイアールの冷蔵庫・空気清浄機を中心としたシングルライフ快適セットは人気商品になりました。

　このほかにも、ハイアールは隙間を埋める役割を演じて注目されました。日本の大企業が次々と多機能・高価格の家電を生産し始めた頃、ハイアールは何と日本の従来型家電・二槽式洗濯機を生産し、販売当初の一カ月に日本全国で200台あまりを売り上げました。大部分の購入者は二槽式洗濯機を使い慣れた老人だったそうです。

　ハイアール日本販売会社は、「2009年の販売収入は2008年比で30％以上増加するだろう」と自信たっぷりに表明しています。

(2) 蘇寧

　蘇寧電器は中国の家電量販チェーン店のトップ企業で、2009年6月末、正式に日本の家電量販店ラオックスの筆頭株主になりました。これは中国企業による初めての日本の上場企業買収です。

　ラオックスは1930年に設立された日本の家電量販店の老舗でしたが、市場競争の枠組みが変化したことで近年会社の経営状況が日増しに悪化していました。

　2009年、ラオックスは経営の再編を図り、蘇寧電器に援助を求めました。予備折衝・本格交渉・資本提携プランの協議など一連のプロセスを経た後、双方は正式に買収案に合意しました。蘇寧はこれを契機にして日本の家電量販店との協力発展の場を構築し、中国国内のチェーン式経営モデルの革新的発展に一肌脱いだのです。

饮食挑战中国人的健康

"过中秋节了，老王的孩子说：'今年我们中秋不要吃月饼了，月饼一股子糖呀油呀什么的，有什么好吃？'过春节了，老王的孩子说：'今年过年，不要吃饺子了，饺子有什么好吃？拿到美国，那要算垃圾食品的。'过五月节了，老王的孩子说：'今年五月端午，不要吃粽子了，粽子有什么好？糯米小枣，农民意识。'"这是著名作家王蒙的散文集《尴尬风流》中的一段。嘲讽里带着苦涩，想风流，却又遭遇尴尬。这也许就是今天的中国人在吃方面的尴尬。

有人说，现在中国人的吃是"与时俱进"，每年流行的东西也都不一样，发掘与众不同的食品，成了食客们的流行。换句话说，新的美食就是时尚。

但是，美食又带来什么结果呢？从1982年到2002年的20年间，中国人高血压、糖尿病等慢性病的发病率急速攀升。仅仅20年，中国突然变成了全球第一"肥胖"国，第一"慢性病"大国。据WHO 07年的发表，中国人平均寿命为男性71岁，女性74岁，在全球195个国家中，名列80位以下。有关专家曾发出警告："上个世纪70年代吃粗粮，80年代吃标准粉，90年代吃富强粉，现在吃超级精粉，所吃的米面越来越细，营养荡然无存，只剩下空白热量。"

"民以食为天"，这是一句流传了两千多年的名句。自古以来，"食"与中国民众的生存息息相关，但在今天，这句名言也受到了挑战。

飲食が中国人の健康に脅威

1998
1999
2000
2001
2002
2003
2004
2005
2006
2007
2008
2009
2010
2011
2012
2013
2014
2015
2016
2017
2018
2019
2020
2021
2022
2023

　中秋節になりました。王さんの子供が言いました。「今年は中秋節に月餅は食べないことにしようよ。砂糖とか油だとかが一杯で、どこがうまいってんだろう」。正月になりました。王さんの子供が言いました。「今年は正月に餃子は食べないことにしようよ。餃子のどこがうまいってんだろう。アメリカに持っていったら、あんなのジャンクフードだよ」。端午の節句になりました。王さんの子供が言いました。「今年は端午の節句に粽（ちまき）は食べないことにしようよ。粽のどこがうまいってんだろう。もち米だのナツメだの、百姓趣味だよ」。これは有名な作家王蒙の散文集《尴尬风流》の一節です。風刺の中に苦渋がにじみ出、風流かと思えば困惑に出くわす。それはまた、今日の中国人の食における困惑でもあります。

　ある人が言うには、現在、中国人の食は時代とともに変化し、毎年流行するものも違っています。風変わりな食品を見つけることが食通の流行になっています。言い換えれば、新しい美食、それがカッコイイのです。

　しかし、グルメはどんな結果をもたらしたでしょうか。1982年から2002年までの20年間に、中国人の、高血圧、糖尿病など慢性病の発症率は急速に上昇しています。わずか20年で中国は突如世界一の肥満大国・慢性病大国になってしまいました。WHOの2007年の発表に拠れば、中国人の平均寿命は男性が71歳、女性が74歳で、世界195カ国中80位以下です。関連分野の専門家はかつて「1970年代は雑穀を、80年代は標準小麦粉を、90年代は強力粉を、現在は超高級小麦粉を食べ、米も小麦もますます念入りに削られて栄養はすっかりなくなってカロリーだけになってしまっている」と警告しました。

　「民は食を以て天と為す」とは2000年以上の長きにわたり言い伝えられてきた名句です。古代から食は中国民衆の生存と深く関わってきましたが、今日、この名言も試練に直面しています。

2011年度

―譲生活更美好―

2011年度　目次

※本テキストには ①T1 ～ ④T4 を掲載しています。

2011　まえがき

『時事中国語の教科書』は毎年出版され、過去1年間の出来事を様々な角度から紹介するもので、2011年でシリーズ15冊目になります。

2010年は中国にとって苦しい中にも誇らしい年であったと言えましょう。西側諸国が不景気に喘いでいる中で、高い成長力を維持し、あたかも、世界の最後の頼みの綱、といった存在感さえ見せ付けました。8月には名目GDPで日本を抜いて世界第2位となったことが報道され、米中二大国化も現実性を帯びてきました。その中で開催された上海万博は、北京オリンピックと共に、中国の勃興を世界に強く印象付けました。

しかし、こういった好調な経済情勢がいかにしてもたらされたかを考えるとき、今後の舵取りに相当な困難が伴うこともまた事実です。2008年末に打ち出された4兆元の緊急経済対策が即効的効果を上げたことは確かですが、それによって生じた、不動産業を始めとする様々なバブルをどう沈静化させ、その影響で生じる地方政府の財源不足をどう補うか、不用意な引き締めがもたらす株式市場の混乱をどう防ぐか、は容易ではありません。

また、先送りされていた経済構造の転換も焦眉の急になっています。2010年春から、主要産業の旧式あるいは劣悪な生産設備の廃棄と、関連する中小企業の淘汰や業界の再編が本格的に進んでいますが、高度の第2次産業および第3次産業の育成を推進するには、必要とされる高い技術と知識を持った人材の育成が急務です。第1次産業や労働集約型の第2次産業から生じる余剰人口の再教育が遅れ、スムーズな移行ができないことが、就職難と求人難が同居するという奇妙な現象を生み出しています。

一方、全国をいくつもの巨大経済圏が覆う中、そのハザマとなる地域が急速に力を付けており、国務院は2010年春に、第12次五カ年計画（2011～2015年）に向けた12のプロジェクトを相継いで承認しました。これらのプロジェクトは、東北のロシア国境から渤海湾沿岸、山東半島、長江デルタを通って南下し、福建省から珠江デルタを経て広西チワン族自治区、海南島にまで至る沿海ベルトを完全につなぐだけでなく、東部地域、中部地域、西部地域という横の連携を強化することで中国全土を一つの経済圏に作り上げることを意図しており、さらに、ロシアの沿海州、北朝鮮、モンゴル人民共和国、中央アジア諸国、インドなど西南アジア諸国、ASEAN、台湾、日本、韓国といった周辺諸国や地域を巻き込んだ巨大な国際経済圏の形勢を視野に入れています。すでにこの目的に沿って、高速新幹線の全国鉄道網の建設、

周辺諸国への延伸、国内航空網の充実・再編と各地方のハブとなる国際空港の整備、目的別に特化された合理的配置に基づく港湾の整備が精力的に進められています。

　全国規模の発展は一方で新しい問題も生み出しています。西安、重慶、成都などの発展に見られるような内陸地域の発展は、これまで沿海地方に出稼ぎに出ていた農民に途中下車を促し、沿海地方の労働力不足の一因にもなっています。さらに、各地域の賃金格差は、互いの結びつきが強まれば強まるほど顕在化し、都市と農村の調和を掲げる政府にとって、収入格差の是正と戸籍制度改革による福利厚生の平等化は社会不安を緩和する上でも最優先課題になっています。

　賃金の上昇は、安い労働力を見込んでいた外資系企業に深刻な打撃を与え、中国への投資を鈍らせる可能性もあります。その一方で、老後や医療への心配が軽減され、国内消費を喚起する利点もあります。また、輸出に占める外資系企業の貢献度の高さを考えれば、その関心をつなぎとめるためにも、国内市場、とりわけ公共事業のさらなる開放も進むでしょう。

　少数民族問題、一党独裁による言論監視問題、打ち続く旱魃といった自然災害など、難問も山積しています。総合的に見て、2011年からスタートする第12次五カ年計画は、中国の改革開放政策の成否を占う究極の5年間になることでしょう。

平成22年9月　著者

世博和上海

世博期间，世博园的八个入口一开门，每天都上演百米冲刺的情景。男女老少，向着自己要去的场馆"狂奔"。听说，开门时狂奔几分钟，可以少排一两个小时的队。

沙特馆、德国馆、日本馆都是人气馆，排队时间长达五六个小时。一个外国小伙子见自己的国家馆缺少人气，就主动站在门口"拉客"："各位，走过看看，不要错过！"

"世博奶奶"山田外美代买下了世博184天的门票，天天来，成了名人。中国人都喜欢听她谈"世博山海经"。

世博期间，穿睡衣上街的上海人少了，知道垃圾分类的人多了。不排队的人少了，参加志愿者活动的人多了。

2010年的上海世博注定是一场世界盛会，一些新技术、新思维给人无限想象，参展国家和国际组织的规模、数量更是史无前例。中国人喜欢说，"三人行，必有我师"，上海世博有263个展馆，就是263个老师。从世博中呼吸新鲜的空气，接纳新思想、新文化、新创造、新产品，打造出一个"创意新中国"。

世博也将在理念上"刷新"中国人的意识，这也许比一物一技的收获更重要。世博之花，开于春天；世博之果，结于秋日。但从更长远的眼光来看，世博之果，将作为种子，继续撒向上海和中国各地。

上海万博

万博開催期間中、万博会場の八つのゲートが開くやいなや、毎日のように100メートルダッシュが演じられました。老若男女が目指すパビリオンへと殺到したのです。開門時の数分間のダッシュで、並ぶ時間を1、2時間は短縮できる、とのこと。

サウジアラビア館・ドイツ館・日本館はいずれも人気で、並ぶ時間は5、6時間にもなります。ある外国の若者は、自分の国のパビリオンの人気が低いのを見て、自らその入り口に立って呼び込みを始めました。「皆さん、寄ってらっしゃい。お見逃しなく！」

「万博おばさん」山田外美代さんは万博184日間の入場券を全て購入し、毎日足を運んで有名人になってしまいました。中国人は誰もが彼女の「万博うんちく話」を聞きたがります。

万博期間中、パジャマ姿で街を歩く上海人の姿が減り、ゴミの分別を理解する人が増え、並ばない人が減り、ボランティア活動に参加する人が増えました。

2010年の上海万博は疑いもなく世界的な祭典であり、幾つかの新しい技術、新しい考え方は限りない想像をかきたて、とりわけ、参加した国や国際機関は、規模においても数においても史上空前になりました。中国人は"三人行，必有我師"（誰にでも自分の手本になるところが必ずある）とよく言いますが、上海万博の263のパビリオンは263人の先生でもあります。万博で新鮮な空気を吸い、新しい思想・文化・創造・製品を受容し、「創意に満ちた新しい中国」を作り出すのです。

万博はまた、理念の上からも中国人の意識を刷新するでしょう。このことはたぶん一つ一つのモノや技術という収穫よりもっと重要で、万博の花は春に開き、万博の実は秋に結び、そして種となって、引き続き上海や中国各地へと蒔かれていくことでしょう。

大陆游客"讨价还价"

2011

2008年7月7日，首批大陆游客726人踏上了台湾岛。他们规范的举止和慷慨的消费，不仅缓和了两岸的紧张关系，而且让台湾的旅游界和商业界"惊喜万分"。此后，大陆赴台游客逐渐增加，2010年春节期间，日均达到4900多人。此外，大陆游客的人均消费为1800美元，这也超过了台湾方面的预期目标。

但是，在你来我往的当中，也出现了一些意外的差异。最引人注目的是，大陆游客买东西时，喜欢讨价还价。购物砍价，在大陆已经习以为常。很多人觉得，讨价还价是一个斗智的过程，虽然砍掉的不过是一两块钱，但是也乐在其中。而台湾人则觉得，商家应该"一口价"，以表示童叟无欺，诚信待客。

于是，大陆游客的"砍价"也成了台湾的话题。一些小店主说，大陆游客很慷慨，买东西很多，但是不太习惯他们的"杀价"，动不动就对标价"砍"一半。而媒体则善意地说，这是两岸购物习惯的不同。

大陸からの観光客と値段交渉

　2008年7月7日、大陸からの観光客第一陣726人が台湾の土を踏みました。その礼儀正しい振る舞いや気前のいいお金の使いっぷりは、両岸の緊張関係を緩和させたばかりか、台湾の観光業界や商業界をも大喜びさせました。その後、大陸からの観光客はだんだんと増え、2010年の春節には1日平均4900人あまりに達しました。加えて、平均一人当たり1800ドルという消費額も台湾側の予想を上回るものでした。

　その一方で、互いに行き来する中、幾つか意外な食い違いも浮上してきました。一番注目されたのは、大陸からの観光客が買い物をするとき、値切りたがることです。買い物のとき値切り交渉をするのは大陸では日常茶飯事。値段交渉は知恵比べであり、値切る額はわずかでもそれが楽しみというもんだ、と多くの人が思っています。ところが台湾の人は、商店は誰にでも公平かつ誠実に客をもてなしていることを示すためにも掛け値なしであるべきだ、と考えます。

　そこで、大陸からの観光客の値切り行為も台湾では議論の的になったのです。一般商店の主人たちの中には「大陸からの観光客は気前がよくてたくさん買ってくれるが、買い叩くのにはどうもね。うっかりすると値段を半分に負けろってんだ」という人もいます。メディアのほうは「これは両岸の買い物の習慣の違いだ」と好意的に報道しています。

新生代农民工

进入 2010 年以后，中国南方的日资汽车零部件企业相继出现罢工。数次罢工导致本田、丰田等的生产都受到影响。罢工的起因是工人要求加薪和提高福祉。

小杨，广西人，技校三年级生，到本田实习，已做了十个多月。他说，每月工资 900 元，住宿费免费，但是除了饮食费以外，每月手机通讯和上网费要 200 至 300 元，薪金"月月清"。女工小谭也是"月光族"，每个月大部分开支是买衣服、跟朋友玩。

深圳富士康是生产 iPhone 和 iPad 的企业，但是，进入 2010 年后，到 5 月底，竟接连发生了 12 起自杀案件，死亡 11 人。5 月底，富士康方面同意给工人加薪，表面上给事件画了个句号。

不管是参加罢工的小杨和小潭，还是自杀身亡的工人，大都出生于上世纪 90 年代，属于"新生代农民工"，他们占了农民工的 60%。这些农民工与父辈们不同，他们更渴望融入城市，成为城市的一员，而国家的户籍制度依然不给他们机会。但是，新生代农民工不再默默忍受，为维护自己的权利，他们用手机或电脑上网，发放信息，把事情搞大。

路透社的评论指出，工人的加薪要求不会对"中国制造"的成本造成太大影响，但劳资纠纷的爆发会使中国政府面临新的挑战。

就活・留学準備の強力な味方！

あなたのグローバル英語力を測定

新時代のオンラインテスト

銀行のセミナー・研修にも使われています

GLENTS

留学・就活により役立つ新時代のオンラインテスト

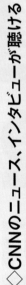

新しい英語力測定テストです。
詳しくはCNN GLENTSホームページをご覧ください。

https://www.asahipress.com/special/glents

CNN GLENTSとは

GLENTSとは、Global ENglish Testing Systemという名の通り、世界標準の英語力を測るシステムです。リアルな英語を聞き取るリスニングセクション、海外の話題を読み取るリーディングセクション、異文化を理解するのに必要な知識を問う国際教養セクションから構成される、世界に通じる「ホンモノ」の英語力を測定するためのテストです。

※画像はイメージです。

お問い合わせ先

株式会社 朝日出版社　「CNN GLENTS」事務局
フリーダイヤル：0120-181-202　E-MAIL: glents_support@asahipress.com
（平日午前10時～午後6時）

新しい世代の農民労働者

2010年になって、中国南方の日系自動車部品企業で相継いでストライキが発生、数度にわたるストはホンダ、トヨタなどの生産に影響を与えました。ストのきっかけは労働者による給与アップや福祉の向上といった要求です。

楊君は広西チワン族自治区の出身。技術専門学校の3年生で、ホンダに実習に来てもう10カ月あまりになります。彼によれば、月給は900元、宿泊費は無料ですが、飲食費のほかに毎月の携帯通信費とインターネット使用料で200〜300元必要となり、きれいさっぱりなくなってしまいます。女性労働者の譚さんも同様で、毎月の支出は大部分が衣服や友達との遊興費で消えてしまいます。

深圳のフォックスコンはiPhoneやiPadを生産している企業ですが、2010年に入ってから5月までになんと立て続けに12件の自殺が発生、11人が死亡しました。5月末に会社側が労働者の給与のアップに同意して、事件は表向き収束しました。

ストに参加した楊君と譚さんにせよ、自殺した労働者たちにせよ、ほとんどが1990年代に生まれた新世代の農民労働者で、農民労働者の60％を占めています。彼らは父親世代とは異なり、都市に溶け込んでその一員になりたい、という意欲がより強いのですが、戸籍制度が依然としてそのチャンスを閉ざしています。しかし、新世代の農民労働者はもはや黙って耐え忍ぶことはしなくなりました。自分たちの権利を守るため、彼らは携帯やパソコンを使ってネットにアクセスし、情報を発信し、問題をアピールしています。

ロイター通信の評論は以下のように指摘しています。「労働者たちの賃上げ要求はメイドインチャイナのコストにそれほど大きな影響は及ぼさないだろう。但し労使紛争の勃発は中国政府を新しい試練に直面させるであろう」

1998
1999
2000
2001
2002
2003
2004
2005
2006
2007
2008
2009
2010
2011
2012
2013
2014
2015
2016
2017
2018
2019
2020
2021
2022
2023

一本可以改变孩子一生的字典

这是一本不到70万字的小字典，50年来，历经十多次的大规模修订，重印200多次，发行四亿册。对今天的中国人来说，人生的第一本字典也许都是它——《新华字典》。就是这本小小的字典，现在成了援助贫困地区孩子的主角。

2004年，何锦昌在一个山区参加志愿者活动时，发现当地的孩子常常写错别字。因为没有字典，所以孩子们无法学到正确的字。于是，何锦昌和同伴发起了"一人一字典"的捐赠活动。在六年里，这个组织累计募集到了1600册《新华字典》。

2009年8月底，复旦大学的研究生吴恒来到宁夏的一个偏远山区小学支教。上课时，有个女孩子说："老师，您的字写错了。"吴恒有些不相信，他拿起女孩的字典，看见了"本未倒置"四个字，仔细看了一下字典，吴恒才发现：这是一本盗版字典！吴恒马上查了一下，全班同学的33本字典中，只有六本是正版的。

为了让山区里的孩子们用上正版字典，吴恒在网上发起了"一本正经计划"。他没想到，上网呼吁后不到一个月，捐款就超过了七万元。

捐赠《新华字典》的活动，现在已在各地出现。每次呼吁，都马上会得到响应。这是因为中国人都知道，这本字典是人生的良师益友。

子供の一生に関わる字典

それは70万字にも満たない小さな字典です。50年来に十数回の大規模な改訂を経て、再版すること200回あまり、4億冊発行されました。今日の中国人にとって、人生最初の字典といえばたぶんこの字典──『新華字典』でしょう。まさにその小さな字典が今、貧困地域の子供たちへの援助の主役になっているのです。

2004年、何錦昌は山間部でボランティア活動に参加したとき、現地の子供たちがしょっちゅう誤字や当て字を書くことに気がつきました。辞書がないので子供たちは正しい字を習得する術がないのです。そこで何錦昌は仲間と共に「一人に一冊の字典を」という寄付活動を始めました。この組織は6年間で累計1600冊の『新華字典』を集めました。

2009年8月末、復旦大学の大学院生呉恒は寧夏回族自治区のある辺鄙な山間地区の小学校へ教育支援にやってきました。授業のとき、ある女子が言いました。「先生、字が間違ってますよ」。呉恒はどうも納得がいかず、その子の辞書を手に取り、“本未倒置”の4文字を見ました。丹念に辞書を見て、彼は漸くその辞書が海賊版であることに気がつきました。すぐに調べてみると、クラス全員33冊の字典のうち正規版は6冊しかありませんでした。

山間地区の子供たちに正規版の字典を使わせようと、呉恒はネット上で「正規版辞書計画」を呼びかけました。思いもよらず、ネットで呼びかけて1カ月足らずで寄付金は7万元を超えました。

『新華字典』を贈る活動は今では全国各地に芽吹き、呼びかけるたびに反響があります。それは、中国人ならみんな、この字典が人生の良き師、良き友であることを知っているからなのです。

1998
1999
2000
2001
2002
2003
2004
2005
2006
2007
2008
2009
2010
2011
2012
2013
2014
2015
2016
2017
2018
2019
2020
2021
2022
2023

2012年度

―中国模式―

1998
1999
2000
2001
2002
2003
2004
2005
2006
2007
2008
2009
2010
2011
2012
2013
2014
2015
2016
2017
2018
2019
2020
2021
2022
2023

2012　まえがき

　『時事中国語の教科書』は毎年出版され、過去1年間の出来事を様々な角度から紹介するもので、2012年でシリーズ16冊目になります。

　2011年は第12次5カ年計画（2011～2015年）の初年に当たります。また、翌2012年には党の十八全大会が開催され、胡錦濤・温家宝体制から新しい世代へバトンタッチが行われる予定ということで、秋の6中全会にも関心が集まりました。経済面でも政治面でも次への動きが気になる1年であったと言えましょう。

　経済面では、2010年からの打ち続くインフレ、特に住宅や食料品といった、人々の生活に密接に関わる分野での著しい価格上昇が庶民に不安を与え、2010年末から政府は矢継ぎ早に対策を打ち出し、地方政府もそれに追随しました。これが奏功する一方で、2011年秋以降、金融引き締めが中小企業の資金繰りを圧迫し、中小企業のメッカと言われる浙江省温州市などでは、倒産、夜逃げが相継ぎました。ギリシャの金融危機によるユーロ圏経済の深刻化は、EUを主要輸出相手地域とする中国企業、特に中小企業には打撃となります。また、政府が長期的視野に立って進めている経済構造のモデルチェンジも、多くの中小企業には逆風であり、これらの三重苦が中小企業のクビを絞めれば、中小企業を主要な受け皿とする就職難の解決を頓挫させ、一挙に社会不安を醸成しかねません。引き締めと刺激、そのさじ加減が厳しく問われた1年と言えましょう。

　これまでは金利の引き上げと銀行の準備金の準備率引き上げ以外に有効なインフレ抑制金融対策がなく、しかも金利の引き上げは金利差に目をつけた海外からの資金の更なる流入を誘うというデメリットが生じ、為替レート維持のためにドル買いをすることも国内の資金をだぶつかせ、一方では生活苦を訴える労働者の賃上げ要求に対する対策も待ったなしの状態でした。景気の鈍化という新しい現象に対しどう金融政策を切り替えていくのか、秋以降そこに関心が集まり始めました。

　2011年はまた、前年秋の尖閣列島問題が大きく尾を引きました。中沙、南沙諸島の領有権問題も含めた中国の海洋進出の積極姿勢が日本やASEAN諸国に「中国の脅威」を強く印象付けてしまいました。メコン河沿いの国々を囲い込み、経済を旗印にベトナムやインドネシア、フィリピンへ攻勢を仕掛け、ミャンマーを通じてインド洋に抜け、パキスタンやスリランカなどに拠点を構築して真珠の首飾りのようにインドを包囲しようとする中国と、経済発展のためにその中国と一層関係を深めながら、安全保障面ではどうその首に鈴をつけようか、と思案するインドやASEANの国々、そこへ食い込んで、橋頭堡を確保しようという米ロ両国のせめぎあい、

2011年は新しい国際秩序を模索する動きが中国を中心として活発化した年とも言えます。

　中国国内では、各経済圏でそれぞれ核となるメガシティが姿を見せ始め、それらを結ぶ全国的な物流網が完成し、平行して流通も急速に発展しました。地方の経済レベルが向上することで国内全体が消費市場になりつつあり、流動人口の動きにも変化が起き、企業も行政もその動きについていくのに懸命でした。消費市場の普遍化が全国的な都市化傾向と相乗作用を起こし、そこに省エネ、排出削減など環境対策が絡むことで、スマートグリッドやスマートシティといった新しいビジネスチャンスも生まれています。

　今、外資系企業にとって中国は、生産輸出拠点から中国国内市場への供給拠点に変わりつつあり、その中で日中企業が様々に連携して企業戦略を図る機運も高まっています。

　中国はこれから20年、年に1000万人が都市住民になると言われていますが、一方で、都市とは異なる特色ある豊かな農村を目指す動きも出てきています。一党独裁を続ける共産党政府が国内の多様化と国際協調という課題をどう乗り切るのかが注視された1年とも言えましょう。

平成23年秋　著者

亚洲的第一个世界网球冠军——李娜

2011年的世界各项网球赛都和李娜的名字连在一起。1月29日，获澳网女子单打亚军。6月4日，获法网女子单打冠军，成为历史上第一个获得世界网球大赛冠军的亚洲选手。李娜还因此排名世界第四，追平日本名将伊达公子所保持的亚洲选手纪录。

说到李娜，不得不提三个关键词：个性、体制和丈夫。

个性——新时代的中国面孔。李娜常说，"我只为自己而努力。"从2008年北京奥运会到2011年澳网大赛，李娜曾多次向裁判提出，让中国观众闭嘴，安静下来。虽然她知道中国观众对她的热情支持，但是她也受不了中国观众对她每击一个球都要大叫好。

体制——举国体制下的花儿。李娜曾说，"我是举国体制培养出来的，碰到了这么一个好的政策。"2008年北京奥运会后，国家同意选手"单飞"，即选手可以自己找教练、找训练场所。这是中国网球在真正意义上开始接触职业化。

丈夫——永远的避风港。澳网女单决赛后，李娜在致辞时说，"那个穿黄色T恤的人是我的丈夫，我想对你说，无论你以后是胖是瘦，健康还是生病，我都会跟着你，我爱你。"姜山是李娜取得成功背后那个"伟大的男人"：陪练、按摩师、后勤组长、场地浇水工……。姜山有很多头衔，当然，最有名的就是"出气包"。

李娜在法网决赛前指着埃菲尔铁塔说："希望通过我的不懈努力，可以爬到塔尖，中国人也可以改变一切。"

アジア初のテニス世界チャンピオン、李娜

　2011年の世界の様々なテニス大会はいずれも李娜という名前と共に語られました。1月29日、全豪オープン女子シングルスで準優勝し、6月4日には全仏オープン女子シングルスで優勝して、史上初めて、世界的なテニス大会で優勝したアジアの選手になりました。更に李娜はこれによって世界ランキングが4位になり、日本の名選手伊達公子が持つアジア選手の記録に並びました。

　李娜について語ろうとすると、個性、体制、夫という三つのキーワードを挙げないわけにはいきません。

　個性——新しい時代の中国の顔。李娜はよく「自分のために努力しているだけよ」と言います。2008年の北京オリンピックから2011年の全豪オープンまでの間に、李娜は何度もレフリーに「中国人の観衆を黙らせて、静かにさせて」と求めました。彼女に対する中国人観衆の熱心な応援だとわかってはいましたが、それでも、彼女がボールを打つたびに中国人観衆が大声を上げることに彼女は我慢できなかったのです。

　体制——挙国一致体制下の花。李娜は、「わたしは挙国一致体制の下で育成されたのです。そんな素晴らしい政策に巡り会ったのです」と言います。2008年の北京オリンピック後、国は選手の自由契約に同意しました。即ち、選手は自分でコーチを見つけ、トレーニング場所を見つけることができるようになったのです。これは、中国のテニスが真にプロ化に踏み込み始めた、ということなのです。

　夫——それは永遠の避難場所。全豪オープン決勝後、李娜は挨拶してこう言いました。「あの黄色いTシャツを着ているのが夫です。あなたに伝えたい。将来あなたが太ろうが痩せようが、健康であれ病気であれ、わたしはいつもあなたについていくわ。愛してます」。李娜が成功を収めた背後にいた偉大な人物が姜山です。練習相手、マッサージ師、裏方、コートの水撒き係…。姜山には様々な肩書きがあります。もちろん、一番有名なのが鬱憤晴らし。

　李娜は、全仏オープン決勝の前にエッフェル塔を指差して言いました。「たゆまない努力をすることによって、塔のてっぺんまで登り詰めることができます。中国人だってあらゆることを変えることができるんです」

1998
1999
2000
2001
2002
2003
2004
2005
2006
2007
2008
2009
2010
2011
2012
2013
2014
2015
2016
2017
2018
2019
2020
2021
2022
2023

老百姓面对通胀

"今天中午，还去湖大食堂吃饭吧。"中午休息时间，工薪族张建军和同事又出现在了湖南大学食堂。由于物价上涨过快，没有"门槛"的高校食堂突然出现了很多像张建军这样的"蹭饭族"。"普通饭店里，一顿午餐至少要四元五角，学校食堂只要三元钱，能省不少。"张建军无奈地说。

马鞍山市的一位年轻妈妈在网上发帖子："为了抵御物价上涨，也为了让宝宝能吃到新鲜安全的小青菜，我决定在阳台上种菜。"立刻引起了很多回帖。

香港人去深圳购买物美价廉的日用品，已经是这30年司空见惯的现象了，但是2010年后，却出现了逆转。每逢周末，就有很多深圳人去香港购物，而且每次都是"满载而归"，砂糖、食盐、酱油，成箱扛回家。

进入2011年以后，物价直线上升。国家统计局6月份公布的CPI涨幅已超过了6%，但是大多数民众对真实物价的感觉绝不止这个水平。为了防止物价上涨，政府从2010年下半年起实施了"史上最严厉"的楼市调控政策，以遏制房价，然后又出台政策，稳定农副产品的价格。但是现实正如大家所说的，目前中国的状况是越调越涨，调一次涨一次。

对老百姓来说，攒钱的速度永远赶不上涨价的速度。如何在心态上承受这一事实，对中国人也好，对政府也好，都是一个考验。

インフレが庶民を直撃

　「今日のお昼は湖南大の食堂で食べよう」。昼休み、サラリーマンの張建軍とその仲間がまた湖南大学の食堂に姿を現しました。物価の上昇があまりに速いので、チェックの無い大学食堂には張建軍のような多くの「もぐり利用者」が出現しています。「一般の食堂だと昼飯一回に少なくとも4元5角かかるけど、学校食堂なら3元だ。大きいよ」と張建軍は仕方なさそうに言います。

　馬鞍山市のある若いママさんがネットに書き込みました。「物価高に対抗するために、赤ちゃんに新鮮で安全な野菜を食べさせるために、わたしはバルコニーで野菜を育てることにしたわ」。すぐさまたくさんの反応がありました。

　香港の人たちが深圳に安くて質のよい日用品を買いに行くのはここ30年間見慣れた光景でした。でも2010年以降は逆転現象が現れました。週末になると多くの深圳の人たちが香港に買い物に行くのです。しかも毎回、砂糖・塩・醤油を箱買いするなど目一杯の買い物をして帰っていきます。

　2011年に入って、物価は直線的に上昇しています。国家統計局が6月に発表したCPI（消費者物価指数）の上昇幅は既に6％を突破しましたが、実際の物価に対する大多数の庶民感覚はそんなものではありません。物価の上昇を阻止するために、政府は2010年下半期から住宅価格を抑えるこれまでに無い厳しい住宅市場抑制政策を実施、その後も農産物・農業副産物の価格を安定させる政策を打ち出しました。しかし、現状は衆目の一致するところ、調整を図るほどに物価は上昇、いたちごっこになっています。

　庶民にとってはお金を貯える速度がいつまでたっても物価の上昇に追いつかないわけで、どうやってこの事実を受け止めるのか、中国人にとっても政府にとっても試練であることに変りはありません。

京沪高铁开通后

2008年4月18日，京沪高速铁路打下了第一个基桩，十万建设大军，日夜奋战在施工一线。2011年6月30日，全长1318公里的京沪高铁正式通车运营。这是世界上线路最长、标准最高的高速铁路。乘坐最快车次的话，从北京到上海仅需五个小时。

京沪高铁的开通，为沿线城市的发展带来了机会。京沪高铁沿线共有24个车站，其中南京站是所有车次都停靠的大站。新建成的南京车站是目前亚洲最大的火车站，车站大楼就好像是一座富丽堂皇的宫殿。2009年以后，京沪高铁沿线车站的房地产价格几乎全面上涨，人流物流也迅速增加，可以说高铁的"过道效应"不可估量。

然而，自6月30日正式运营以来，事故频频。7月10日下午，山东省境内的一场雷雨造成停电，列车晚点一个半小时。两天后，宿州附近又因供电设备故障，再度造成部分列车晚点。接着，14日、17日……。7月23日晚，一辆动车因为"遭到雷击"（政府最初发表）停在温州路段上，后续动车不幸与此相撞，其中五节车厢脱轨，造成40人死亡。

很多人认为，把事故归结为"天灾"，显得有些牵强。在大地上运行，难免要遇上风雨雷电，甚至自然灾害，难道高铁只能在风和日丽中运行吗？如果遇到更加特殊的气候变化又该怎么办？

时速300公里以上的高铁，磨合期间出现故障在所难免，但是，公众期待的，首先是政府的态度问题。只有敢于正视问题，才可能认真查清和解决问题。

北京 − 上海高速鉄道が開通して

　2008年4月18日、京滬（けいこ／北京 − 上海）高速鉄道に基礎部分の最初の杭が打ち込まれ、10万人の建設労働者たちが昼夜を問わず工事現場で奮戦、2011年6月30日、全長1318キロメートルの京滬高速鉄道が正式に運行を開始しました。この路線は世界でも区間が最も長く、最高水準の高速鉄道で、最速の列車に乗ると北京から上海までわずか5時間しかかかりません。

　この鉄道の開通は沿線都市の発展にチャンスをもたらしました。京滬高速鉄道の沿線には全部で24の駅があり、そのうち、南京駅は全ての列車が停車する主要駅です。新設された南京駅は現在のところアジア最大の駅で、駅ビルは壮麗な宮殿のよう。2009年以降、京滬高速鉄道沿線駅の不動産価格はほぼ全面的に上昇し、ヒトやモノの流れも急速に増加、高速鉄道の敷設効果は測り知れません。

　しかしながら、6月30日に正式に運行を開始して以来、事故が頻発しました。7月10日午後、山東省内の雷雨が停電を引き起こし、列車が1時間半遅延しました。数日後、宿州付近で送電設備の故障によりまた一部の列車に遅れが出ました。続いて14日、17日…。7月23日の晩、一台の機関車が落雷に遭って（政府の当初の発表）温州区間で停車し、運の悪いことに後続の列車がこれに衝突してしまい、5両が脱線、40人が死亡しました。

　事故の原因を天災のせいにするのはいささか強引ではないか、と多くの人が見ています。大地の上を走行するのですから風雨や雷、時には自然災害に遭遇するのは避けがたいことです。まさか高速鉄道は穏やかな日和のときにしか走行できないというわけでもありますまい。もっと特殊な気候の変化に遭遇したらいったいどうするというのでしょうか。

　時速300キロ以上の高速鉄道に、慣らし運転期間中故障が出るのは免れがたいのですが、国民が望むのはまずは政府の態度です。敢えて問題を直視してこそ真摯に問題を突き詰め、解決することができるのです。

京剧的昨天、今天和明天

2010年，对京剧来讲，是不平凡的一年。11月16日，中国京剧入选"人类非物质文化遗产代表作名录"。从传统艺术到世界遗产，京剧的历史翻开了新的一页。

清乾隆五十五年（1790年），为庆贺乾隆帝八旬寿辰，安徽的徽剧班进京演出。演出结束后，徽剧班就留在了北京。经过数十年演变，到慈禧太后时，形成了现在的京剧形式。在中国传统戏曲中，京剧的历史虽然并不悠久，但影响最大、普及最远，因而有"国粹"的美称。

上世纪30年代是京剧的全盛时代，当时以梅兰芳为首的"四大名旦"不知倾倒了多少戏迷。但是，新中国成立后，京剧却一度遭遇尴尬。60年代，传统京剧被看成是封建思想的宣传，被打入"冷宫"，取而代之的是革命样板戏。

80年代以后，京剧才逐渐恢复上演传统曲目。但是，随着电视剧等文化形式的流行，年轻观众大大减少，甚至连京剧人才的培养也不容乐观了。

对此，北京戏曲艺术职业学院从1996年开始举办周末少儿京剧演出，演员都是在校的学生，其中有的还不满十岁，吸引了很多老京剧迷。教育部也从2008年开始在一部分中小学试点开设京剧课。

上海京剧院则举办大学生专场，演员们还现场教大学生学唱京剧，深受年轻人的好评。

有专家指出，京剧本身是在不断吸收其他剧种的优点中发展起来的，了解现代观众的趣味，来继承京剧传统，也许是京剧今后的发展方向。

京劇の現在と未来

　2010年は京劇にとって特別な1年でした。11月16日、中国の京劇は人類無形文化遺産代表作リストに組み入れられました。伝統芸術から世界遺産へ、京劇の歴史は新しいページをめくったのです。

　清の乾隆55年（1790年）、乾隆帝80歳の誕生日を祝うために安徽省の徽劇班が北京にやってきて公演し、公演終了後、徽劇班は北京に残りました。そして数十年の転変を経て西太后の時に現在の京劇の形式になったのです。中国の伝統的な戯曲の中で京劇の歴史はそれほど古くはありませんが、影響力はもっとも強く、普及範囲も最も広く、それゆえ国の精華と褒め称えられたのです。

　1930年代は京劇の全盛時代でした。当時、梅蘭芳を始めとする四大名女形がどれほど多くの演劇ファンを魅了したか分かりません。しかし、新中国成立後、京劇は一時不遇をかこつことになりました。60年代には伝統的な京劇は封建思想を宣伝するものと看做され、お蔵入りにされ、革命的現代京劇がこれに取って代わりました。

　80年代以降、京劇はやっとまた伝統的な出し物を上演するようになりましたが、テレビドラマのような文化スタイルが流行するに連れて若い観客が大幅に減少し、更には、京劇の人材養成も楽観できない状況になりました。

　これに対し北京戯曲芸術職業学院は1996年から週末子供京劇公演を始めました。出演者はみんな在学中の生徒で、なかには10歳未満の者もおり、多くの古くからの京劇ファンを惹きつけました。教育部も2008年からテスト的に一部の小中学校に京劇の授業を設置しました。

　上海京劇院は大学生特別公演を開催し、更に俳優たちがその場で大学生に京劇の手ほどきをして、若者の大好評を博しました

　ある専門家は「京劇自身が他の劇の長所を絶え間なく吸収して発展したものであり、現代の観衆の趣味を理解して京劇の伝統を継承することが、おそらく京劇が今後発展していく方向だろう」と指摘しています。

―換届之年―

2013年度版
時事中国語の教科書
換届之年
三潴正道・陳祖蓓

朝日出版社

1998
1999
2000
2001
2002
2003
2004
2005
2006
2007
2008
2009
2010
2011
2012
2013
2014
2015
2016
2017
2018
2019
2020
2021
2022
2023

2013　まえがき

　『時事中国語の教科書』は毎年出版され、過去1年間の出来事を様々な角度から紹介するもので、2013年でシリーズ17冊目になります。

　2012年は、5年ごとに開催される中国共産党全国大会の開催年に当たりました。2012年の大会、すなわち18全大会が特別な意味を持ったのは、党指導者層の大幅な交代が行われたからです。党の最高指導者層を形成する9人の政治局常務委員のうち、習近平と李克強の2人を除く7人が年齢制限から交代になり、そこに誰が入るかを巡って激烈な党内抗争が繰り広げられました。上海閥や、機械工業閥・石油閥といった経済派閥をバックとする江沢民派と中国共産党青年団を柱とする胡錦濤派のせめぎあい、それに両派を横断する2世グループ、いわゆる「太子党」および閨閥が複雑に絡み合い、さらには年々膨れ上がる国防費をバックに強大化・プロ化する軍部に対するシビリアンコントロールの弱体化が影を落としました。そこに突如発生したのが重慶の薄熙来事件、精査すればどこまでも影響が拡大し、大混乱に落ち入りかねない事態をどう収拾するかに関心が集まりました。教科書の宿命で、このまえがきは党大会に間に合いません。さて、結果としてどのような人事になったのか、皆さん各自でその人事を検討してみてください。

　2012年、前年からのインフレは、若干の曲折はあったもののひとまず収束に向かいました。しかし、そのプロセスで提起された貧富や収入格差の是正を叫ぶ流れはもう後戻りできません。所得税制の改善や最低賃金の底上げが行われ、住宅・医療・年金といった社会保障の充実にも力が入れられましたが、80年代以降に生まれた若者たちが1億人を超えて出稼ぎ労働者の主流になり、都会に定着し、結婚・育児期を迎え始めたことで、彼らに対し将来設計に不安のない生活環境を提示できなければ、社会全体が不安定になります。一方で、中国はすでに高齢社会に突入しており、さらに超高齢社会に突入します。人口ボーナスによって負担の少ない右肩上がりの発展が約束される時期は程なく終わり、ルイス転換点がもう目の前に迫っている、と指摘する専門家も少なくありません。こうした問題に対処するには人口政策の手直しも必要で、2011年の河南省の政策変更を最後に、2012年からは全国で例外なく両親が一人っ子の場合の第2子出産が可能になりました。

　産業構造の転換も待ったなしです。沿海地方では、7大重要戦略新興産業とサービス業の振興が模索され、上海では、世界の金融センター、水運センターを目指したプロジェクトが着々と進み、中西部発展地域ではモノづくり産業の積極的な誘致と高度化、資源産業や循環産業の振興が図られています。また、10カ国以上と国境を

接する西部地区は、新たな西部大開発計画を推進して、中央アジア、ASEANなどとの連携を深めています。

　党大会後はそれぞれの原因で停滞していた高速鉄道や原発の建設も加速すると思われますが、"幸福"ブーム、"最美"ブームが示す心豊かな社会、思いやりとモラルが溢れる社会の構築を願う庶民の思いをどう実現するか、新指導者に課せられた課題と言えましょう。

平成24年秋　著者

反向团圆

"只要一家人团圆,在哪儿过年都一样!"凌老先生的老家在湖南常德,而儿子凌浩则在广州打工。2012年龙年春节,大家商量后决定,在气候温暖的广州过年。儿子凌浩的理由是:"从广州北上的车票、机票都太难买,加上假期短,与其在路上折腾,不如把父母接来广州过年。"春节前,凌浩父母从老家来到了广州,他们说,从湖南南下的列车由于人少,非常宽松。

在北京工作的白领小曹,龙年春节也没有回东北老家,而是把父母接到北京过年。"节前来,节后走,让父母来北京过年,是一举多得的好事,既好买票,又可以让父母体验北京的年味儿,还能多一些与父母在一起的时间",小曹说。以前,由于工作忙,每年都要到除夕当天才能赶回家。"火车票不好买,有时实在买不到,就得买全价的飞机票,来回的路费要几千元。相比而言,春节前来北京的火车票就好买多了。"小曹父母也说,到北京以后,他们逛庙会、看故宫……感觉春节过得很充实。

其实,每逢春节,大量外地务工人员返乡过年,也带来了别的问题。在很多大城市,餐饮业等服务业的劳动力主要是农民工,所以一到春节期间,"用工荒"就特别严重。一些企业为了解决这个问题,也鼓励农民工进行反向团圆。

对于"反向团圆",专家认为,反向流动可以缓解春运压力,对城市来说也可以促进消费;而对留下来的人来说,也是一种经济实惠、轻松快乐的过年方式。

一家団欒は都会で

　「一家が団欒しさえすれば、どこで年越ししようと同じだよ！」凌さんの故郷は湖南省の常徳市にありますが、息子の凌浩さんは広州で働いています。2012年辰年の春節、みんなで相談して気候が温暖な広州で正月を迎えようと決めました。凌浩さんはその理由を「広州から北上する鉄道や飛行機の切符はどちらも手に入れるのが大変で、しかも休みは短いし、途中でしんどい思いをするより両親を広州に迎えて年越ししたほうがましですよ」と言います。春節前に凌浩さんの両親が故郷から広州にやってきました。2人によると、「湖南省から南下する列車は人が少なくて本当に楽でしたよ」とのこと。

　北京で仕事をしているホワイトカラーの曹さんは辰年の春節にも東北の故郷に帰省せず、両親を北京に呼んで正月を迎えました。「春節前にやって来て春節後に帰る。両親に北京で年越ししてもらうのは、たくさんメリットがありました。切符は簡単に手に入るし、北京の年越しの雰囲気を味わってもらえるし、それに親と一緒にいられる時間も多めに取れましたし」と曹さんは述懐します。これまでは仕事が忙しく、毎年大晦日当日にやっと帰省したものでした。「切符を手に入れるのが大変で、時には手に入らず、飛行機のノーマルチケットを買う羽目になり、往復の費用は数千元にもなりました。それに引き換え、春節前に北京にやって来る汽車の切符はずっと手に入れやすい」。曹さんの両親も、北京にやって来て縁日の賑わいを見に行ったり、故宮を見たり…、本当に充実した春節でしたよ、と言います。

　実は、毎年春節のたびに大量の出稼ぎ労働者が帰省して年越しをすることが別の問題も引き起こしていました。多くの都市で、飲食業やサービス業の働き手は主に農村からの出稼ぎ労働者です。そのため、春節になると人手不足がとりわけ深刻化してしまうのです。この問題を解決するため、出稼ぎ労働者に逆バージョンの一家団欒を奨励している企業もあります。

　これについて専門家は、春節の輸送圧力を緩和できるし、都市にとっては消費を促進することもでき、しかも都市に残る人にとっては、経済的メリットがある気楽な年越しスタイルだ、と見ています。

1998
1999
2000
2001
2002
2003
2004
2005
2006
2007
2008
2009
2010
2011
2012
2013
2014
2015
2016
2017
2018
2019
2020
2021
2022
2023

人人微时代

140个字，容得下李白的两首七言律诗、一首五言绝句，还能再写八个字。中国人喜欢写微博，也许正是因为这种简约的表达方式吧。下面用两个数字，来看一下微博在中国的发展。

据称，到2012年，微博用户数已超过四亿。发帖、转帖，不亦乐乎，但是其中也出现了造成恶劣影响的内容。2011年3月，日本发生东日本大地震后，两位上海网民发帖，"日本核辐射空气到达上海"，一位杭州网民紧随其后，发了"储备点盐"的微博，引发一场全国范围的"抢盐"风波，造成了极大的社会恐慌。

同年，政府有关部门要求各大网站实行用户实名制登记，以防止在网上捏造事实、编造谣言。用户实名制从2012年3月起开始实施。

另一个数字是，到2012年，公开的政务微博约为五万，其中最多的是公安部门。如阜阳市公安局在官方微博贴出的通缉令："你逃或者不逃，事就在那，不改不变；你自首或者不自首，警察就在那，不舍不弃。"还有模仿流行的微博文体的内容，如中国外交部的招聘启事："你大学本科毕业不？办公软件使用熟练不？英语交流顺溜不？驾照有木有？快来看，中日韩三国合作秘书处找人啦！"

2012年3月7日的《人民日报》登载了一篇题为《微时代，政府咋应对》的文章，文中指出，微博"正在改变官方和公众话语权整体格局"，"管理得好，微博就是'威博'，在联系政府和群众中发挥巨大威力；管理不好，微博就变成'危博'，在政府和群众中埋下危险的种子。"

あなたも私もウェイポー

　140文字は李白の七言律詩2首と五言絶句1首を取り込むことができ、さらに8文字書くことができます。中国人が"微博"「ウェイポー」（中国版ミニブログ）を好むのは多分、こういった簡略化された表現形式によるのでしょう。以下で二つの数字を使って中国におけるウェイポーの発展ぶりを見てみましょう。

　2012年でウェイポーのユーザーはすでに4億を超えた、と言われています。ツイート、リツイートが盛んにやり取りされていますが、その中には良からぬ影響をもたらす内容も出てきています。2011年3月、日本で東日本大地震が発生した後、2人の上海のネットユーザーが「日本の放射能で汚染された空気が上海にやってきた」と書き込み、ある杭州のネットユーザーがすぐその後に「塩を備蓄しろ」というウェイポーを発したため、全国的に「塩の奪い合い」騒ぎが起こり、社会的な大パニックになってしまいました。

　この年、政府の関連部門は、ネット上で事実を捏造したりデマを飛ばしたりするのを防ぐために、各大手ウェブサイトにユーザー実名登記制度を実施するよう求めました。この制度は2012年3月から実施が始まりました。

　もう一つの数字は、2012年までに公開された行政ブログが約5万、というもので、そのうち最も多いのは公安部門です。例えば、阜陽市公安局の政府ブログに貼り付けられている指名手配には「逃げようと逃げまいと事実はそこにある、変わることはない。自首しようとしまいと警察はそこにいる、あきらめなどしない」とあります。また、流行の「ウェイポー」の文体を真似た内容もあります。例えば中国外務省人材募集のお知らせでは「ねえ、大学の本科卒業したん？ オフィスソフト使いこなせるん？ 英語でコミュニケーションスラスラできるん？ 免許証持ってるん？ はやくご覧よ、中日韓三国協力事務局が募集しているよ！」

　2012年3月7日の人民日報が「ミニブログ時代に政府はどう対応」という文を掲載しました。その文ではウェイポーが「まさに発言権に関する行政側と国民の全体的な枠組みを変えつつある」、「しっかり管理すれば、ウェイポー（"微博"）はウェイポー（"威博"）すなわち権威あるブログになり、政府と大衆をつなぐ中で大きな威力を発揮するが、管理が悪ければ、ウェイポー（"微博"）はウェイポー（"危博"）すなわち危険なブログに変わり、政府と大衆の中に危険の種を植え付けることになる」と指摘しています。

春节送礼看变化

"礼尚往来"，这是中国人的传统习惯和想法。不说远的，就说新中国成立后，中国人也没有停止过这个习惯，只是在各个年代，礼品的内容和金额有些不同。送礼一般比较集中在春节期间。到80年代，中国人春节送礼的大部分内容还是烟酒、水果和点心，所谓的传统老三样。

90年代末，全中国流行这样一个电视广告："今年过节不收礼，要收就收脑白金。"好多年了，这个广告总是出现在春节期间的电视上，也引领了送补品的风潮。进入21世纪后，送礼的内容开始出现了多样化。按摩椅、血压计等保健器械成了敬老的好礼物。带母亲去一趟美容院，也可以算是礼物。据大连媒体报道，这40年来，大连人春节送礼的开销居然涨了400多倍，而上世纪70年代，十元钱请客送礼就足够了。

此外，近年来，公款送礼呈井喷之势。逢年过节，不少单位和部门都会以工作需要、联络感情、慰问走访等理由，大量购买价格不菲的实物礼品或钱币卡券，互相赠送。公款送礼成为中国礼品市场的一大主力军，当然其中也不乏权钱交易的勾当。

另一方面，春节过后，很多烟酒零售店就挂出"高价回收礼品"的招牌，烟、酒、茶叶、保健品，甚至购物卡等都可以回收。据一个老板介绍，节日过后此类生意比平时多了一倍。

对此，有专家认为，礼逐渐失去了它的精神性，变得更加物质，送礼成了花钱大比赛，"礼轻情义重"的想法日渐式微，"礼"变成了"利"，变成了金钱和物质的代表。

年賀の品にも変化が

　贈り物のやり取りは中国人の伝統的な習慣であり考え方です。昔はさておき、新中国成立以降だけを見ても、中国人はこの習慣をやめたことがなく、ただ、それぞれの年代で贈り物の内容と金額に若干違いがあるだけです。贈り物をするのは一般に春節期間にかなり集中しており、80年代には中国人による春節の贈り物は大部分が依然、酒タバコ・果物・お菓子類、といういわゆる定番の3品でした。

　90年代末、中国全土で次のようなテレビコマーシャルが流行しました。「今年の春節プレゼントは要りませんが、もしもらうなら脳白金」。何年もの間、このコマーシャルは必ず春節のテレビに登場して滋養強壮剤を贈る風潮を助長しました。21世紀に入ると、プレゼントの内容が多様化し始め、マッサージチェア・血圧計といった健康機器は敬老のよい贈り物になりました。お母さんを連れて美容院へ行くのもプレゼントになります。大連のメディアによると、ここ40年、大連の人々の春節のプレゼント向け出費はなんと400倍あまりになりました。1970年代ならご馳走し贈り物をするのに10元で十分だったのです。

　このほか、近年、公費を使ったプレゼントが猛烈にはびこっています。お正月や各種年中行事ごとに多くの職場や部門が、仕事上の必要、意志疎通、慰問などを理由に高額の贈答品や金券を購入し、贈りあっています。公費を使ったプレゼントは中国の贈答品市場の主力になっていて、もちろんそこには金権取引という魂胆も少なくないのです。

　一方、春節が過ぎると、多くの酒タバコの小売店が「贈答品高価買入れ」という看板を掲げます。タバコ・酒・お茶・健康食品、さらにはショッピングカードでもなんでも買い取ります。ある店主は、祭日後にはこのような商いが普段の倍になる、と言います。

　これについてある専門家は「礼は次第にその精神性を失い、より物質的になり、贈り物をすることが金額の張合いになり、『礼は軽く、情誼は重い』という考え方は日増しに廃れ、礼（lǐ）は利（lì）に変わり、カネとモノの象徴になってしまった」と見ています。

《舌尖上的中国》——美食背后的人生百味

香格里拉,藏族姑娘卓玛和妈妈一大清早就在原始森林里寻找着一种精美食物——松茸。她们采到的松茸24小时后就会出现在东京的市场上。两个月的松茸季节,这对母女挣到了5000元。

茂荣和圣武兄弟俩,每年9月离开老家安徽来到湖北,踩在深深的淤泥中挖掘长长的莲藕,直到过年。他们是300个职业挖藕人中的两个。

陕北人黄国盛每年秋冬拉着自己做的黄馍馍到县城去卖。老黄的黄馍馍是用糜子做的,糜子又叫黍,8000多年前,中国黄河流域就已经开始栽培这种植物了。黄馍馍一个卖一元,老黄和妻子一个冬天下来挣了8000元。

浙江慈城,有一对空巢老人,他们最开心的时刻,就是儿孙从宁波回来过年的几天。老人为儿孙制作可口的年糕,一家人围坐在一起,吃着年糕唠着家常,其乐融融。然而,短暂的团聚之后,儿孙们离去,家里又只剩下两个老人。

一群香港老人,常常聚在一起,做着他们最拿手的饭菜,聊着他们年轻时的故事,彼此分享生命中的温馨和苦痛。

这些故事都来自一部七集电视纪录片:《舌尖上的中国》,自2012年5月开始播放后,收视率超过30%,被称为"中国纪录片的奇迹"。画面上既没有四大菜系,也没有酒楼餐馆的美味佳肴,却有无数为食物而辛勤劳动的人们,还有食物带来的人之常情和天伦之乐。天南地北,每个画面都能给观众带来浓浓的思乡之情,留下岁月的味道,也能让人去深思食物的伟大而又深远的意义。

舌で味わう中国、美食にも人生が

　シャングリラのチベット族の娘ツオマとお母さんは朝早くから原始林で高級食材、マツタケを探しています。2人の採ったマツタケは、24時間後には東京の市場に姿を現します。2か月にわたるマツタケシーズンで、この母娘は5000元稼ぎました。

　茂栄と聖武の兄弟は毎年9月になると故郷の安徽省を離れ、湖北省にやってきて、深い泥の中から長いハスを掘り出す作業を年越しまで続けます。彼らは300人のハス掘り職人の中の2人なのです。

　陝西省北部出身の黄国盛さんは、毎年秋冬には自家製のキビマントウを積んだ車を引いて県都へ売りに行きます。黄さんのキビマントウは“糜子méizi”（ウルチキビ）で作ったもので、“黍shǔ”とも言います。8000年あまり前、中国の黄河流域ではすでにこの植物の栽培を始めていました。キビマントウは一つ1元、黄さん夫婦は一冬で8000元稼ぎました。

　浙江省慈城に、子供に巣立たれた2人暮らしの老夫婦がいます。2人の一番楽しい時間は子供や孫が寧波から帰省して正月を迎える数日間です。2人は子供や孫のためにおいしい正月モチを作ります。一家で食卓を囲み正月モチを食べながら世間話をするのは、和やかで楽しいものです。でも、つかの間の団欒ののち彼らが去っていくと、家にはまた老夫婦だけが残されます。

　ある香港の老人たちは、しょっちゅう集まってそれぞれが最も得意とする料理を作り、若いときの思い出話に花を咲かせ、互いに人生の苦楽を共有します。

　これらの話は全て7回シリーズのテレビドキュメンタリー『舌で味わう中国』に登場します。2012年5月に放送が始まってから視聴率は30％を超え、「中国ドキュメンタリーの奇跡」と言われました。画面には4大料理も料理店の珍味佳肴もなく、あるのは食物のために労働に励む無数の人たち、さらに食物がもたらす人情と一家団欒。全国津々浦々、どの画面も視聴者に熱い故郷への思いを掻き立て、歳月の味わいを感じさせ、食物の偉大なそして深い意義にしみじみ思い至らせるのです。

2014年度

─推向市場─

1998
1999
2000
2001
2002
2003
2004
2005
2006
2007
2008
2009
2010
2011
2012
2013
2014
2015
2016
2017
2018
2019
2020
2021
2022
2023

2014　まえがき

　『時事中国語の教科書』は毎年出版され、過去1年間の出来事を様々な角度から紹介するもので、2014年でシリーズ18冊目になります。

　2013年は、前年の2012年秋に、5年ごとに開催される中国共産党全国大会第18回大会が開催され、胡錦濤から習近平へと党の最高指導者が交代したことを受け、春の全国人民代表大会では、その習近平が国家主席に、温家宝に代わって李克強が首相に選出されました。これまでの胡温体制から新しい習李体制へとバトンタッチされたわけです。

　春の全人代で温家宝首相は最後の政府活動報告を行い、過去10年間の政治実績を振り返り、一方で今後全力を挙げて解決に当たるべき問題として、①都市化の推進、②経済構造の転換、③住宅バブルの抑制、④環境保護、の4点を掲げました。

　「都市化の推進」は国内消費を育成する方策で、従来の公共投資主導型による成長戦略を健全な内需主導型に転換するための切り札です。ただ、一口に「都市化」と言ってもそのコンセプトや取り組み方は一様ではなく、スマートシティの建設も絡み合って、この1年、広く深く多様な都市化論議が展開されています。「経済構造の転換」は、中国が「中進国の落とし穴」に落ち込まないために避けて通れない改革で、次世代IT産業やバイオ産業など七つの戦略的新興産業の育成に取り組んでおり、また、自動車・鉄鋼など、9大産業分野の合併再編について、その主要目標と重点任務を提起しています。「住宅バブルの抑制」は民生の主要な柱ですが、景気が改善に向かうとすぐ再燃します。一方で政府は2020年に2010年比で所得を倍増させると公約していますから、年率7.5%の成長は確保せねばならず、アクセルとブレーキをうまく踏み分けなければなりません。「環境保護」の問題はもう待ったなしです。PM2.5を大量に含んだスモッグ、塩分を大量に含んだ砂嵐、地下水のすさまじい汚染と飲料水の安全性などへの民衆の不満は、いくら取り締まっても、ネットを介して急速に膨れ上がっています。

　中国社会は、全体としては一定の豊かさを手に入れましたが、内部格差の問題が依然深刻で、平等な教育・文化の享受といった点ではまだまだ取り組むべき課題が山積しています。しかし、それを阻む既得権益層があらゆる分野にはびこっており、これに新政権がどこまで切り込めるかがカギとなります。

　対外的には、南シナ海でのASEAN諸国との軋轢、尖閣諸島領有権問題に関る日本との対立が懸念されています。日中韓FTAへの取り組みと、アメリカを中心としたTPPがそれにどう絡むのか、ASEANをどう取り込んでいくのか、パズルが続い

ていますが、これらは、東アジアが、いかにして今後の新秩序を形成していくのか、という重い課題を突き付けられている証左とも言えます。2012年は世界中が指導者交代期に当たり、必然的に内向き、対外強硬路線に傾斜しましたが、主要国に安定政権が誕生した2013年は、長期的視野に立った国際秩序の再構築へ向けた探り合いが始まった時期でもありました。

平成25年秋　著者

大江曾预言：莫言会得诺贝尔奖

日本作家大江健三郎1994年，在诺贝尔文学奖授奖演讲中提到了莫言，他说，"亚洲这块土地给了我们似曾相识的感觉。"其实，在发表这个演讲时，大江还没有见过莫言。

2000年9月，大江健三郎第一次来华访问，并第一次见到了莫言。2002年，大江健三郎再次来华，还特地去了莫言的老家——山东高密县大栏乡。

2006年9月，大江在北京的一次演讲中一开口便说："我由衷地珍惜这次访问，有可能获得诺贝尔文学奖的莫言先生也在座，我曾到过他出生的山村……"此言一出，大家都把目光投向坐在大江身边的莫言，只见他脸上的表情没有什么变化，一言未发，仍然安静地听演讲。

大江始终认为，以莫言强劲的创作能力以及已经取得的文学成就，他将是中国诺贝尔文学奖最有实力的候选人。大江的预言变成了现实。2012年10月，莫言获诺贝尔文学奖。

获奖作品《蛙》，2009年出版，共分为五个部分，每一章都是从主人公写给日本友人杉谷义人的信开始。很多人认为，这个日本友人"杉谷义人"就是隐喻大江健三郎。在高密县莫言文学馆楼梯的东墙上，现在还挂着一幅大江赠给莫言的手迹："莫言先生，作为朋友，我认为你是可怕的对手，然而，仍然是朋友！"

大江坚信，莫言是非常优秀的中国作家，一定会获得诺贝尔文学奖。大江珍藏着一瓶茅台酒，他对人说："我现在不喝它，等到莫言先生获得诺贝尔文学奖的时候，我要跟他共饮这瓶美酒。"

大江健三郎、莫言受賞を予言

　日本人作家大江健三郎は1994年、ノーベル文学賞受賞講演の中で莫言に触れ、「アジアと言う風土はわたくしたちが以前どこかで出会ったことがあるような感覚を与えてくれます」と述べました。実は、この講演をするまで大江はまだ莫言に会ったことが無かったのです。

　2000年9月、大江健三郎は初めて中国を訪れ、また、初めて莫言と顔を合わせました。2002年、再度訪中し、更にわざわざ莫言の故郷——山東省高密県大欄郷に足を運びました。

　2006年9月、大江は北京でのある講演で開口一番、こう述べました。「私は今回の訪問を心底貴重なものであると思っています。ノーベル文学賞受賞の可能性が高い莫言先生も御臨席頂いておりますが、私は先生がお生まれになった山村に伺ったことがあるのです…」。この一言に、皆がその視線を大江の傍らに座っている莫言に向けました。しかし莫言は表情一つ変えることなく、黙ったままなおも静かに講演に耳を傾けていました。

　「莫言はその強靭な創作能力と既に獲得した文学的成果によって、中国におけるノーベル文学賞の最有力候補である」と大江は常々認めていました。その予言が現実になったのです。2012年10月、莫言はノーベル文学賞を受賞しました。

　2009年に出版された受賞作品『蛙』は全部で五つの部分に分かれ、どの章も、主人公が日本の友人杉谷義人にあてて書いた手紙で始まっています。この日本の友人杉谷義人が大江健三郎をイメージしたものであろうことは、多くの人が認めています。高密県の莫言美術館の階段の東側の壁には今、大江が莫言に贈った肉筆が掛っています。「莫言さん、あなたは恐るべきライバルであり、変わらぬ友人です！」

　莫言は極めて優秀な中国人作家であり、きっとノーベル文学賞を受賞するだろう、と大江は確信していました。彼は1本の茅台酒を秘蔵し、こう語っていました。「今は飲まないことにしています。莫言さんがノーベル文学賞を受賞したら、この美酒を彼と酌み交わそうと思っています」

"谁来养活中国？"

2014

2013年5月底，中原大地普降大雨。这是一场久违的夏雨，但是当地农民却担心，"还有十来天就要收割了，就怕连续出现大雨、干热风等天气。"有着"天下粮仓"美誉的河南，用占全国1/16的耕地，生产着全国1/4的小麦、1/10的粮食。对河南来说，确保粮食生产安全，不仅仅是农业大省的责任，更是一项"政治任务"。

2012年，中国粮食生产虽然实现了九连增，但是粮食进口的总量却首次突破8000万吨，同年粮食的自给率约89.4%，低于95%以上的政策"红线"。2013年7月的商务部数据显示，中国粮食全面进入"净进口"时代，小麦、玉米、大米三大农作物，进入2013年以后，始终保持净进口态势。

对拥有13亿人口以上的中国来说，粮食安全一直是"天字第一号"的大问题。"谁来养活中国？"1994年，美国学者布朗提出的这个著名命题，就像是一个紧箍咒，时刻刺激着中国农业领域的从业者。

人与地的关系紧张，是中国农业的最大现实：用占世界不足9%的耕地，养活世界近1/5的人。在几代政府的努力下，较好地解决了13亿多中国人的吃饭问题。应当承认，这是一个了不起的惊人成就，也是对世界的最大贡献。但是，自己养活自己，今后将如何维持下去，这对中国政府来说是一个很大的压力。

国家主席习近平2013年7月21日在武汉考察时强调，"我们自己的饭碗主要要装自己生产的粮食"，"粮食安全要靠自己。"习近平的这些话凸显了国家对粮食安全的忧患意识。

中国を養うのは誰？

　2013年5月末、中原の大地の広い範囲で雨が降りました。久しぶりの夏の雨でしたが、地元の農民は「刈入れにはまだ10日ほどある。大雨や乾燥した熱風といった天気が続かなければいいが…」と心配しています。「天下の穀倉」との誉れが高い河南省は全国の耕地の16分の一を占め、全国の4分の一のコムギ、10分の一の食糧を生産しています。河南省にとって、食糧生産の安定的確保は、主要農業生産省としての責任であるだけでなく、なおいっそう政治的な任務でもあるのです。

　2012年、中国の食糧生産は9年連続の増加を達成しましたが、食糧輸入量は初めて8000万トンを突破、この年の食糧自給率は約89.4％と、95％以上という政策上のレッドラインを下回ってしまいました。2013年7月の商務部のデータによると、中国の食糧は全面的に「純輸入時代」に突入し、コムギ・トウモロコシ・コメの三大農作物は2013年以降、常に純輸入の状態にあります。

　13億以上の人口を擁する中国にとって食糧の確保は常に最重要課題です。「誰が中国を養うのか」、1994年アメリカの学者ブラウンが提起したこの有名な課題は、まるで孫悟空の頭を締め付けたリングのようにいつも中国の農業分野の人々の頭痛の種になっています。

　人と大地の関係のせめぎ合い、これが中国農業の最も大きな現実で、世界の9％足らずの耕地で世界の5分の一近い人口を養っているのです。何代かの政府の努力で13億あまりの中国人の食の問題はそれなりに解決されています。これは素晴らしい、驚嘆すべき成果で、世界に対する最大の貢献でもあります。しかし、自給自足を今後どうやって維持していくのか、は、中国政府にとって大変大きなプレッシャーになっています。

　習近平国家主席は、2013年7月21日に武漢を視察して時、「自分のごはん茶碗には、基本的には自分で作った食糧を盛るべきだ。食糧の確保は自分に頼らなければならない」と強調しました。習近平のこの言葉は、食糧確保に対する国としての危機感を浮き彫りにしています。

北京雾霾，吓走多少外国人？

如果说北京2013年的国际吸引力下降了，那么罪魁祸首肯定是雾霾。欧美国家的媒体纷纷报道，"'空气末日'促使外国人离开北京。"中国气象局的数据显示，2013年的头100天里，北京雾霾日数46天，为近60年最多。就连中国国内媒体也表示："可以理解，为什么外国人离开北京，去寻找更清洁的空气。"

日本大和总研的一名金融学家表示，空气污染可能导致日本对华投资成本增加。跟其他国家相比，日本在中国企业数量最多，超过3万家。《产经新闻》称，为避免风险，日企会加快向东南亚国家迁移的速度。

日本驻华大使馆环境专员冈崎雄太和夫人及两个儿子生活在北京，自己家中装有空气净化器，但当他们想出去游玩时，不得不考虑空气污染的问题，会取消一些外出活动。

住在北京东四环附近的俄罗斯夫妇麦凯威已在中国生活、经商十年，对北京感情很深。但自从去年9月女儿诞生后，夫妇俩越来越意识到空气污染对孩子健康的影响，决定夏天离开北京。

据北京市旅游发展委员会的统计，2013年2月北京接待入境过夜外国游客16.5万人次，同比减少37%。正如英国人汤普森所说："雾霾对北京国际大都市形象的打击更大。"对此，上述的冈崎先生表示，希望日本在环境污染治理方面的教训、政策、技术以及经验能有助于中国解决问题。

北京のスモッグ、逃げ出す外国人

　北京の2013年の国際的な吸引力が低下したとすれば、その元凶は間違いなくスモッグでしょう。欧米諸国のメディアは「『大気の終末』が外国人を北京から脱出させている」と次々に報じました。中国気象局のデータによれば、2013年の最初の100日間、北京のスモッグ発生日数は46日間で、ここ60年で最多となりました。国内メディアでさえ、「外国人が北京を脱出するのはきれいな空気を求めてのことだ、ということは理解できる」と表明しています。

　日本の大和総研のある金融専門家は、大気汚染はおそらく日本の対中投資コストを高めるだろう、と見ています。他の国々と比べ、日本は中国進出企業の数が最も多く、3万社を超えています。産経新聞によれば、リスクを回避するため、日本企業はアセアン諸国への移転を加速させるだろう、とのこと。

　中国駐在日本大使館の環境専門家岡崎雄太氏とその夫人及び2人の息子は北京で生活していますが、自宅には空気清浄器を取り付けています。とはいえ、外へ遊びに出ようとすると大気汚染を無視できず、部分的にはあきらめざるを得ません。

　北京の東4号環状線付近のロシア人、マッケルベイご夫妻は中国で暮らし、十数年にわたりビジネス活動に従事、北京には深い思い入れがありますが、去年9月に娘が誕生し、子供の健康に対する大気汚染の影響をますます意識するようになり、夏には北京を離れる決意をしました。

　北京市観光発展委員会の統計では、2013年2月、北京は外国人観光客入国宿泊者延べ16万5千人を受け入れましたが、これは前年同期比で37％減少しています。イギリス人トンプソンが述べているように「北京の国際的な大都市というイメージに対してスモッグが与えたダメージはそれ以上に大きい」のであって、この点について上述の岡崎氏は「環境汚染対策面での日本の教訓・政策・技術・経験が中国の問題解決のお役に立てば」と述べています。

1998
1999
2000
2001
2002
2003
2004
2005
2006
2007
2008
2009
2010
2011
2012
2013
2014
2015
2016
2017
2018
2019
2020
2021
2022
2023

318国道——一条与梦想同行之路

318国道，从上海人民广场到西藏友谊桥，东西绵延5476公里，与神秘的北纬30度线齐头并进，跨过千山万水，横穿八个省市、自治区。她是中国最长的东西干道，也是中华各民族依路而生的生命线。

陈迅远，上海人，曾是公司白领，却因"不安分"现实生活，辞去工作，和朋友一起骑车去了拉萨。五年后，回上海，这次他要带着女友瑶瑶去拉萨闯荡。尽管瑶瑶的母亲百般反对，两人还是踏上了开往西藏的列车。

两年前，刚满16岁的江东冬像中国无数的乡里孩子一样出门打工，沿着318国道一路走到上海。现在，江东冬经常开车跑318国道，往返于上海和家乡，他期待着自己进的货能在上海卖个好价钱。

江智民，成都人，歌手，拥有自己的乐队和酒吧。在这个平凡人都能当明星的时代，交往七年的女友在一次电视台选秀会上获得成功，于是跟他分手。伤心之余，江智民骑车踏上318国道，直奔拉萨。

西藏，318国道在这里穿越鲁朗林海。16岁的巴桑拉姆一家住在林海边。巴桑拉姆已经能代父亲去巡山了。父亲常对她说，山是给他们生活带来恩惠的地方。

这些故事，都来自一部名叫《国道318——与梦想同行》的电视纪录片，共四集。上海广播电视台于2009年起开始拍摄，从上海出发，一路西行，历时一年，既介绍沿途一年四季的人文景观，还记录了依路而生的普通中国人的故事。

国道318号——夢を運ぶ1本の道

国道318号線は上海の人民広場からチベットの友誼橋まで東西5476キロに及び、神秘的な北緯30度線とほぼ並行し、多くの山河を超え、八つの省、市、自治区を横貫しています。それは中国最長の東西幹線道路で、中華各民族が生活の命綱とも頼る生命線なのです。

陳迅遠さんは上海出身で、かつては企業で働くホワイトカラーでしたが、現実の生活に甘んじることをよしとせず、仕事をやめて友人とともにバイクに乗ってラサへ行きました。5年後に上海に戻ると、今度はガールフレンドの瑤瑤を連れてラサにいき、新しい人生を切り開こうとしました。瑤瑤の両親は何とかして止めようとしましたが、それでもなお2人はチベットへの列車に乗り込んだのです。

2年前、16歳になったばかりの江東冬さんは中国の無数の農村の子供たちと同様に出稼ぎに出て、318号線に沿って一路上海にやってきました。今、彼はいつも車で318号線を突っ走り、上海と故郷を往復しています。自分が仕入れた品が上海でいい値段で売れるよう期待しているのです。

江智民さんは成都の人。歌手で、自分のバンドとバーを持っています。一般人でもスターになれるこの時代、7年間付き合っていた彼女が、あるテレビ局のアイドル誕生番組で認められ、それで彼と別れてしまいました。傷ついたあまり、彼は318号線をバイクで飛ばし、一気にラサまでやってきたのです。

チベット、318号線はここでルーラン林海を通り抜けます。16歳のパサンラムさん一家はこの林海の一角に住んでいます。彼女はもうお父さんに代わって山を巡るようになりました。お父さんはいつも彼女に、山は彼らの生活に恵みをもたらすところなんだ、と言って聞かせています。

これらのエピソードはいずれも『国道318号線—夢ともに』というテレビドキュメンタリー全4集から採ったものです。上海放送局は2009年からこの撮影を開始し、上海から一路西へ、1年かけて沿道の四季折々の文化や景観を紹介するとともに、そこで暮らしを立てている中国庶民のエピソードをも記録したのです。

1998
1999
2000
2001
2002
2003
2004
2005
2006
2007
2008
2009
2010
2011
2012
2013
2014
2015
2016
2017
2018
2019
2020
2021
2022
2023

2015年度版
時事中国語の教科書
中国梦
三潴正道・陳祖蓓

朝日出版社

※本テキストには **T1** ～ **T4** を掲載しています。

225

2015　まえがき

　『時事中国語の教科書』は毎年出版され、過去1年間の出来事を様々な角度から紹介するもので、2015年でシリーズ19冊目になります。

　さて、中国は今、五つの大転換に直面しています。まず第1に経済構造の転換です。従来の発展途上国型経済構造から中進国、さらに先進国へ向けた構造転換はなかなか容易なことではありません。俗に言う「中進国の罠」に陥らないように、先進地域はどうやって高度なモノづくりやサービス産業へ転換するか、従来型の製造業を中西部にどう順調に移転するか、生態地区はその自然を維持しつつどうやって生活の向上を図るか、それぞれの労働力をどう確保するのか、均等な社会保障を実現できるのか、下支えとなる財源の確保と金融サービス網をどう整備するのか、いずれもが大きなテーマであり、しばらくは踊り場的経済状況が続くでしょう。GDPの成長率の鈍化といったその数字だけを取り上げて、中国経済の前途を極端に悲観的にみるネガティブな言論も盛んですが、こういったプロセスと経済の実態はよく見極めなければなりません。

　第2は人口構造の問題です。一人っ子政策がより一層緩和され、ルイス転換点を超えたと言われる労働力の確保が図られるようになりました。この政策によって、人口動態がどう変化するのか、高齢化社会の進行、老人のケア問題と平行して注意深い観察が必要です。

　第3は都市と農村構造の問題です。都市化は国内消費喚起の切り札であり、農村と都市の格差是正に絡む重点政策でもありますが、その手法を巡ってここ2年余り、熱い論議が行われました。論点の中心は、「土地の都市化」からいかに「人を中心とした都市化」へ方向転換するかであり、また、都市化における政府の役割、市場化する中での企業の役割、そしてそこに住む人の役割をどう考えるかも重要な論点になっています。都市化については、各地方における中心的都市群の形成が交通インフラの整備とともに続々と姿を現し、物流地図を塗り替えつつあることも見落としてはなりません。

　第4は家族や地域構造の変化です。都会のマンション暮らしは核家族化を生み、中国の長い歴史で構成されてきた大家族制を中心とした社会構造が深層から変化しています。また、地域社会も農村型・長屋式助け合いが崩壊し、"社区"と呼ばれる新たな地域社会の構築にその役割を託そう、という動きが加速しています。

　最後がメディアの問題です。共産党政権による言論統制はフェイスブック使用の問題にも見られるように、依然厳しいものがあります。中国は今、経済の国際化を

進め、為替の自由化、金利の自由化、資本の自由化に邁進していますが、自由な情報のやり取りの制限が続けば、経済の国際化もいつか壁にぶち当たります。

　習近平氏はすでに国家主席、党総書記、中央軍事委員会主席、中央国家安全委員会・改革全面深化指導小組・中央インターネット安全指導小組のトップを兼ね、着々と主導権を確立していますが、それゆえに、今後のかじ取りには重い責任を負うことになる、とも言えましょう。

平成26年秋　著者

连接亚欧大陆的新丝绸之路

　　两千年前，西汉武帝时，张骞带领一班人马首次开拓了丝绸之路。东汉时的班超再次打通并延伸了这条道路，直至欧洲。此后，珠宝、丝绸、美玉沿着这条尘土飞扬的丝绸之路被源源不断送往欧洲。

　　2013年5月，成都与波兰中心城市罗兹的货物铁路正式启动。这条铁路全长1万公里，运输时间为14天。同年8月2日，从郑州出发的货车首次抵达德国汉堡。全程1万200公里，历时15天。德国铁路公司总裁格鲁比在欢迎仪式上说，相对水路运输快了一半的时间，对我们的客户来说是一大福音。

　　欧盟从2005年起，就一直是中国最大的贸易伙伴，而中国也在2011年成为欧盟的最大贸易伙伴。随着港口变得拥挤，交货时间变得越发重要，双方再度把目光投向贯穿亚洲的古老陆路线路。当然，新丝绸之路是由钢铁建造的。从成都出发的列车，至西部地区新疆，并经过阿拉山口进入哈萨克斯坦，开往俄罗斯、白俄罗斯和波兰，最终还将到达德国。

　　2014年6月22日在卡塔尔多哈进行的第38届世界遗产大会宣布，中国、哈萨克斯坦、吉尔吉斯斯坦三国联合申报的丝绸之路成功申报世界文化遗产，成为首例跨国合作、成功申遗的项目。

　　2014年8月，从西安出发的丝绸之路"长安号"豪华专列旅游线开始运行，预计2015年，包括哈萨克斯坦、吉尔吉斯斯坦在内的全线丝绸之路线路将与游客见面。不久的将来，一条名符其实的新丝绸之路将横空出世。

ユーラシア大陸を結ぶ新シルクロード

　2000年前、前漢の武帝の時代に、張騫は人馬を率いて初めてシルクロードを切り開きました。後漢の班超はこの道を復活させ、かつヨーロッパへと延長しました。その後、宝石・絹織物・珠玉などが、砂ぼこりが立つこのシルクロードに沿って絶え間なくヨーロッパへ運ばれていきました。

　2013年5月、成都とポーランドの中心都市ウッチを結ぶ貨物輸送鉄道が正式にスタートしました。この鉄道は全長1万キロ、輸送時間は14日です。同年8月2日には、鄭州を出発した貨車が初めてドイツのハンブルクに到着しました。全長1万200キロ、所要時間は15日間、ドイツ鉄道のグルーベ会長は歓迎セレモニーで、「水上輸送に比べ、時間を半分短縮したことは、顧客にとって大きな福音です」と語りました。

　EUは2005年以降、ずっと中国にとって最大の貿易パートナーでしたが、中国も2011年にはEUの最大の貿易パートナーになりました。港の混雑が増すとともに、荷物の引き渡し時間がますます重要になり、双方はアジアを貫く古い陸路に再度目を向けるようになりました。当然のことながら、新しいシルクロードは鉄製です。成都を出発した列車は西部の新疆に至り、更にアラ峠を越えてカザフスタンに入り、ロシア・ベラルーシ・ポーランドへと向かって、最後にドイツにたどり着くことになります。

　2014年6月22日、カタールのドーハで行われた第38回世界遺産委員会は、中国・カザフスタン・キルギス三国が合同申請したシルクロードが、首尾よく世界遺産に登録されたことを宣言し、国際協力によって世界遺産登録に成功した初のケースとなりました。

　2014年8月、西安から出発する長安号シルクロード豪華専用観光ルートが営業を始め、2015年には、カザフスタンとキルギスを含むシルクロード全線が観光客に供されます。近い将来、名実ともに備わった新シルクロードが華々しく登場することでしょう。

1998
1999
2000
2001
2002
2003
2004
2005
2006
2007
2008
2009
2010
2011
2012
2013
2014
2015
2016
2017
2018
2019
2020
2021
2022
2023

你不得不知道的中国智能手机

2014年3月底，国家主席习近平和夫人在德国观看中德少年足球友谊赛的时候，夫人彭丽媛使用智能手机拍照。"手机达人"很快指出，彭丽媛使用的是"努比亚Z5迷你"，由中兴生产，售价在人民币1499元起。中兴成立于1985年，是中国最大的通信设备上市公司，全球第四大手机生产制造商。

而华为则是中兴的最大竞争对手。2014年6月中旬，华为在伦敦发表了当时世界上最薄的智能手机——"荣耀P6"，报价1899元。同年上半年，华为手机的销售量达3427万台，仅次于三星和苹果，位居世界第三。

在欧美市场，中兴和华为早已引人注目。美国众议院在2012年10月发布的报告中称，中兴和华为对美国国家安全构成威胁，以至于这两家公司在接受了长达一年的调查后，于2013年9月被要求在美众院听证会上提供证词。

2014年2月中旬，台湾国民党荣誉主席连战访问北京时，大陆方面赠送给他两部小米手机。手机背后刻着"两岸联手，赚世界的钱。"小米被看作是中国版iPhone，公司虽然成立不过四年，如今已经是中国智能手机市场上最畅销的品牌之一，它的功能不亚于苹果，而售价仅为1999元。

另外不得不提的还有"锤子"手机，它的意思是："如果你喜欢锤子，那就去用它，如果你讨厌锤子，那就把它砸了！""G'FIVE"基伍自2008年成立以来，只在国外市场销售，全球排名第九。走亲民路线的酷派则以299元起的超低价格获得中国百姓青睐。现在，中国的智能手机可以说是全球竞争最激烈的市场，而不是之一。

中国スマホ、知らないとは言わせない

2014年3月末、習近平国家主席夫妻がドイツで中独少年サッカー友好試合を観戦したとき、彭麗媛夫人がスマホで写真を撮りました。スマホマニアはすぐさま、それが「ヌビアZ5ミニ」であること、中興通訊製で価格は1499元以上することを指摘しました。同社は1985年創業で、中国最大の通信設備上場企業であり、世界第4位の携帯電話メーカーです。

一方、華為は中興の最大のライバルで、2014年6月中旬、ロンドンで当時世界で最も薄いスマホ「Ascend D quad P6」を発表、値段は1899元です。同年上半期、華為の携帯の販売台数は3427万台に達し、サムソンやアップルに次いで世界第3位となりました。

欧米市場で中興と華為は早くから注目を集めていました。アメリカ下院は2012年10月に公開した報告の中で、中興と華為はアメリカの安全にとって脅威である、と述べ、その結果、両社は1年にも及ぶ調査を受けた後、2013年9月には下院の公聴会で証言するよう求められました。

2014年2月中旬、台湾の連戦国民党栄誉主席が北京を訪問したとき、大陸側はシャオミの携帯を2台プレゼントしました。その携帯の裏には、「両岸が手を携え、世界で稼ごう」と刻まれていました。シャオミは中国版iPhoneと見なされており、創業してまだ4年ですが、今ではすでに中国スマホ市場で最も売れているブランドの一つになっています。その機能はアップルに遜色なく、しかも値段はわずか1999元です。

その他、取り上げないわけにはいかないのが「ハンマースマホ」（錘子科技社のスマホ）。そのコンセプトは、「もしあなたが"錘子"（ハンマー）好きなら、これを使おう。もし"錘子"（ハンマー）が嫌いならぶっ壊せ」。ジーファイブは2008年創立以来、国外市場でのみ販売し、世界第9位にランクされています。庶民派のCoolpadは299元からという超低価格で庶民に人気。現在、中国におけるスマホは、他の追随を許さない、世界で最も熾烈な市場と言えましょう。

说说90后创业者的那些事

90后是当今中国的特殊群体，他们伴随着丰富的物质和互联网长大，他们中的很多人已经对"正式工作"不屑一顾。

"脸萌"，2013年底上线，到2014年6月下载量已超过3000万。这是一款拼脸软件，用户可以利用软件里的发型、五官、背景，轻松制作自己的卡通形象，也可以把自己制作的形象印到T恤或马克杯上。脸萌团队九人中八个是90后，都喜欢日本动漫《海贼王》，用动漫创业，对他们来说，是件非常自然的事情。

北大法律系硕士毕业的张天一和三个伙伴一起在北京开了一家常德米粉店。一直想吃地道的家乡口味的张天一，一次偶然看到一个介绍日本的寿司之神小野二郎的节目，于是开始了自己的米粉店。他毫不掩饰地说，自己的理想就是要像小野那样，"经营一种生活方式"。

92年出生的尹桑，大二时从美国宾利商学院辍学回国经商。原因是那年回到家乡南京时，对KTV的歌单十年不变产生了疑问。尹桑决定开发全新的KTV智能点歌软件，直至改变了KTV上下游产业链。在22岁前，他已经开了三家公司。"当70后80后还在追求物质时，90后的刚需已经变成网络社交和娱乐。"尹桑说。

虽然这样的90后不是全部，但也不是少数。90后更在意的是"我"，而不是"我们"。在他们眼里，世界是"平"的，这个"平"是互联网带来的信息平等，也是人与人之间的平等，所以，他们更愿意把自己的创业看成只是正常行为而已。

90年代生まれの起業者あれこれ

90年代生まれは現代中国の特殊なクラスターで、彼らは豊かな物質やインターネットと共に成長し、その多くが正規の仕事には見向きもしなくなっています。

「MYOTee」が2013年末にネット上で公開されるや、2014年6月までのダウンロード回数はすでに3000万回を超えました。このアプリは似顔絵アバターソフトで、ユーザーはソフトにある髪型・顔だち・背景を使って自分なりのアニメキャラクターを簡単に製作でき、またそのキャラクターをTシャツやマグカップにプリントすることもできます。「MYOTee」チームの9人中8人は90年代生まれ、みんな日本の漫画『ワンピース』のファンで、アニメでの起業は彼らにとって極めて自然なことだったのです。

北京大学法学部修士課程を卒業した張天一さんは3人の仲間と共に北京で常徳ビーフン店を開業しました。ずっと本当の故郷の味を口にしたいと思っていた張天一さんは、あるときたまたま日本の寿司の神様小野二郎さんを紹介した番組を見て、自分のビーフン店を開くことにしたのです。彼は率直に言いました。「私の理想は小野さんのように生きざまを商うことです」

92年生まれの尹桑さんは、大学2年生のときにアメリカのベントレー大学を中退して帰国し商売を始めました。その動機は、その年に故郷の南京へ帰ったとき、KTVの選曲リストが十年一律であることに違和感を覚えたからです。尹桑さんは全く新しいKTVスマート選曲ソフトを開発することにし、KTVの川上川下産業チェーンを変えてしまうまでに至りました。22歳前に彼はすでに三つの会社を興しています。「70年代生まれ、80年代生まれが依然として物質を追い求めているときに、90年代生まれの確たる需要はもうソーシャルネットワークやアミューズメントに変化しているのです」と尹桑さんは言います。

彼のような人間が90年代生まれの全てだというわけではありませんが、少数でもありません。90年代生まれがよりこだわるのは「自分」で、「自分たち」ではないのです。彼らの眼から見ると、世界は「分け隔てがない」もので、それはネットがもたらした情報の平等であり、人と人との間の平等でもあります。それゆえ、彼らはなおいっそう自分の起業をごく正常な行動にすぎないとみなしたいのです。

1998
1999
2000
2001
2002
2003
2004
2005
2006
2007
2008
2009
2010
2011
2012
2013
2014
2015
2016
2017
2018
2019
2020
2021
2022
2023

让大运河再活两千年

2014年6月22日，在卡塔尔多哈进行的第38届世界遗产大会宣布，中国大运河申遗成功。大运河遗产分布在两个直辖市和六个省。

大运河，又名京杭大运河，是世界上最古老的运河，已有2500多年的历史。其中最古老的一段在今天的扬州，开凿于春秋末期——公元前486年。610年隋炀帝时代，运河修到了杭州。大运河也是全世界最长的人工河，1293年全线通航时，长达2000多公里。民间曾流传，"故宫的金砖都是从大运河运过去的。"可以说这是一条中国古代南北交通的大动脉。目前剩下的水道也超过1000公里，依然有500万人生活在大运河沿岸。

然而，一直到上世纪末，很多地方的古河道被填埋；沿用了上千年、还留有缆绳印痕的石柱被废弃；两个城市之间的河道无人管理，堆满了垃圾；有的河道还被开发成了楼盘景观。为了保护古街、古河道，一些地区的文化考古工作者甚至还和地方政府发生过激烈争论。

为了保护大运河，扬州、杭州等沿河大城市于2008年提出了申遗计划，并开始了积极行动。杭州建起了运河博物馆，疏通了河道，还增加了两岸绿化。而运河的发祥地——扬州则重新整修了沿河古巷——东关街，使之成了扬州的新地标。

大运河是中国古代劳动人民修建的一项伟大的水利建筑，纵贯中国最富饶的华北大平原。如何让大运河再活两千年？杭州的一位申遗负责人说了一句令人首肯的话："保护运河，只有逗号，没有句号。"

大運河を2000年後にも伝えよう！

1998
1999
2000
2001
2002
2003
2004
2005
2006
2007
2008
2009
2010
2011
2012
2013
2014
2015
2016
2017
2018
2019
2020
2021
2022
2023

　2014年6月22日、カタールのドーハで開催された第38回世界遺産委員会は、中国の大運河が世界遺産に登録されたことを宣言しました。大運河遺産は、二つの直轄市、六つの省に跨ります。

　大運河は京杭大運河とも言い、世界最古の運河で、2500年あまりの歴史があります。中でも最も古い部分は今日の揚州にあり、春秋時代末期、紀元前486年に開鑿が始まったものです。610年、隋の煬帝の時代に運河は杭州まで延長されました。大運河はまた、世界最長の人工の河でもあります。1293年に全線が開通したとき、その長さは2000キロあまりに達していました。民間の言い伝えでは「故宮の金の瓦は全て大運河を通って運ばれた」とのこと。まさに古代における中国南北交通の大動脈だったと言えましょう。現存している部分だけでも1000キロを超え、今なお500万人の人が大運河沿いに生活しているのです。

　しかしながら、20世紀末になると、多くの地方の古い河道が埋め立てられ、千年にも渡って使用されてきた、なおロープの跡が残っている石の杭も廃棄されました。都市と都市の間の河道は管理する者がなくゴミで埋まり、開発されて分譲住宅になってしまった河道もありました。由緒ある街並みや昔の河道を保護するために、一部の地域の文化考古従事者は地方政府と激しい論争さえ交わしました。

　大運河を保護するために、揚州・杭州など運河沿いの大都市は2008年に世界遺産登録申請計画を打ち出し、積極的な活動を始めました。杭州市は運河博物館の建設を始め、河道を復活させ、さらに両岸の緑化を行いました。一方、運河発祥の地、揚州は運河沿いの古い街並み、東関街を再整備して、揚州の新しいシンボルにしました。

　大運河は中国古代の労働人民が建設した偉大な水利建設であり、中国で最も豊かな華北大平原を縦貫しています。この大運河をどうやって未来の2000年に継承していくのでしょうか。杭州のある申請担当者の言葉、「運河の保護には、ピリオドがなく、カンマしかない」はまさに至言と言えましょう。

―新常态―

2016年度版
時事中国語の教科書
新常态

三潴正道・陳祖蓓

朝日出版社

1998
1999
2000
2001
2002
2003
2004
2005
2006
2007
2008
2009
2010
2011
2012
2013
2014
2015
2016
2017
2018
2019
2020
2021
2022
2023

237

2016　まえがき

　『時事中国語の教科書』は毎年出版され、過去1年間の出来事を様々な角度から紹介するもので、2016年でシリーズ20冊目になります。

　さて、2015年の中国は政治的にも経済的にも社会的にもきわめて重要な転換点に差し掛かっています。2012年に党総書記に就任した習近平は反腐敗を旗印に強力な整風運動を展開、権力の掌握に成功し、軍もほぼ手中に収めました。当面の目標は2017年の党大会で、常識的には2022年に行われるであろう後継人事を踏まえていかにして意中の人物を政治局常務委員に送り込み、バトンタッチに持ち込むかが最大の課題になっています。

　このような事情と密接に絡むのが経済的局面です。もし、2015年で終了する第12次5カ年計画の結果が予想を裏切り、それによって第13次5カ年計画初年度の2016年の結果が目標を下回り、経済的社会的混乱に繋がれば、反対派からの風圧は勢いを増し、2017年の人事にも影響します。したがって、2015年、2016年の経済運営に失敗は許されないのです。

　ところが、中国の経済は、周知のごとくGDPの成長率が7％（実際は5％以下？）前後にスローダウンしています。もちろん、7％でもその分母を考えれば驚異的な数字ですが、問題は、産業構造の転換の遅れ、高度成長の持続をあてこんだ過剰な設備投資と在庫の増加、最低賃金が2000元を突破し始めた人件費、市場化国際化促進を阻む情報統制などの解決が可能か、ということです。2008年のリーマンショック後の4兆元経済対策で肥大化した国有企業問題はつとに指摘されていますが、重要産業分野を独占し、各有力者が牛耳る状況の是正はまさに焦眉の急。その意味では、習政権が反腐敗を進めて鉄道部や石油産業、通信産業分野などの牙城を突き崩していることは理に適っていると言えましょう。

　習近平は就任当初から「一帯一路」政策を進め、陸のシルクロードと海のシルクロードを周辺諸国とともに発展させる構想を打ち出し、この動きと連動して、中国主導の国際的金融システムの構築を目指し、世銀やIMFに替わるBRICS開発銀行と緊急用外貨準備共同基金の設立、アジア開銀に対抗したアジアインフラ投資銀行（AIIB）の発足、さらにシルクロード経済圏構想実現へ向けたシルクロード基金の創設を宣言しています。ユーラシア大陸を中華経済圏に抱き込むとともに、当面は、生産過剰に陥っている鉄鋼やセメントなどのはけ口にも利用しよう、という意図が透けて見えます。

　経済構造転換推進のため、政府は起業を奨励、イノベーションと尖端技術の産業

化を強力に進めるとともに、「インターネット＋」をスローガンに様々な分野での革新を模索しています。また、〈全国主体機能区計画〉に基づく地域別発展戦略として、京津冀経済圏、長江経済帯、長江中流都市圏、成渝西昆菱形経済圏といった新しい概念も打ち出されています。中小企業の育成を主眼とした商工登録制度の簡素化も進み、民間活力の導入が急ピッチです。昨今の上海株式市場の株価急落とそれに伴う世界同時株安は、確かに中国の抱える問題を顕在化させましたが、それを以て中国の先行きに悲観的な見方のみを強調すると、かえって事態の本質を見誤ることにも繋がりかねません。

平成27年秋　著者

中国游客买爆日本

2015 年春节，中国人把"买买买"的精神带到了日本。据日本媒体报道，2015 年春节的十天里，有 45 万中国游客，在日本消费了近 60 亿元人民币，从保温杯到名牌包，不少商场货架被扫荡一空。

"我以为就是帮他取个包裹，到了取货地点，才发现竟是一个小型集装箱。我当时都傻眼了。"白领徐栋说，春节过后，朋友让他帮忙到机场附近去取货。到了取货地点，徐栋才发现，这些东西至少需要一辆小货车或面包车。

上海市民刘先生一家也在春节去了日本。他在东京的秋叶原商场看到中国游客狂购日本"四大宝"：保温杯、陶瓷刀、马桶圈和电饭煲。他还对比了价格，普遍来说，日本商品在日本的售价还是比国内便宜了近 1/3，尤其是一些比较高端的东西就更便宜了。

为什么会有这么多中国游客去日本旅游，并且大量购物呢？据业内人士分析，主要有以下几个因素：一是日元贬值；二是签证条件的放宽。

当然，中国游客买爆的不仅是日本，其庞大的消费力量还影响着其他国家。德国的婴儿奶粉，韩国的化妆品，美国的名牌时装，泰国的天然乳胶枕头，都是中国游客的首选。

虽然很多商品都是中国制造，但是中国人觉得，那是外国企业在中国制造的，中国国内买不到。另一个方面，在外国买东西，对富裕起来的中国人来说，还有一个传统的面子观念和盲目的从众心理在做祟。

中国観光客、日本で爆買い

　2015年の旧正月、中国人が「買いまくり精神」を日本に持ち込みました。日本メディアの報道によると、2015年の旧正月10日間で、45万人の中国人観光客が日本で60億元近いお金を使い、保温タンブラーからブランドバッグに至るまで、多くのショッピングセンターの陳列棚をがらんどうにしてしまいました。

　「荷物を代わりに受け取ってやろうと思って受け取り所に行ったら、なんと小型のコンテナ1個ですよ。そのときには目が点になりました」。ホワイトカラーの徐棟さんによれば、旧正月が終わってから友人に頼まれ、代わりに空港近くに荷物を引き取りに行きましたが、引き取り所に行って初めて、少なくとも小型トラック1両か、あるいはワゴン車が1台必要なことが分かった、とのこと。

　上海市民の劉さん一家も旧正月に日本へ行きました。彼が東京、秋葉原の売り場で目にしたのは、日本4大お目当て品である保温タンブラー、セラミック包丁、機能付き便座、炊飯器を買いまくる中国人観光客の姿。さらに値段を比べてみると、一般的に言って日本の商品は日本での価格が中国国内よりやはり3分の1近く安い。とりわけ、比較的高級な一部の品はもっと安くなっています。

　どうしてこんなに多くの中国人観光客が日本に出向き、大量に買い物をするのでしょう。業界筋の分析によれば、いくつかの要素、円安やビザ条件の緩和によるものだ、とのこと。

　もちろん、中国人観光客の爆買いは日本に限ったことではなく、その厖大な消費パワーは他の国々にも波及しています。ドイツの赤ちゃん用粉ミルク、韓国の化粧品、アメリカのブランドファッション、タイの天然ゴム製まくらは、いずれも彼らにとって一押しの品です。

　多くの商品がメイドインチャイナではあるけれども、中国人は、それらは外国企業が中国で作ったものであり、中国国内では買えない、と思っています。また、それとは別に、外国で買い物をする、というのは豊かになり始めた中国人にとって、メンツを重んじる伝統的な考え方と、付和雷同する群集心理のなせる業でもあるのです。

越来越多中国人不生孩子

　　魏嘉，七岁前是中国家庭典型的独生子。他喜欢骑自行车和收集跟汽车有关的东西；喜欢打羽毛球，每周去练习两次；还有英语课等各种学习班。但是，七岁以后，他有了一个小弟弟。

　　中国政府在2013年1月，正式放宽了独生子女政策，魏嘉的父母就利用了这项新政。新政规定，夫妻中只要有一方是独生子女，就能生二孩。政府部门估计，将有1100万对夫妇会申请生二孩，第一年就可能有200万对夫妇提出申请。而事实上，到2014年底，申请二孩的家庭还不到110万个。

　　政府调整计划生育政策，主要原因是老龄化问题。2012年，中国的劳动力大军50年来首次收缩。但是，专家们认为，这个调整来得太晚，在大城市，女性的生育率已经属于全世界最低之列，只有一个左右。

　　据上海市统计，目前上海进入婚育年龄的女性中，有90%都符合生二孩的政策，但是申请二孩的比例还不足5%。从怀胎到哺乳，至少需要一年半时间，对女性来说，无论事业还是生活，都需要牺牲更多。

　　另一方面，良好的教育和医疗费用越来越昂贵，上述的魏嘉小朋友的教育费用就占了父母收入的15%。很多年轻人大呼，"我连自己都养不起！"、"生两个孩子？我想都不能想！"

「子供はもういらない」が増加

　魏嘉ちゃんは、7歳になるまでは中国人家庭の典型的な一人っ子でした。自転車に乗るのと自動車関連グッズを集めるのが好き、バドミントンも好きで週2回練習に行き、さらに英語などいろいろな習い事もしていました。でも、7歳になると弟ができました。

　中国政府は、2013年1月、一人っ子政策を正式に緩和、魏嘉ちゃんの両親はすぐさまこの新しい政策を活用したのです。夫婦のどちらか一方が一人っ子でありさえすれば、2人目を生んでも良く、政府の推計では、1100万組の夫婦が第二子を申請すると見られ、初年度は200万組になるだろうとのことでした。ところが実際は2014年末時点で第二子を申請した家庭は110万戸にも達しませんでした。

　政府が計画出産政策に調整を加えた主な原因は高齢化問題で、2012年、中国の膨大な労働力がここ50年来で初めて縮小したのです。しかし、専門家によれば、この調整は遅きに失し、大都市では女性の出産率がたった1人前後と、すでに世界の最低レベルになっています。

　上海市の統計によると、目下、同市で結婚出産年齢に達した女性のうち90%が第2子出産政策の資格を有しているにもかかわらず、申請をした割合は5%にも達していません。妊娠してから授乳するまでの期間は少なくとも1年半必要で、女性にとっては仕事の面でも生活の面でもさらなる犠牲を強いられるのです。

　他方、良い教育や医療にかかる費用はますます高くなり、上述の魏嘉ちゃんの教育費用だけで両親の収入の15%を占めます。多くの若者が、「自分自身も養えやしない！」「子供を2人育てるだって？ とても考えられないね！」と声高に叫んでいます。

五千年来的厕所革命

"我们能够把人送到外太空，为什么直到今天还解决不了小小的厕所问题呢？"说这句话的是国家旅游局局长李金早。他在2015年5月发表的文章《旅游要发展，厕所要革命》中还提到："一位游客不会因为某地的厕所好才去旅游，但是他（她）很可能会由于某地厕所令人恶心而不愿再去那里旅游。"

很多外国游客不敢多吃不敢多喝，就是怕"方便"。如厕遇到的一幕幕恐怖的景象，让很多来华旅游的外国人终生难忘。然而，观光地的厕所问题，其实跟中国人的传统卫生观念有关。几千年来，我们的传统文化只谈美味佳肴，却把厕所看作是不登大雅之堂的地方。

山西盂县农民张栓龙至今还记得，几年前儿子娶了城里媳妇，回老家办喜事，正好是夏天，家里厕所味道重、蚊蝇多，"吓得城里来的媳妇哭得都不敢进去"。厕所问题，其实也是中国城乡差别的一大问题。

近年来，政府层面越来越重视农村的厕所革命。2015年7月，国家主席习近平考察吉林延边，了解到一些村民还在使用传统旱厕时指出，新农村建设要来个"厕所革命"，要让农村用上卫生厕所。

上厕所，在中国人的口语中被称为"去方便"，但是"方便"时不方便，却绝非小事。"厕所革命"是一场由上及下的革命，这也意味着成功的保证。在有着五千年文明和丰富饮食文化的中国，这个不登大雅之堂的话题也许是史上第一次成为正题。

有史以来のトイレ革命

「我々は人間を宇宙へ送り出すことができるのに、なぜ、今なお、些細なトイレ問題を解決できないのだろう」。こう述べるのは国家観光局の李金早局長。李局長は2015年5月に発表した「観光は発展を、トイレは革命を」という一文の中でさらに「トイレがいいからその場所へ行くという観光客はありえないが、トイレで気分が悪くなるから二度とそこへは観光に行きたくないということは大いにあり得る」と綴っています。

多くの外国人観光客が飲食を控えめにするのはトイレに行くのが怖いからです。用を足しに行って出くわす、おののくような一つ一つのシーンは、中国を訪れる多くの外国人観光客の頭に生涯こびりついて離れません。しかし、観光地のトイレ問題は、実は中国人の伝統的な衛生観念と関わりがあるのです。数千年にわたり、中国の伝統文化は御馳走ばかりあげつらい、トイレははばかられる場所と見なされていたのです。

山西省孟県の農民、張栓竜さんは今でも覚えています。数年前に息子が都会の嫁さんをもらい、故郷に戻って結婚式を挙げることになりました。季節はちょうど夏の盛り、家のトイレは臭いがきつく、ハエやカがいっぱいいて、都会育ちの嫁さんはびっくりして泣き出し、入るに入れませんでした。トイレの問題というのは、実は中国の都市と農村の格差という大問題でもあるのです。

近年、政府レベルで農村のトイレ改革がますます重視されるようになりました。2015年7月、習近平国家主席は吉林省延辺自治州を視察して、一部の農民が依然として汲み取り式トイレを使っていることを知り、「新農村建設にはトイレ革命が必要だ、農村が衛生的なトイレを使えるようにしなければならない」と指摘しました。

トイレに行くことは、中国語の話し言葉では "去方便" と表現されます。でも、"方便"（用を足す）のに "不方便"（不便）であることは決して些細なことではありません。今回のトイレ革命はトップダウンによるもので、それはこの革命が成功する保証でもあります。五千年の文明と豊かな飲食文化を有する中国において、もしかしたらこのはばかられるテーマが初めて首尾よく正面から取り上げられることになるのかもしれません。

1998
1999
2000
2001
2002
2003
2004
2005
2006
2007
2008
2009
2010
2011
2012
2013
2014
2015
2016
2017
2018
2019
2020
2021
2022
2023

中国供暖分界线引争议

冬天来了，你所在地方有供暖服务吗？

每年11月15日，北方地区集中供暖，工厂烧起锅炉，居民开始享受温暖，而南方居民却没有这份福气。难道南方就不会很寒冷吗？

在毛泽东故乡湖南韶山长大的谭女士，仍记得冬天走进家门时的感觉：冷。她说"我们老家的人总是说，冬天的家里比外面还冷，回到家里就得穿上更保暖的衣服。"

中国的供暖分界线位于北纬33度附近的秦岭和淮河一带。上世纪50年代，当时的政府由于财政有困难，再加上南方冬季较短，所以就采用了"一刀切"的方法。事实上，1月份，南京、上海、杭州一带的气温可降至零下5度，12月至次年2月的平均气温为7度左右。但政府近60年前划定的一条关键分界线，已将中国分为冬天是否集中供暖的"两重天"。

上述的谭女士的老家韶山也位于"不供暖"的一侧。谭女士2004年开始定居北京，她表示，不愿在冬天回老家。尽管韶山的室外温度也许高于北京，但她仍然无法忍受当地可降至10度以下的"室温"。她说，"我只能每两年与父母过一次年，每次只能团聚两三天，实在忍受不了老家的室内'寒冬'。"

随着中国经济增长，中国民众生活水平的改善，近年来，南北分界线越来越被视为是"时代错误"，已经"不合时宜"。

1998
1999
2000
2001
2002
2003
2004
2005
2006
2007
2008
2009
2010
2011
2012
2013
2014
2015
2016
2017
2018
2019
2020
2021
2022
2023

暖房供給境界線で議論

冬がやってきました。あなたがいる地域は暖房供給サービスがありますか。

　毎年11月15日になると、北方地域は暖房を集中供給し、工場はボイラーに火入れをし、住民たちは温かさの恩恵に浴し始めますが、南方の住民にはこの恩恵がありません。南方が寒くないというわけでもないでしょうに。

　毛沢東の故郷、湖南省韶山で育った譚さんは今でも冬に家の門をくぐったときの寒さを覚えています。「故郷の人たちは、冬の室内は外より寒い、といつも言っていました。家に帰るとすぐにもっと暖かい服に着替えなくてはなりません」と彼女は言います。

　中国の暖房供給境界線は北緯33度付近にある秦嶺山脈と淮河一帯です。1950年代、政府は財政難で、また、南方は冬が比較的短いため、一律に線引きする方法を講じました。実際は、1月頃の南京・上海・杭州一帯の気温は零下5度に下がることもあり、12月から翌年2月までの平均気温は7度前後ですが、政府が60年近く前に画定した1本の重要境界線が中国を、冬に集中暖房があるかないか、という異なる世界に分けてしまったのです。

　上述の譚さんの故郷、韶山も暖房を供給しない側に位置しています。彼女は2004年から北京に定住していますが、冬には故郷に帰りたくない、と言います。韶山の室外温度は多分北京より高いはずですが、それでも彼女は現地の10度以下に下がることもある室温には耐えられないのです。「2年に1回両親と年越しするのが精いっぱいです。毎回2、3日間を共に過ごすのが限度、故郷の室内の寒さは本当に耐えがたいんです」

　中国の経済成長、民衆の生活レベルの改善に伴い、近年、南北境界線は時代錯誤で、もう時代遅れになっている、とますます見なされるようになっています。

2017年度

─ 互联网＋ ─

時事中国語の教科書

─── 互联网＋ ───

2017年度版

三潴正道 ｜ 陳祖蓓

朝日出版社

249

2017　まえがき

『時事中国語の教科書』は毎年出版され、過去1年間の出来事を様々な角度から紹介するもので、2017年でシリーズ21冊目になります。

さて、2017年の中国はどこへ向かおうとしているのでしょうか。この教科書が出版される2017年春は、まさに秋に開かれる5年に1度の党大会に向けた権力闘争の終盤戦に差しかかっていますが、筆者がこの原稿を書いている2016年9月はその1年余り前。すでに熾烈な闘争が繰り広げられています。

毎年夏には北戴河という保養地で党や政府の重鎮だった長老を交えた重要会議が開かれ、内外の注目を集めますが、最近の習近平氏のやり方については相当の不満が渦巻いているようです。王岐山氏をトップとする紀律検査委員会による反腐敗運動の苛烈さは、軍やマスコミも含めた党・政府のあらゆる機関、あらゆる地方政府にまで及び、大物対象のトラ狩りからハエやカといった小役人の摘発、さらには海外逃亡者に照準を合わせたキツネ狩りに至るまで、止まるところを知りません。

反腐敗運動や整風運動自体は、従来の中国社会に巣食う痼疾に正面から立ち向かったものとして民衆の喝采を浴びていますが、その一方で、これが権力闘争に利用されれば、その弊害は推して知るべしです。実際、摘発のための通報を利用した誣告も数多く、冤罪が大量に発生していることは、人民日報でも報じられています。最近しばしば取り上げられている役人たちのサボタージュは、「うっかり何かをすれば、それに絡み、あることないこと告げ口される危険があるので、今は何もしないに限る」という自己防衛意識の産物でもあります。

2017年秋の党大会で確固たる人事配置を行い、権力基盤を確立したい習近平サイドは、2016年夏前に、ライバル関係にあった共産主義青年団の勢力を規制する強力な対策を打ち出し、波紋を広げましたが、抜本的改革を突き付けられた軍も含め、習氏の権力完全掌握に向け遮二無二突き進む動きに対し、今後、どういったリアクションが起きるのか、中長期的に見ても予断を許しません。

党大会へ向けた動きの中で重要なポイントとなっているのが経済運営と外交政策です。GDP成長率が6.5％ほどまでダウンし、"新常態"「ニューノーマル」とネーミングされた調整期間が続く中で、「中進国の罠」に陥らず、これをどう切り抜けるか、失敗すれば政権の存続基盤を揺るがす要因になりかねません。肥大化した国有企業をどう改革するか、いわゆるゾンビ企業をどうやって市場から退出させるか、市場経済にゆだねる中で民間活力をどうやって導入するか、イノベーションを新しい活力の源泉としていかに起業を促進するか、といった供給側の改革はいずれも容易なことではありません。

また、社会的要因としては、まず、公約した小康社会の実現に向けた貧富の格差の是正が待ったなしの重要課題で、この問題については、今、党・政府挙げて積極的な取り組みが行われています。その中には、農民工やその家族の問題、具体的には“留守児童”や“空巣老人”の問題なども含まれます。高齢化が急速に進む老人の介護問題は焦眉の急です。

　一方、労働力の問題も深刻です。すでにルイス転換点を超え、さらに、地方、特に西部地域の経済が発展するにつれ、これまで、西部地区からの農民工の安い労働力を頼っていた東部沿海地区の労働集約型第二次産業は軒並み労働力不足にさらされています。そのための対策として賃金が急激に上昇し、その結果、製品価格の安さだけに頼っていた輸出産業は他の新興諸国と比べ、価格面での優位性を失い、中国に製造基地を求めていた外資企業は、ここ数年、続々と東南アジアなどに生産拠点をシフトしてしまい、中国への投資の急減をもたらしているのです。

　農村には大量の余剰労働力があり、彼らは、国内消費を喚起する重要な都市化政策の主役でもあります。家族ぐるみで都市を流動するこれらの人々を労働力として定着させるには、戸籍制度の改革とそれに伴う社会保障制度、医療・教育・住宅の整備などが欠かせません。これまた、待ったなしの課題です。

　外交面では、南シナ海での強引な行動がかえって周辺諸国の結束を生み、さらには、その権益の主張が国際仲裁裁判で否定されたことを「紙屑だ」と罵ったことで、余計な反発まで生んでしまいました。このような包囲網を崩すべく、経済援助を掲げて個々の突き崩しに動いていますが、それによって一時的には関係をつなぎ留められても、「金の切れ目が縁の切れ目」、対立する両陣営からより有利な援助を引き出す、という周辺国のしたたかな論理に翻弄され、状況が変われば弊履のごとく捨て去られてしまう、という悲劇になりかねません。

　中国は五千年の歴史を擁する世界の文明大国であり、孔孟の教えをはじめ、様々な面で世界から尊敬される要素を持っています。堂々たる大国として、国際ルールに沿った形で自己の主張を繰り広げれば、これに耳を傾ける国も多いはず。「一帯一路」の壮大な構想は、単に中国の国益のため、といった枠を超え、今後の世界の発展を考える上での主要コンセプトとなる可能性を秘めています。そのイニシアチブを中国がとることは、中国の国際的地位の向上に大きく貢献するはずで、AIIBもそれに伴い、大きな力を発揮するでしょう。

　2020年まで続く第13次5カ年計画が首尾よくその踊り場としての役割を終え、中国が新たな成長に大きく踏み出すとともに、単に世界の経済大国となるだけでなく、世界からもアジアからも尊敬される大国となることを祈らずにはいられません。

平成28年秋　著者

上海迪士尼，中美文化的融合

2016年6月16日，上海迪士尼乐园正式开园了。这是中国内地第一家迪士尼主题乐园，同时，它也是亚洲最大的迪士尼乐园。

清晨五点，就有人在乐园门口排队。很多游客都是迪士尼的超级粉丝，有些孩子戴着米奇发卡、装扮成迪士尼公主等，成为第一批"尝鲜"的游客。

世界上最成功的主题公园登陆世界上最大的文化娱乐市场。中国有大批的迪士尼迷，特别是80后的中国人，迪士尼伴随了他们的整个少年和青年时代。

如果要问上海迪士尼有什么不同，那恐怕就是无处不在的"中国元素"了。从开始建设起，上海迪士尼的口号就是"原汁原味迪士尼，别具一格中国风"。标志性的景点"奇幻童话城堡"上有中国传统图案。每天中午，唐老鸭会在中式餐厅前打太极拳。而迪士尼标志性的旋转木马也出自中国工匠之手。

为了避免重蹈巴黎、香港的失败经验，迪士尼公司从设计开始，就聘请本地专家作顾问指导，并最终在美国与中国的文化之间取得了巧妙的平衡。这在迪士尼海外乐园中实属罕见，也因此被部分美国人讽刺为，是对中国市场做出的"妥协"。

但是，妥协也好、调整也好，尽快打开中国市场，才是美国迪士尼关心的头等大事。因此，可以说，上海迪士尼，正是中美两种文化的精妙融合。

上海ディズニー、中米文化の融合

2016年6月16日、上海ディズニーランドが正式にオープンしました。中国内地最初のディズニーテーマパークであると同時に、アジア最大のディズニーランドでもあります。

明け方5時、すでにゲートには行列が。たくさんの観光客は誰もみなディズニーの熱狂的なファンで、ミッキーのカチューシャをしたり、ディズニーのお姫様に扮した子供たちもいて、初物を楽しもうという観光客の最初の一群になっています。

世界で最も成功したテーマパークが世界最大の文化娯楽市場に上陸したのです。中国にはたくさんのディズニーファンがいます。とりわけ、80年代生まれの中国人にとって、ディズニーはその少年時代と青年時代全体にわたって身近な存在でした。

上海ディズニーは他とどこが違うのかと聞かれれば、おそらくそれは随所に見られる「中国的要素」でしょう。建設を始めたころから、上海ディズニーのスローガンは「本場のディズニーに中国風味を」でした。そのランドマークとなる観光スポット「おとぎの国の魔法の城」には中国の図案が施されています。毎日、昼にはドナルドダックが中国式レストランの前で太極拳を演じますし、ディズニーのシンボルである回転木馬も中国人職人が作ったものです。

パリや香港の失敗の二の舞とならないために、ウォルト・ディズニー社は、設計の時点から現地の専門家を顧問に招き、最終的にはアメリカと中国の文化の間で絶妙なバランスを取りました。このことは、海外のディズニーランドでは極めて珍しく、また、それゆえに一部のアメリカ人からは「中国市場に対して行った妥協だ」と揶揄されました。

しかし、妥協でも結構、調整でも結構、できるだけ早く中国市場を開拓することこそがアメリカディズニーが関心を寄せる最重要事項なのです。こうしてみると、上海ディズニーはまさしく中米二つの文化の巧みな融合であると言えましょう。

朋友圈放大了两代人之间"代沟"

邵楠没想到，自己会因为朋友圈的一条消息差点和父母亲大吵一架。

前不久，她和同学在外聚餐到晚上11点，结束后，随手在朋友圈发了一条图文并茂的消息。不一会儿，她发的消息下面就出现了自己以及朋友的父母的质问：你们为什么这么晚还在外面玩？

95后烦恼的是父母亲的"小题大做"，对自己发的任何一条消息，他们都像在做"阅读理解"一样，发表评论。某大学的卢泽同学说，他一周内发的四条消息下面都有父母的留言。"爸妈总是用一种长者的口气教育我，甚至批评我。"卢泽后来在朋友圈拉黑了父母。

而卢泽的母亲李梅则坦言，自己加入微信，就是为了随时了解儿子的动态。"电话里我一问，他就不耐烦，说你不懂。"所以，李梅觉得朋友圈为她打开了另一扇窗，"终于不用再一遍遍问：你干什么去啦？顺不顺利？去哪儿了？那地方怎么样？……朋友圈里自己看，不就得了。"对儿子给自己上锁，李梅也觉得很委屈。

对此，专家分析，"对现在的青少年来说，网络不只是工具，还是一种生活方式。但网络毕竟是个虚拟空间，它同时也存在放大效应。孩子在网上说的话，不一定就是认可这个事情，也不等于他在现实生活中就这么做，家长要分清虚拟网络和现实生活的联系和区别。"

还有专家认为，"两代人在朋友圈里的沟通矛盾，其实都是现实生活衍生而来的。网络时代，沟通的方式多了，但实际上，亲子之间最重要的还是当面沟通。"

モーメンツが世代の溝を拡大

　モーメンツでの1本の記事で自分があわや両親と大喧嘩になろうなどとは、邵楠さんは思ってもみませんでした。

　つい先ごろ、彼女は友人と外で夜11時まで食事を共にし、その後、何気なくモーメンツに写真を添えた記事を投稿したのですが、ほどなく記事の下に2人の両親からの「あんたたち、どうしてこんなに遅くまで外で遊んでいるの？」というお叱りが現れました。

　1995年以降生まれの世代の悩みと言えば、両親が「些細なことを大げさに騒ぎ立てる」こと。自分が発したいかなる記事にも、親たちはまるで講読の授業でもしているかのように評論を加えます。某大学の学生、盧沢くんによると、彼が1週間に出した4本の記事の下にはすべて両親のコメントがあったとか。「親たちはいつも上から目線で僕を諭し、時には非難さえするのです」。彼はその後、モーメンツでは両親をブロックしました。

　一方、彼の母親、李梅さんは率直にこう述べています。「私がWeChatに入ったのは子供の様子をいつでも知るためなのよ」「電話で尋ねたら、あの子、うるさそうに、あんたの知ったことか、っていうわ」ということから、彼女は、モーメンツが彼女のために別の窓口を開いてくれた、と思ったのです。「やっと、何しに行くの？ うまくいってる？ どこに行ってたの？ そっちはどう？ なんていちいち聞かなくてもよくなったの。モーメンツで自分で見ればいいんだから」。息子が自分を締め出したことに、彼女は何とも合点がいきません。

　この点について専門家は、「今の若者にとって、ネットは単なるツールではありません。一種の生活スタイルなのです。とはいえ、ネットはつまるところバーチャルな空間であり、同時にアナウンス効果もあります。子供がネット上でしゃべったからと言って、必ずしもそのことを認めたわけでもなければ、現実の生活でそうしているというわけでもない。保護者はバーチャル空間と現実生活の関係と区別をはっきり見極めなければなりません」と分析します。

　別の専門家によると、「モーメンツにおける二世代間のコミュニケーションギャップは、実のところ、現実生活が反映されたものなのです。ネット時代にはコミュニケーション手段が多くなりましたが、実は、親子の間で最も重要なのはやはり顔を合わせてコミュニケーションすることなのです」とのこと。

妈妈，你们不能这样对我！

2016 年 2 月，一位 40 岁的妈妈在老家过完春节，准备回成都工作，七岁多的儿子一直试图去拉妈妈的手，撕心裂肺地哭喊着"你们不能这样对我！"一旁的爷爷和奶奶拉也拉不住。这幅照片被刊载在各大新闻网站，留守儿童的话题再次引起全社会的关注。

前几年，中国出现了一个新的名词："留守儿童"，多指因父母到外地打工，而留在农村生活的孩子。

2015 年 6 月的官方数据显示，我国农村留守儿童数量已达 6100 多万。六千多万这个数字意味着，在今天的中国，大约五个孩子中就有一个留守儿童，其中大约 15% 的孩子一年都见不到父母！

从经济角度看，造成留守儿童的是贫富差距，为了让自己和孩子们的生活过得好一点，年轻力壮的农民离开家乡，到城里打工。

但是，造成留守儿童的却是不合理的城乡户口制度。2016 年春节后，国务院要求，大城市的公办学校要对农民工未成年子女开放。改革开放虽然过去了 30 年，但是，农民工的子女仍然不能在父母身边学习和生活。

人人会说，陪伴孩子就是最好的爱。但是，有些梦想不是通过个人努力就能实现的。社会制度不给力的话，就难以解决今天的中国留守儿童问题。

ママ、僕をこんな目に遭わせないで！

　2016年2月、ある40歳の母親が故郷で春節を過ごし、成都に仕事をしに帰ろうとしていたとき、7歳あまりの息子が、しきりにママの手を引っ張ろうとしながら、胸が張り裂けんばかりに泣き叫んでいます。「みんな、僕を見捨てないでよ！」。そばにいるおじいさんやおばあさんが止めようにも止められません。この写真が各大手ニュースサイトに掲載されると、農村に取り残された児童のことがまた社会全体の注目を集めました。

　数年前、中国に新しい名詞が生まれました。「留守児童」、多くは、両親が外地に出稼ぎに行ってしまって農村に残って生活している子供を指します。

　2015年6月の政府公式データによると、中国の農村の「留守児童」の数は6100万人あまりに達しています。この数字は、今日の中国でおよそ5人の子供に1人が「留守児童」で、そのうち、15%ほどが一年中ずっと両親に会えない、ということを意味しています。

　経済的角度から見ると、「留守児童」を生んでいるのは貧富の差であり、自分や子供たちの暮らしをもっと良くするために、若く元気な農民が故郷を離れ、都会に働きに出ているのです。

　とはいうものの、「留守児童」を生んでいるのは実は不合理な都市と農村の戸籍制度です。2016年の春節後、国務院は、大都市の公立学校に対し、出稼ぎ労働者の未成年子女に門戸を開放するよう求めました。改革開放が始まって30年を過ぎましたが、出稼ぎ労働者の子女は依然として両親の下で勉強し生活することができないのです。

　「子供に付き添ってやるのが最もよい愛情だ」と人々は言うでしょうが、夢によっては個人の努力で実現できないものもあります。社会制度が頑張ってくれなければ、今日の中国の「留守児童」問題はなかなか解決できないでしょう。

中学语文课本中鲁迅作品的变迁

几年前，人民教育出版社在新版语文教材中取消了一篇鲁迅的文章。这件事引起了争议，褒贬不一。赞成的人表示，鲁迅的思想已经过时，而且文章的写法也与现代有差距。反对的人则认为，今天仍然需要鲁迅的精神。

鲁迅作品已经在中学语文课本中躺了将近一个世纪，数量最多时达到31篇。但是，近20年，中学语文课本里鲁迅作品的确越来越少，不喜欢读鲁迅作品的学生越来越多。其中的一个原因竟是，教学上阐释过度！

新中国成立后，语文课变成了政治课，比如，语文教师参考书中，对鲁迅的《一件小事》，有这样的教学指导："这篇文章是革命知识分子的自我批评，表示要积极向劳动人民学习，时时认识并纠正自己的缺点。"

鲁迅的作品跌入政治语境，很多老师只能按照参考书上课，就怕说错。学生要考试，不得不背这样的答案。很多同学慨叹："不是我们不喜欢鲁迅，而是我们被逼着不喜欢鲁迅。"但是，没有人敢改变对鲁迅作品的政治认同，让鲁迅离开教科书，在今天的中国，也许是唯一可行的办法。

然而，鲁迅可以说是今天的中国人最应该读的作家之一。他的代表作《阿Q正传》里的主人公阿Q仍然具有现实意义。

国語の教科書と魯迅の作品

　数年前、人民教育出版社が新版国語教科書から魯迅の文章を削り、そのことが賛否両論、議論の的になりました。賛成者は「魯迅の思想はもう時代遅れだ。文章の書き方も現代とはかけ離れている」と言い、反対者は「今日なお魯迅的精神は必要だ」と考えます。

　魯迅の作品は中高等学校の国語教科書に1世紀近くに渡り採用されてきました。多いときには31篇にもなりました。しかし、ここ20年、教科書内の魯迅の作品は確かにますます少なくなり、読みたがらない生徒も増えつつあります。その一つの原因は、結局のところ、教える場での過剰な解釈でしょう。

　新中国が成立した後、国語の授業は政治の授業へと変質してしまいました。例えば、国語教師マニュアルでは、魯迅の『小さな出来事』に対して次のような教育上の指導を示しています。「この文章は革命知識分子の自己批判であり、労働人民に積極的に学び、いつ何時も自分の欠点を認識し正さなければならないことを示している」

　魯迅の作品は政治家の言語範疇にはまってしまい、多くの教師が参考書通りに授業をせざるを得ず、ひたすら失言を恐れました。生徒は試験を受けようとすると、そんな答案を暗記しなければならないのです。多くの生徒が「魯迅が嫌いってわけじゃない。魯迅を嫌いにさせられているんだ」と慨嘆しています。しかし、魯迅の作品に対する政治的認識を勇気をもって変えようとする人はいません。魯迅に教科書から身を引かせる、今日の中国ではたぶんそれが実行可能な唯一の方法なのでしょう。

　しかしながら、魯迅は現代中国人が最も読むべき作家の1人と言ってよいでしょう。彼の代表作『阿Q正伝』の主人公阿Qは今なお現実的意義を持っています。

1998
1999
2000
2001
2002
2003
2004
2005
2006
2007
2008
2009
2010
2011
2012
2013
2014
2015
2016
2017
2018
2019
2020
2021
2022
2023

—一帯一路—

時事中国語の教科書

————一帯一路————

2018
年度版

三潴正道 ｜ 陳祖蓓

朝日出版社

1998
1999
2000
2001
2002
2003
2004
2005
2006
2007
2008
2009
2010
2011
2012
2013
2014
2015
2016
2017
2018
2019
2020
2021
2022
2023

2018　まえがき

『時事中国語の教科書』は毎年出版され、過去1年間の出来事を様々な角度から紹介するもので、2018年でシリーズ22冊目になります。

さて、「2017年の中国は5年に1度の党大会、19全大会が開催され、新指導部の顔ぶれが決まりました」と過去形で書いても、著者がこのまえがきを執筆している8月末はまだ党大会前。したがって、どういう顔ぶれになったか、実ははまだわかっておらず、新指導部の分析は来年に回さざるを得ません。いずれにせよ、2期目に入る習近平指導部の先行きを占う大事な大会であることは論を俟ちません。

その2期目の指導部はいま、どんな問題に直面し、それに対しどんな政策を掲げているのでしょうか。まず、国際面に目を向けると"一帯一路"の具体化が目を引きます。

一口に"一帯一路"と言いますが、提唱された当時から今日まで、その概念と内容は日進月歩です。一部の矮小化した見方には、「余った鉄鋼やセメントを売りつけるための姑息な手段に過ぎない」と言い続けてきたマスコミにも責任があります。実態はすでに"多帯多路"に近いのです。

これを縦軸と横軸に分けて考えると、それぞれ何本かの軸が見えてきます。すでに活発な活動を繰り広げている軸もあれば、まだ構想の段階にとどまっている軸もあります。しかし、全体として着実に前進し、それを支える政策も整備されつつあります。詳しい内容は第1課の放大鏡を参照してください。

"一帯一路"にようやく注目が集まったのは良しとして、これと密接に関連する「中国の国内発展構想との緊密な連携」という大事な視点が総じて欠けているのが日本側の認識の現状でしょう。

中国は2015年までの第12次5カ年計画で、1978年以来の第1期地域発展構想を完了しました。三沿（沿海・沿江・沿辺）開放、交通インフラ整備、各経済圏の発展を経て、第12次5カ年計画の12のプロジェクトで、沿海と内陸部の相対的に発展が遅れている地方の底上げを図りました。そして2016年からの第13次5カ年計画からは、「全国主体機能区計画」に基づき、異なる発展方向でともに豊かになることをスローガンに、"二横三纵"（「黄河沿い／長江沿い」と「沿海／ハルビン－北京－武漢－広州／包頭－西安－成都－昆明」）を軸とした発展計画を推進しています。

この"二横三纵"が"一帯一路"と緊密に連携し始めています。その中心が各都市間を3時間で結ぶ西安－成都－昆明－重慶という菱形経済圏であり、まさにその形のごとく、"一帯"と"一路"を連携させるパンタグラフの役目を果たしています。

このパンタグラフと沿海地方を結ぶのが黄河・長江・西江の三大河です。黄河沿いの鄭州を中心とする中原経済圏と西安を中心とする関中・天水経済圏がウルムチを中心とする西北経済圏によって"一帯"と繋がり、重慶・成都で形成する成渝経済圏と武漢・長沙・南昌で形成する中三角経済圏、上海を中心とした長江デルタ経済圏は、「長江経済ベルト」に、広西チワン族自治区から広東省へと流れる南部の大河西江は、2000年頃江沢民が発動した西部大開発の進展に伴い、南昆貴経済圏の中心地昆明と珠江デルタ経済圏の中心地広州を結ぶ西南地域一帯の水運の大動脈として大きな役割を果たしつつあります。この支えがあって初めて"一帯一路"が機能し、また、中国の今後の発展の大きな原動力になり得るのです。

　国内に目を向けると、何より、「供給側の改革」が喫緊の重要問題です。「供給側の改革」と一口に言いますが、その内容は実に多岐にわたります。本来は、2008年のリーマンショック後の経済刺激策が、都市化やそれに伴う中堅所得層の拡大、金融緩和など、国内消費の喚起を重点とした政策に終始した欠点を是正し、製品を供給する企業側の改革を進めようというものでした。そこには、企業統治の問題から技術革新、商品開発、販売方法など様々な視点が盛り込まれましたが、それにとどまらず、政府の市場化への取り組み、政府の許認可権の整備縮小、政府による法的側面も含めた様々なサポートなど、政府自体の改革にも踏み込んでいます。例えば、中国の環境面における法的規制は長い間、企業の取り締まりに重点が置かれていましたが、2012年の18全大会以降は政府機関に対する取り締まりも加えられ、〈環境影響評価法〉など関連法規の改正も急ピッチで進んでいます。

　もう一つ、大きな変化が起こっています。一人っ子政策の変更により、2人目を生む家庭が増え始め、これにどう対応するかが、社会の各方面で喫緊のテーマになりつつあります。出産と雇用の問題が顕在化しつつありますし、一人っ子で育った親世代が2人の子供にどう対処していいかわからない、という相談も増えています。また、近い将来、財産相続をどう円滑に行うかもすでに悩みの種。

　かねてより議論の的になっている国有企業改革については最近、新しい政策が打ち出されましたが、ニューノーマルと呼ばれる経済調整期をうまく切り抜け、技術大国として、2021年以後に「小康社会を実現」して輝かしい発展のスタートを切れるか、新指導部には国民の大きな期待が寄せられています。

平成29年秋　著者

高铁可以外卖啦！

"高铁上的盒饭实在太难吃了，我宁愿饿着，也不会去买。""吃不起，一个盒饭三四十；喝不起，买瓶水要五元起。"高铁盒饭的味道和价格一直是不少乘客的吐槽对象。

但是，从2017年7月17日开始，在上海、天津、广州、沈阳、长春、南京、杭州、成都、重庆等27个车站，旅客可以预订外卖了！打开铁路互联网平台，旅客可以发现，除了肯德基、麦当劳等快餐外，还有多种沿途的美食可供选择：广州南站有广式餐点；成都东站、重庆北站可预订热辣川味美食；西安北站供应腊汁肉夹馍……

乘客只要在开车前两个小时预订，在列车到站时就能拿到外卖。据了解，高铁外卖推出以来，各站的订餐量都呈快速增长之势。以长沙南站为例，17日收到订餐83单，18日近130单，21日突破了300单。

"我是在广东工作的湖南人，这次坐高铁从北京出差回广州，在途经湖南时，吃到了家乡的菜。外卖打开时还是热乎乎的，香气四溢，感觉特别亲切，这个味道在外地很难吃得到。"经常出差的乘客徐先生说，以往乘坐高铁时，他都会在上车前购买一些小吃、方便面，现在有了"高铁外卖"服务，就可以在旅途的高铁上，享受各地美食了。

此次中国铁路总公司推出的"高铁外卖"服务，将高铁盒饭市场对外开放，在供餐领域主动引入竞争者，令许多旅客感到惊喜。

高速鉄道で料理を予約注文！

「高速鉄道の弁当はてんで食べる気になれないね。腹が減っても買わないよ」、「弁当1個が、3、40元、水1本が5元からってんじゃあ、高くて手も出ない」。弁当の味や値段は相変わらず多くの乗客の不満の対象になっています。

しかし、2017年7月17日から、上海・天津・広州・瀋陽・長春・南京・杭州・成都・重慶など27の駅で旅行客が弁当を予約注文できるようになりました。鉄道サイトを見ると、ケンタッキー、マクドナルドといったファストフードの他にも、沿線の様々な種類のご馳走が提供されています。広州南駅には広東風の食事があり、成都東駅や重慶北駅では熱々で辛い四川風料理を予約でき、西安北駅では中国式ハンバーガーが提供されています。

乗客は発車2時間前に予約しさえすれば、列車が駅に着くとすぐに弁当を手にすることができます。話によると、このシステムがスタートしてから、各駅の予約量は急速に増加しており、長沙南駅を例に挙げると、17日の予約注文は83件、18日が130件近く、21日には300件を突破しました。

「私は広東で働いている湖南の人間です。今回は北京の出張から高速鉄道で広州へ戻るところですが、途中で湖南に差しかかったとき、故郷の味を口にすることができました。弁当を開けるとまだ熱々でプーンと美味しそうな香りが漂い、心に沁みこみました。この味はよそではありつけませんよ」。いつも出張をしている乗客の徐さんは、これまで高速鉄道に乗るときは、いつも乗車前にちょっとしたスナックや即席ラーメンを買ったものだが、今はこのシステムによるサービスができて、旅の高速鉄道車内で各地のグルメを味わうことができるようになった、と語っています。

今回、中国鉄道総公司が打ち出したこのシステムは、高速鉄道の弁当市場を外部に開放し、食事の提供という領域に進んで競争者を迎え入れたもので、多くの旅行客を驚喜させました。

震后九寨沟景区让人看哭

2017年8月8日晚上9时19分，四川阿坝州九寨沟县发生了7级地震。曾经五彩瑰丽的九寨沟景区遭到破坏，就像是一个被打翻了的"颜料盒"，原本斑斓的色彩，变得一片灰暗、浑浊和狼藉。

〈火花海〉人们常说："九寨归来不看水"，著名景点火花海更是其中的"佼佼者"。湛蓝色的湖面在阳光的照射下，碧波粼粼，如朵朵火花燃烧，因而得名火花海。而地震后，这片湛蓝，一去不复返。距离震中约5.3公里的火花海因坝体决口，目前水已流干，受损严重。

〈诺日朗瀑布〉单说这个名字，或许很多人并不熟悉，但如果说到86年拍摄的电视剧《西游记》，很多中国人会想起唐僧师徒四人从瀑布上走过的画面。

藏语中，诺日朗是雄伟壮观的意思，这座瀑布曾被中国国家地理杂志评选为中国最美的六大瀑布之一。但是，由于地震引起的山体垮塌，原本宽阔的瀑布变得干涸，而曾经的涓涓细流变成了一股急流。

"大自然造就了它，也毁灭了它。"有网友说。曾经的九寨沟还会恢复吗？对九寨沟的一系列自然景观受损情况，一位专家认为，九寨沟秀丽的景色本身就是不同时期大地震等构造运动的产物，不建议人为修复。他坦言，以往的景观被破坏了，固然会造成遗憾，但以后一定又会产生新的景观，对未来的游客们来说，未必不是一种好的选择。

九寨溝、震災に哭く

　2017年8月8日夜9時19分、四川省アバ・チベット族チャン族自治州九寨溝県でマグニチュード7の地震が発生しました。かつては色彩豊かだった九寨溝風景地区はまるで絵具箱をひっくり返したように破壊され、本来の華やかな美しい姿は一面灰色に濁った乱雑な様子に変わってしまいました。

〈火花海〉

　「九寨溝に行ったら、ほかの水辺は見る気になれない」（"九寨帰来不看水"）と言われるように、有名な景勝地、火花海はそのハイライトであり、エメラルドブルーの湖面は陽の光を反射して波がキラキラと輝き、まるで次々と火花がはじけるように見え、その名がついたのです。しかし、地震後、このエメラルドブルーは二度と元の姿に戻ることはありませんでした。震央から約5.3キロにあった火花海は堤防が決壊したため、今は水が干上がってしまい、甚大な損傷を蒙ってしまったのです。

〈ノリラン瀑布〉

　この名前だけを言われても、あまりよく知らない人が多いかもしれません。でも、1986年に撮影されたテレビドラマ『西遊記』と言えば、三蔵法師とその弟子たちの4人が滝の上を通る場面を思い出す人も多いでしょう。

　チベット語でノリランとは雄大、壮観という意味です。この滝は以前、中国国家地理雑誌で中国の最も美しい六大瀑布の一つに数えられましたが、地震による山崩れのため本来の雄大な滝も涸れてしまい、かつてのさらさらとした流れも急流になってしまいました。

　「大自然は、造り上げ、かつ破壊もした」とあるネットユーザーはつぶやきました。九寨溝は蘇れるのでしょうか。九寨溝の一連の景観の損壊状況について、ある専門家は、その素晴らしい景観自身がそれぞれの時期の大地震といった地殻変動の産物であり、人為的な修復は提案しない、として、「過去の景観が破壊されたことはもとより残念なことだが、今後また必ず新しい景観が生まれるはずで、将来の観光客にとってそれは必ずしも悪い選択ではない」と言い切りました。

1998
1999
2000
2001
2002
2003
2004
2005
2006
2007
2008
2009
2010
2011
2012
2013
2014
2015
2016
2017
2018
2019
2020
2021
2022
2023

人象共处，难题不少

2011 年 10 月 18 日，这是费兴旺第一次见到亚洲象的时间。费兴旺和 200 多户村民在 2000 年，作为生态移民，搬到云南普洱市江城。那次搬迁，是为了保护黑颈鹤。

"活生生的大象还是头一次见！"那时，在江城，大象被当作吉祥的象征。对大象归来，当地人发自内心地欢迎。但是，麻烦很快来了。本以为亚洲象只是"到此一游"，谁知它们却和村民一样，扎下根来。亚洲象食量惊人，一头成年象一天要吃 100 公斤以上的食物。每逢甘蔗收获季节，村里便上演"甘蔗抢夺战"，面对野象抢食，村民抓紧抢收。

在政府引导下，村民开始改种咖啡、澳洲坚果。"咖啡、坚果，大象不吃，但是生长周期更长，大象所过之处，这些经济作物损失更大。"费兴旺说。当地不少人对亚洲象的心理，已从欣喜、好奇、友善逐步转变为厌恶、恐惧。

亚洲象曾在中国近半国土上栖息、繁衍。后来，云南成为中国亚洲象唯一的栖息地。但到上世纪 80 年代初时，野象数量下降到了 170 余头。近年来，随着保护力度增强，目前云南省的亚洲象种群数量在 300 头左右，是保护之初的近两倍。

但是，人象和谐，难题不少。一是对野象生态的基础研究还很薄弱；二是对村民的损失补偿标准偏低。因此，有专家呼吁，"江城生态好，能不能建个亚洲象国家公园？既保护好亚洲象，也让这里的群众能有稳定收入。"

ヒトとゾウ、共存への模索

　2011年10月18日、それは費興旺さんが初めてアジアゾウを見た日でした。費興旺さんと200世帯あまりの村民は2000年にオグロヅル保護のために、生態移民として雲南省普洱市の江城に移住してきました。

　「実物のゾウを見たのは、正直、初めてでしたよ！」当時、江城ではゾウはめでたいシンボルとされていたので、ゾウが戻ってきたことを地元の人は心から喜んでいました。ところが揉め事がすぐ起こりました。もともと、ゾウは「ちょいと訪れた」だけだと思われていましたが、なんと、村民同様、そこに居ついてしまったのです。アジアゾウの食事量は驚異的で、大人のゾウは1日に100kg以上の食物を必要とします。村では、サトウキビの収穫の季節になる度に、サトウキビ争奪戦が繰り広げられ、野性のゾウに食べられてしまうので、村民は収穫を急ぐことになります。

　そこで、村民は政府の指導を受け、コーヒーやオーストラリアのアーモンドなどの木の実の栽培に切り替えました。「これならゾウは食べないよ。でも成長期間がもっと長くなるから、ゾウがそこを通り過ぎると、こういった経済作物の被害はもっと大きくなる」と費興旺さん。アジアゾウに対する現地の多くの人の気持ちは、喜び、物珍しさ、親しみから次第に嫌悪や恐れに変わっていきました。

　かつてアジアゾウは中国の半分近い国土に生息し、繁殖していましたが、後になって雲南が中国におけるアジアゾウ唯一の棲息地になったのです。1980年代初頭、野生ゾウの数は170頭あまりに減ってしまいましたが、近年、保護に力を入れるにつれ、現在、雲南省のアジアゾウの数は300頭あまりとなり、保護を始めたころの2倍近くになっています。

　とはいえ、人とゾウの共存には難題も少なくありません。まず第一に野生ゾウの生態に対する基礎研究が薄弱なこと、第二に、村民の損失に対する補償基準が低すぎることです。ある専門家は「江城は生態環境が良いのだから、アジアゾウ国立公園にしたらどうだろうか。しっかり保護できるし、地元の人たちには安定した収入が見込める」と提案しています。

千年大计——雄安新区

2017年4月1日，中共中央、国务院决定在雄安设立国家级新区，并指出，这是一个历史性战略选择，是千年大计、国家大事。雄安是个什么地方？雄安新区有什么意义？

中国自1978年开始改革开放政策，先后建设了深圳经济特区和上海浦东新区。

深圳经济特区，带动了珠江三角洲（珠三角）起飞；上海浦东新区，带动了长江三角洲（长三角）起飞。几年前，有专家指出，"未来中国发展的引擎，就是京津冀（北京、天津、河北）、长三角和珠三角。"

然而，地处京津冀的首都北京，虽然被赋予了各种功能，却不仅没能带动地区发展，还落下严重的城市病——交通拥堵、雾霾锁城、房价居高不下。制约北京发展的另一大问题，就是水资源不足，而雄安新区，守着华北平原最大的淡水湖——白洋淀。

一个当地人说了一个大实话："希望新区是真正干事的地方，很多人说是副首都，承接北京人口产业，我不懂国家大事、硬道理，但要人去另一地生活工作，不能强制，要吸引，迁人容易，迁心难，如房价很高，投机盛行，再多机会，人都不会定心，希望新区干净！"

雄安新区距北京和天津都是差不多100公里左右，被定义为能吸收首都北京消化不良的"非首都功能"，成为京津冀城市群的引擎。但是，雄安新区能否复制深圳和上海的成功之路，还是一个很大的未知数。

千年の大計、雄安新区

　2017年4月1日、中国共産党中央と国務院は雄安に国家レベルの新区設立を決定、併せて、これは歴史的な戦略決定であり、千年の大計、国家の重大事である、と指摘しました。雄安とはどんな所で、雄安新区にはどんな意義があるのでしょうか。

　中国は1978年から改革開放政策をスタートさせ、深圳経済特区と上海浦東新区を相次いで建設しました。

　深圳経済特区は珠江デルタ（"珠三角"）の勃興を牽引し、上海浦東新区は長江デルタ（"长三角"）の勃興を牽引しました。数年前、ある専門家がこう指摘しました。「今後、中国が発展するためのエンジンは、京津冀（北京市・天津市・河北省）、長三角、珠三角である」

　しかしながら、京津冀に位置する首都北京は様々な機能が賦与されているものの、地域発展を牽引することができていないのみならず、交通渋滞、スモッグ、住宅価格の高止まりといった深刻な都市の病に罹ってしまいました。北京の発展を制約しているもう一つの大問題が水資源不足ですが、雄安新区は河北平原最大の淡水湖、白洋淀を抱えています。

　ある地元民が本音を語りました。「新区が本当に役に立つ場所になって欲しいね。たくさんの人が副都心だの、北京の人口や産業を引き受けるだのというけれど、わしには国家の重大事だの絶対的真理など知ったこっちゃない。ただ、人に場所を変えて生活しろ、働けというのは強制しちゃいけない、惹きつけるのでなくちゃ。人を移動させるのはたやすいが、人の心はそうはいかない。住宅の値段が高くて投機が横行すれば、どんなにチャンスがあったって不安になってしまう。新区で不正がないことを祈るね」

　雄安新区は北京からも天津からもほぼ100キロで、首都北京で消化不良になっている非首都機能を吸収して京津冀都市群のエンジンとなることができる、と定義づけられています。しかし、雄安新区が深圳や上海がたどった成功への道を再現できるか否かは依然として大きな未知数となっています。

時事中国語の教科書

―绿水青山，就是金山银山― 2019
年度版

三潴正道 ｜ 陳祖蓓 ｜ 古屋順子

朝日出版社

1998
1999
2000
2001
2002
2003
2004
2005
2006
2007
2008
2009
2010
2011
2012
2013
2014
2015
2016
2017
2018
2019
2020
2021
2022
2023

2019　まえがき

　『時事中国語の教科書』は毎年出版され、過去1年間の出来事を様々な角度から紹介するもので、2019年でシリーズ23冊目になります。

　さて、2018年とはどういう年でしょうか。中国共産党党大会は5年に1回開催されます。2と7のつく年で、2018年は前年の2017年に開催された19全大会の翌年にあたります。19全大会で2期目に入った習近平政権は、7人の党政治局常務委員の構成を思い通りに進め、その後、矢継ぎ早に福建省・浙江省勤務時代の腹心の部下を中央・地方の重要ポストに配置、同時に軍内の反習中心勢力を一掃し、権力基盤固めに成功しました。そういう観点から見れば、2018年はまさに習近平にとって本領発揮への順調なスタートが切れたはずでした。

　2018年の重要性は、別の側面、すなわち、経済的側面からも語られなければなりません。中国は計画経済であり、2016-20年は第13次5カ年計画期にあたり、2018年はその3年目に相当します。実はこの3年目が中国の経済政策にとっては極めて重大な年になります。なぜなら、2021年からの第14次5カ年計画の立案作業は2019年にはスタートさせねばならず、その際の最初の基礎データは第13次5カ年計画の3年目、すなわち2018年のデータになるからです。2012年党総書記就任以来、着々と自らに権力を集中させ、国務院の上にその経済運営コントロールシステムを完成させた習近平にとって、2018年の結果がもし目標から乖離したものであれば、その責任は権力を集中させたがゆえに、全て自己責任になり、批判に晒されるでしょう。また、第14次5カ年計画の立案もおぼつかなくなりますが、これは絶対にあってはならないことです。

　それというのも、習近平はかねてより、「2021年の中国共産党結党100年には全面的な"小康社会"（ややゆとりのある社会）を実現する」として貧困撲滅に全力を投入し、また、第14次5カ年計画では経済調整期を抜け出し、2025年には、新たな成長エンジンの下、世界の製造強国を実現させるという公約を掲げてきました。

　こういった背景の下、習近平政権はAI、ビッグデータ、モバイル、クラウドなどを基盤とした新産業革命を積極的に推進、これまでの産業スタイルでは過去の技術的蓄積の違いからどうしても後塵を拝していた日米欧の先進国を、この新産業革命への根本的転換という絶好機を利用して追い抜こう、という"弯道超車"（カーブを利用して相手を追い抜く）に国を挙げて邁進してきました。そして、それに合わせて、国有企業改革や銀行など既存の金融システムの改革、公共投資に多くを頼っていた経済発展からの脱却等への取り組みを加速させ始めていました。

そこに降ってわいたのが、アメリカのトランプ大統領が仕掛けた貿易戦争です。多額の関税をかけ合うチキンレースが長引けば、世界経済を混乱させるのみならず、中国経済にも深刻な打撃を与えます。景気を下支えするためには、リーマンショック後の応急措置の後遺症からようやく脱却しようとしていたにもかかわらず、また、公共投資に頼り、債務超過の地方経済を擁護し、国有企業のゾンビ企業整理を先延ばしして銀行を下支えせざるを得なくなります。しかし、それは確実に新しい経済成長の足枷になるでしょう。この難局を乗り切るためには当面、日韓との協力体制が不可欠であり、まず、日本との関係を修復し、日本をアメリカ一辺倒に追い込まないようにすることが重要になります。最近の日本に対する微笑外交の展開はまさにこういった状況を如実に反映しています。

　トランプ大統領が仕掛けた貿易戦争は、アメリカの自己中心的な姿勢がその基盤にありますが、一方で、中国のこれまでの知財権問題などにおける同様な振舞にも問題の根があり、その点に関してしっかりとした自己点検がなされなければ、国際世論を完全に味方につけることは難しいでしょう。

　こういった政治的な動きと、それに連動する経済の動きとは別に、今、中国社会には様々な新しい変化が生じています。その一つがキャッシュレス社会で、すでに杭州などでは、生活の90％以上がキャッシュレス化され、広州を始め、各地に広がりつつあります。外出するときは家のカギとスマホだけ、が当たり前になりつつあります。

　スマホを使った新商売の誕生も目白押し。中国では毎日大量の新ビジネスが誕生していますが、その中には日本で誕生した技術もたくさんあり、基礎技術を発明する日本人、それを使ったビジネス化がうまい中国人、というパターンも多くあります。

　さて、"共享"（シェア）ビジネスと言えばまず自転車ですが、自転車だけではなく、様々な"共享"が誕生し、すでに"共享経済"という言葉になっています。これまた、中国人の融通無碍な頭の柔らかさを反映しています。自転車については、最近、放置自転車等の実害も指摘されていますが、そこで引き下がらないのが中国人。「問題が生じたら、それから解決すればよい」という中国人のおおらかさは時には最大の武器になっています。

　「先例にない、先例になる」ことを恐れ臨機応変にできない日本人、「先例など関係ない、よければやる」という実践的な中国人。我々日本人も大いに参考にすべきでしょう。

平成30年秋　著者

川口芝园团地——日中居民从冲突到和睦相处

　　走进"芝园团地"，发现这里并不像网上说的那样，又脏又乱，就是一个常见的、普通的生活小区，整洁、安静。与众不同的是，这个小区里的所有提示都是用日中两国语言写的。

　　"芝园团地"，始建于1978年，当时由于离东京近，交通便利，而受到欢迎。从大约十年前开始，在IT企业工作的中国人住进了这里。现在居民5000多人，中国人就占了一半以上。而日本居民中，则以老年人为多。

　　因语言不通，习惯不同，日中居民之间纠纷也开始多起来了。中国居民不按规定扔垃圾等等常常成为话题。公共区域里的桌子上还被人刻上了"中国人，滚出去"的字。小区的"原住民"日本人，从不去中国人新开的商店或饭店，而中国人也不参加小区的任何活动。整个小区出现了井水不犯河水的现象。

　　变化是从2015年开始的。"团地"自治会的负责人冈崎广树带领大学生志愿团体，一起清除了小区里诽谤中国人的涂鸦。2016年，他们成立了"芝园多文化交流俱乐部"，中国居民也开始参加。小区里有了中文教室，日本人居民开始学中文。春节了，大家又一起包饺子。七夕节，两国的孩子们一起挂写着心愿的纸条。

　　冈崎说："交流才刚刚开始。我们希望建成一个和谐共处的住宅区。""芝园团地"的日中居民，从冲突到和睦，到和谐共处，这也可以说是不同民族互相学习如何交往的一个范例。

川口市芝園団地——日中の住民、調和への取り組み

　「芝園団地」に足を踏み入れると、ここがけっしてネットで言われているような、汚くて乱雑なところではなく、よくあるごく普通の、日々の暮らしが営まれている団地で、きちんとした静かなところだということがわかります。ただ普通と違うのは、この団地内のすべての表示が日中両国語で書かれているということです。

　「芝園団地」は1978年に建設が始まり、当時は東京から近く交通が便利なことで人気でした。10年ほど前からIT企業に勤める中国人がここに住むようになりました。現在の住民は5000人あまり、中国人が半数以上を占めています。そして日本人住民のほうは、高齢者が多数です。

　言葉の壁や習慣の違いから、日中の住民の間ではいざこざが増えていきました。中国人住民が決められたとおりにごみを捨てないことなどが、しばしば話題になりました。共有エリアのテーブルには「中国人、出て行け」という文字さえ彫りつけられました。団地の「もともとの住民」である日本人は、中国人が新しくオープンした店やレストランには行ったことがなく、中国人も団地のどんな活動にも参加しません。団地全体に互いの領域に踏み込まないという現象が起こっていたのです。

　変化は2015年に始まりました。「団地」自治会の責任者、岡﨑広樹さんが大学生ボランティア団体を率いて団地内の中国人を誹謗する落書きを消したのです。2016年には「芝園多文化交流クラブ」を作り、中国人住民も参加し始めました。団地には中国語教室ができ、日本人住民が中国語を学び始めました。春節になると、みんな一緒に餃子を作ります。七夕祭には両国の子どもたちが一緒になって、願い事を書いた短冊を吊るします。

　岡崎さんは「交流はやっと始まったばかりです。なかよく共存する住宅地を作りたいのです」と語ります。「芝園団地」の日中住民の、衝突から和睦へ、和やかな共存へ。これは異なる民族の相互学習はどのように行うかのよいお手本とも言えるでしょう。

1998
1999
2000
2001
2002
2003
2004
2005
2006
2007
2008
2009
2010
2011
2012
2013
2014
2015
2016
2017
2018
2019
2020
2021
2022
2023

一百多年前的一块地，现在起了大作用

2017年10月，中国北极科学考察队在北极考察，不仅在北冰洋发现了微塑料，还找到大量地球变暖的数据。到2017年为止，中国在北极已经进行了八次科考。中国能在北极顺利进行科考，也可以说是缘于一块"土地"！这块土地就是位于北极圈内的斯瓦尔巴群岛。

斯瓦尔巴群岛从两三百年前起，就是北极科考的大本营。16世纪开始，西方列强就开始登岛，进行科学调查。20世纪初，欧洲各国为了避免纠纷，决定签署《斯瓦尔巴条约》。不知为什么，法国在1925年要求中国也去签字，承认这个条约。当时的北洋政府就随便派了人去签字，也没放在心上。

1991年秋天，中国科考探险家高登义参加了一个国际科学家小组，在北极进行综合科学考察。高登义在活动中，拿到一本《北极指南》，看到了《斯瓦尔巴条约》的英文版。他发现，中国是《斯瓦尔巴条约》的签约国。

高登义把这个条约带回国时，很多人不相信。经调查，此事属真。于是，中国科学院决定在北极斯瓦尔巴群岛建站。

2004年7月28日，中国第一个北极科考站——黄河站诞生。这也是北极地区的第八座国家级科学考察站。

凭借着一个百年前的条约，在地理上和北极没有任何关联的中国，在北极地区有了一块可以自由使用的"土地"。不得不说，这是近100年前的中国政府，不经意间，给后人留下的一笔宝贵财富。

百年前の土地が今日の宝物に

2017年10月、中国北極科学調査隊は北極で調査を行い、北極海でマイクロプラスチックを発見しただけでなく、地球温暖化の膨大なデータを見つけました。2017年までに中国はすでに北極で8回の科学調査を行っています。中国が北極で科学調査をスムーズに進められるのは、ある「土地」のおかげだと言えるでしょう。この土地というのが北極圏内のスヴァールバル諸島にあるのです。

スヴァールバル諸島は200～300年前から北極科学調査の根拠地でした。16世紀から西洋列強が島に上陸し、科学調査をするようになりました。20世紀初め、ヨーロッパ諸国は争いを避けるため、「スヴァールバル条約」の締結を決めます。どういうわけか、フランスは1925年に、中国も署名してこの条約を承認するよう求めました。当時の北洋政府はそれではと人を派遣して署名しましたが、取り立てて心に留めることもありませんでした。

1991年秋、中国の科学調査探検家、高登義はある国際科学者チームに加わり、北極で総合科学調査を行いました。高登義は活動の中で*Arctic Pilot*（『北極指南』）という本を入手し、「スヴァールバル条約」の英語版を目にしました。そして中国が「スヴァールバル条約」の条約締結国だということに気づいたのです。

高登義がこの条約を国に持ち帰ったとき、多くの人は信じようとしませんでしたが、調べるとそれは本当だったのです。そこで中国科学院は北極のスヴァールバル諸島に基地建設を決めました。

2004年7月28日、中国初の北極科学調査基地——黄河基地が生まれました。これは北極地域における8番目の国家レベルの科学調査基地でもあります。

百年前の条約に基づいて、地理的には北極と何の関係もない中国が、自由に使える「土地」を北極地域に持つようになったのです。これは100年近く前の中国政府がそれと知らずして後代に残してくれた貴重な財産だと言えるでしょう。

1998
1999
2000
2001
2002
2003
2004
2005
2006
2007
2008
2009
2010
2011
2012
2013
2014
2015
2016
2017
2018
2019
2020
2021
2022
2023

横店，中国的"好莱坞"

横店小镇，地处浙中平原，八面山下。25年前，还是一个地地道道的贫困地区，周围地区甚至流传着这么一句话："有女不嫁横店郎"。但是，今天的横店已经是全球知名的影视文化产业基地，还被美国《好莱坞》杂志称为中国的"好莱坞"。

1995年底，著名导演谢晋为拍摄《鸦片战争》来到横店。当时，此地一无所有，但是，横店的领头人徐文荣立即承诺："保证按你要求建好，绝不耽误拍片。"

四个多月后，一条"19世纪南粤广州街"真实再现。谢晋说："我简直不敢相信这是真的！"1997年7月1日，香港回归，电影《鸦片战争》在全球公映，由此写下了横店传奇的第一页。

之后，徐文荣再次牵手陈凯歌，用八个月时间建起气势磅礴的秦王宫，拍出了电影《荆轲刺秦王》。几年后，张艺谋为了拍《英雄》来到横店，看见秦王宫，立即拍板："就是它了！"

20多年里，横店的规模不断扩大，已远超美国好莱坞和印度宝莱坞。影视城里的场景可拍中国几千年不同历史阶段的背景。现在，国内影视剧的1/4，电视剧的1/3，都是在横店拍摄的。

当地的农民也开始跟影视文化结上了缘。裁缝改行做戏装服饰，泥木匠成了置景师，手工艺人变为了道具师。许多村民成了群众演员。65岁的张美娥说，她从2009年开始当群众演员，有合适的角色，她就会去跑跑龙套。

横店，从"一无所有"到"无中生有"，再到"无所不有"，成为了一个不断地创造梦幻与奇迹的地方。

中国の「ハリウッド」、横店

　横店という小さな町は浙江省中部の平原、八面山のふもとに位置します。25年前はまだ正真正銘の貧困地域で、周辺地域には「娘がいても横店の男にゃ嫁がせぬ」という言葉さえ伝わっていました。しかし今日の横店はすでに全世界にその名を知られる映画・テレビ文化産業基地であり、アメリカの『ハリウッド』誌には中国の「ハリウッド」とも称されています。

　1995年末、有名な映画監督である謝晋が『阿片戦争』を撮るため横店にやってきました。当時この地には何一つありませんでしたが、横店のトップである徐文栄はすぐさま「ご依頼どおりに建設し、絶対に撮影を遅らせないことを保証します」と約束したのです。

　4カ月あまり後、「19世紀の南粵の広州街」がそっくり再現されました。謝晋は「これが現実のものとはまったく信じられなかった」と話しています。1997年7月1日、香港が返還され、『阿片戦争』は世界で公開されました。ここに横店綺談の最初の1ページが記されたのです。

　その後、徐文栄は陳凱歌とも手を組み、8カ月を費やして壮大な秦王宮を建設、映画『始皇帝暗殺』が撮影されました。数年後、張芸謀が『HERO』撮影のため横店にやってくると、秦王宮を見るなり「これだ！」と言ってその場で交渉成立となりました。

　20年あまりの間に、横店の規模は絶えず拡大し、すでにアメリカのハリウッド、インドのボリウッドをはるかに超えています。この映像都市のセットは、中国数千年の様々な歴史段階の背景を撮影できます。現在、国内の映画の1/4、テレビドラマの1/3が横店で撮影されたものです。

　現地の農民も映像文化と関わるようになりました。仕立屋は芝居の衣装作りに商売替えし、左官と木工職人は美術スタッフに、手工芸品職人は小道具・大道具スタッフに、そして多くの村民はエキストラになりました。65歳の張美娥さんは、2009年からエキストラをするようになり、ぴったりの役柄があればちょい役として出演すると語ります。

　横店は「何一つなかった」段階から「何かを生じさせ」、さらに「何でもそろっている」段階に達し、夢と奇跡を絶え間なく創り出す場所へと変わったのです。

北京：将终结800年采煤史

长沟峪煤矿位于北京西山地区，曾年产过100万吨优质煤，但是，这里现在已经没有工人的身影，井口也已被封死，只有地上一条条钢轨和井口黑色的灰泥，还在诉说着往日的喧嚣。为减少煤炭开采和使用，北京市提出，到2020年，将关闭所有煤矿。

据历史记载，元代开始，北京的宫廷和民间生活中就已经大量使用煤炭。明清以后，北京的西山地区成为中国著名的煤炭矿区。有历史学家指出，北京之所以能成为帝国首都，其中一个重要的原因就是因为西山有丰富的煤炭资源。

然而，几个世纪以来，大量使用煤炭，也使北京成为污染严重的城市之一。对关闭煤矿，老工人冯文丽说："在矿山工作一辈子，真有点舍不得。但退出是早晚的事儿，以后有了休闲旅游产业，西山还会热闹起来。"

京煤集团已决定，在原矿区旧址打造一个滑雪产业园，可以进行滑雪培训、滑雪休闲旅游等，并为国家滑雪队提供2022年北京冬奥会的训练场地。

英国《卫报》网站在2018年2月的报道中称，进入2017年冬季后，中国首都的天空干净得几乎不可思议。一个外国专家指出，"中国政府上层的措施起到了作用。北京的PM2.5比2012-2013年下降了40%。"

35岁的杨晶说，以前，只要看到蓝天白云，都会拍照晒在朋友圈。不过2017年入冬以后，她已经很少这么做了。"感觉这几个月，几乎天天都是蓝天，已经不是什么稀罕事儿了，放上朋友圈也没多少人点赞了。"

北京、800年の採炭の歴史に幕

1998
1999
2000
2001
2002
2003
2004
2005
2006
2007
2008
2009
2010
2011
2012
2013
2014
2015
2016
2017
2018
2019
2020
2021
2022
2023

　長溝峪炭鉱は北京市西山地区に位置し、かつては100万トンの良質な石炭を年産していました。しかし現在ここにはすでに労働者の姿はなく、坑道の入り口も閉鎖され、地面に残されたレールの1本1本と坑道の黒いセメントだけが昔日の喧騒を物語っています。石炭の採掘と使用を減らすため、北京市は2020年までにすべての炭鉱を閉鎖するという方針を打ち出したのです。

　歴史の記載によれば、元代にはもう北京の宮廷と民間の生活で大量に石炭を使っていたそうです。明清以降、北京の西山地区は中国でも有名な炭鉱地域となりました。ある歴史学者は、北京が帝国の首都になり得た、その重要な原因の一つは、西山に豊富な石炭資源があったことだと言います。

　しかし、何世紀にもわたる大量の石炭使用により、北京は汚染が深刻な都市の一つにもなりました。炭鉱の閉鎖について老鉱夫の馮文麗さんは「鉱山で一生働いてきたから、本当にちょっと名残惜しいね。だけど撤退は遅かれ早かれだったし、これからはレジャー観光産業ができたから、西山はまたきっとにぎやかになるよ」と話します。

　京煤集団は、スキーのトレーニングやスキー旅行などができるように、またスキーのナショナルチームに2022年北京冬季オリンピックのトレーニングの場を提供できるように、旧鉱区跡にスキー産業パークを作ることを決定しました。

　イギリスのガーディアン紙のサイトは2018年2月の報道で、2017年の冬に入ってから、中国の首都の空はほとんど信じられないほどきれいだと言っています。ある外国の専門家は「中国政府上層部の措置が功を奏した。北京のPM2.5は2012〜2013年と比べて40%減少した」と指摘しました。

　35歳の楊晶さんは、前は青い空、白い雲と見れば必ず写真を撮ってWeChatのモーメンツでシェアしたと言います。しかし2017年の冬に入ってからはあまりしていません。「この数カ月、ほとんど毎日青空で、もうたいして珍しいことじゃなくなった感じ。モーメンツに上げてもあまり『いいね!』を押してもらえなくなっちゃったわ」

―全民健康―

時事中国語の教科書

―――――― 全民健康 ――――――

2020
年度版

三潴正道 ｜ 陳祖蓓 ｜ 古屋順子

朝日出版社

285

2020　まえがき

　『時事中国語の教科書』は毎年出版され、過去1年間の出来事を様々な角度から紹介するもので、2020年でシリーズ24冊目になります。

　さて、2019年とはどういう年だったでしょうか。一口で言えば、アメリカのトランプ大統領が仕掛けた貿易戦争に対する対処に追われた1年だったと言ってよいでしょう（もちろん、このまえがきを書いているのは2019年8月末の時点であり、2019年はまだあと4カ月あります）。この時点までの動きを概述すると、8月1日にトランプ大統領が、中国から輸入するすべての物品約3000億ドル相当に対し10％の追加制裁関税を課す、と発表、中国で激震が走りました。直前の7月30～31日にかけ、上海で、劉鶴副首相（対米経済交渉の責任者）とアメリカのライトハイザー通商代表、ムニューシン財務長官との間で「率直かつ建設的な話し合い」（人民日報8月1日付）が行われ、「風雨の後に虹を見た」という表現さえ使われていたのですから、わずか一晩での追加制裁関税措置の発表に中国側が驚くのも無理はありません。同6日、アメリカはさらに追い打ちをかけ、中国を為替操作国に認定しました。

　これに対し中国側も「一方的な保護主義は国際的なルールに反する」と猛反発して全面的に反論を展開、対抗措置を打ち出しました。中でも、アメリカの農産物の輸入の停止を決めたことは、アメリカの農家が中国という巨大市場をブラジルやロシアに奪われるきっかけにもなりかねません。8月13日、トランプは、中国からの一部の輸入製品に対する追加関税の実施を12月15日に延期する、と発表しましたが、その効果は不明です。

　こうした中、日本との関係改善は着実な歩みを見せています。もちろんその背景には、中国側に、米中関係が悪化する中、日本との経済関係を緊密にする必要があることと、日本を「一帯一路」に誘い、中華経済圏に取り込むことで、アメリカ一辺倒から引きはがそうという意図もあります。日本にとっても、安全保障を含め、アメリカとの緊密な協力関係は維持しつつ、中国との政治的和解と経済協力の推進によって米中間の調停役を務め、国際的地位の向上を図るメリットがあります。詳しくは第1課の「放大鏡」欄をご参照ください。

　こういった厳しい国際環境の中で、習近平政権はどんな取り組みをしているのでしょうか。2017年の党大会で確固たる権力基盤の構築に成功した習近平は、その後、共産党の内部統治を徹底的に進めてきました。その目的は時代の変化に即応した党の体質改善と一党独裁の強化です。中国共産党は現在約9000万人の党員を抱える巨大政党で、党員であることが社会におけるステイタスシンボルですが、一方では「貴

族化」の危機にも晒されています。こうした傾向に習近平は非常に危機感を感じ、党の紀律とチェック機能を高めるためには党内の「法治化」が急務である、と考え、2021年の結党100周年に照準を合わせた〈中央党内法規制定工作第二次五カ年計画（2018-2022年）〉を策定して、2018年には集中的に74もの法規を制定、関連法規に対する見直しも、2019年6月を目途に精力的に進めました。

大学など高等教育機関に対しても厳しい管理方針が打ち出されました。基本原則として、高等教育機関に対する党の指導を堅持すること、マルクス主義に基づき社会主義的立場から学問研究を行うこと、教育のすべての側面に思想的価値基準を浸透させることが掲げられ、主要大学に対する中央紀律検査監察部の監察も行われました。企業に対しては、2017年に3076の中央企業などの組織の定款総則に、指導的・政治的側面での党組織の中心的役割が明記され、また、2018年には中外合資企業にもこの方針が積極的に適用されています。

経済社会面での大変革も猛スピードで進んでいます。アリババやテンセントなどのインターネット事業者がプラットフォーマーとして急成長し、例えばアリババは、アリペイという支払い機能を活用してEC（電子商務）を展開、物流の整備やビッグデータによる信用情報を加味したビジネスインフラを消費者や企業に提供してそのマッチングを促進しています。これによって様々な新ビジネスが日ごとに続々と誕生しています。

もう一つ注目すべきが先端科学技術の急速な進歩で、その一例として、中国の宇宙開発事業の発展ぶりがあります。中国版GPSとも言える北斗衛星が地域サービスを提供し始めたのが2012年でしたが、2017年に採用された〈全国衛星測位基準サービスシステム〉はGPS、北斗、GLONASS、ガリレオなどを網羅し、ミリ単位の精度で位置情報を提供できるようになりました。同年11月には北斗三号が打ち上げられ、その後、北斗三号ネットワークに参加する衛星は2018年中に43基に達しており、2020年にはこのサービスを世界に広げる、と標榜しています。今後も中国の宇宙事業の発展から目を離せません。

最後に、本テキストの発音表記の変更について一言お断りしておきます。一般に、二つの音節が連続し、後ろの音節が母音のみで紛らわしい場合に隔音符号を付しますが、後ろの音節が母音のみでない場合でも、隔音符号がない場合に学生がまごつく場面にしばしば遭遇します。そこで、今回、思い切って、後ろの音節が子音＋母音で構成されている場合でも、紛らわしい場合は隔音符号を付しました。通用規則には反しますが、学生ファーストの考えをご理解いただければ幸いです。

令和元年秋　著者

程永华大使离任前的最后演讲（节选）
——日本一桥大学2019年新年开学致辞

很高兴来到日本社会科学领域一流学府一桥大学。特别需要指出的是，从这里毕业的大平正芳前首相，为中日关系的重建和发展，作出了重要贡献，他是中国民众熟知的中日关系掘井人。

1973年，我作为中国第一批派往日本的留学生来到日本。这段学习经历，为我了解日本、感知日本打开了第一扇窗户，也为我日后的外交事业打下了牢固基础。

70年代的日本青年充满了求知和探索的意愿。很多人来问我中国的情况，大到社会制度、历史文化，小到普通人的生活。40年后的今天，我听说，很多日本年轻人不愿走出国门，了解外面的世界。

中日两国交往历史悠久，文化相近相通。然而实际上，两国国情有不小的差异。如果最初就意识到对方是与自己不同国家、不同思维方式的外国人，在交流时，则很容易发现两国在文化上的共同点，进而增进相互理解与信赖。

这五年来，我发现了两个现象，一是日本年轻人中没有去过中国的比例很高；二是去了中国后的日本年轻人，对两国关系的认识，会发生很大变化。

两国都有百闻不如一见的说法，不前往一个国家，真正与该国民众进行面对面的交流，就很难客观、真实了解对方国家的全貌。

我衷心希望大家在一桥大学严谨的办学理念培养下，成长为具有国际视野、能够与时俱进的人才。

程永華大使より日本の若者へ贈る言葉

　日本の社会科学分野の一流学府である一橋大学を訪れたことを嬉しく存じます。特に申し上げたいのは、卒業生の大平正芳元首相は、中日関係の再建と発展に重要な貢献をなさいました。中国の人々がよく知っている、中日関係の先駆者なのです。

　1973年、私は中国から初めて派遣された日本への留学生として来日しました。このときの学習経験は、私が日本を理解し、日本を感じ取るために最初の窓を開いてくれました。そして後の外交の仕事にしっかりとした基礎を築いてくれたのです。

　70年代の日本の若者は、好奇心と探求心に満ち溢れていて、たくさんの人が私に中国の様子を尋ねてきました。大は社会制度・歴史文化から、小は庶民の生活までです。けれども40年後の今日、多くの日本の若者が国を出たがらず、外の世界を理解したがらないと聞いています。

　中日両国は往来の歴史が長く、文化も似通っています。しかし実際には、両国の国情には大きな違いがあります。もし最初に相手が自分とは異なる国で、異なる考え方をする外国人なのだと意識できていれば、交流に当たってたやすく両国の文化における共通点に気づくでしょう。さらには相互理解と信頼を増すことでしょう。

　この5年間に、私は二つの現象に気づきました。一つは、日本の若い人のうち中国に行ったことのない人の割合が高いこと。もう一つは中国に行った後には両国関係についての認識に大きな変化が起こるものだということです。

　両国にはどちらも百聞は一見に如かずという言い方があります。ある国に行ってみて、本当にその国の一般大衆と直接の交流をしなければ、相手国の全貌を客観的に、真に理解することは難しいのです。

　みなさんが一橋大学の謹厳な運営理念に育てられて、国際的な視野を持ち、時代とともに歩む人材へと成長されることを、心から願っております。

称呼中看出人际关系和社会的变化

TOPIC 2

〈1〉 怎么叫年轻的女性

很多人觉得，现在能用来称呼年轻女性的词越来越少。上世纪流行过叫"小姐"，一时，不管是官方的还是民间的职场，都以叫"小姐"为主。饭店的女服务员也是"小姐"。但是，90年代后期，"小姐"成了特殊职业的代名词，年轻女性开始拒绝这个称呼。

有个网友说，去饭店吃饭，喊"小姐，买单！"店员一个也不理他，喊了"服务员"后，才有店员过来。后来也流行过"美女"、"小姐姐"等称呼，但都遭到女性拒绝。

那么，对年轻的女性，到底该怎么称呼才既有时代气息、又得体呢？今天的中国，女性的社会地位在提高，但对女性的称呼却还跟不上时代的发展。

〈2〉 丈夫、妻子称呼的变化

这一百年里，家庭成员称呼中，变化最多的大概是对丈夫和妻子的叫法。上世纪2、30年代，开始流行用"先生"和"太太"。大陆也在上世纪80年代恢复使用这种称呼，不过，表示敬意的时候比较多。

上世纪3、40年代，革命根据地提倡男女平等，于是夫妻互相用"爱人"称呼对方。这个称呼，在解放后，只用于大陆，而现在的年轻人已经很少使用这个词了。

目前最流行的叫法是"老公"、"老婆"。据说，这是由于受港台地区的电影的影响。虽然称呼里有"老"字，但是用的最多的却是年轻人。

夫妻之间称呼的变化，也反映了中国社会中男女的社会地位以及关系的变化。

呼び名に見る人間関係と社会の変化

〈1〉 若い女性をどう呼ぶか

　多くの人が、現在若い女性を呼ぶのに使える言葉は減る一方だと感じています。20世紀には"小姐"と呼ぶのが流行り、一時期はお役所でも民間の職場でも"小姐"と呼ぶのが主流でした。レストランのウェイトレスも"小姐"だったのです。しかし90年代後期、"小姐"は特殊な職業の代名詞となり、若い女性はこの呼び方を嫌うようになりました。

　あるネットユーザーが言うには、レストランで食事をしたとき、「"小姐"、お勘定！」と叫んでも店員は誰一人として構ってくれず、"服務員"と呼ぶとようやく店員がやって来たということです。その後は"美女"や"小姐姐"などの呼び方も流行りましたが、いずれも女性の拒絶に遭いました。

　それなら、若い女性に対していったいどう呼べば、今風でもあり、ふさわしくもあるのでしょうか。現在の中国で、女性の社会的地位は向上しつつありますが、女性の呼び方のほうは時代の発展についていけていないのです。

〈2〉 夫・妻の呼び方の変化

　この百年の間に、家族の呼び方の中で変化が最も多かったのはおそらく夫や妻への呼び方でしょう。1920～30年代に"先生"と"太太"を使うのが流行り始め、大陸でも1980年代にこの呼び方が再び使われるようになりましたが、敬意を表するときが比較的多数でした。

　1930～40年代、革命根拠地では男女平等が提唱されました。そこで夫婦は互いに相手を"愛人"と呼ぶようになりました。この呼び方は解放後に大陸で使われただけで、現在の若い人はすでにこの言葉をあまり使わなくなっています。

　現在最も流行っている呼び方は"老公"と"老婆"です。これは香港・台湾地域の映画の影響を受けたためだそうです。呼び方に"老"という漢字がありますが、一番よく使うのは若い人です。

　夫婦間の呼び方の変化は、中国社会における男女の社会的地位と関係の変化をも反映しているのです。

茶马古道上的普洱思茅——从普洱茶到咖啡豆

云南省普洱思茅地区，自古以来就是普洱茶的重要产地。普洱茶闻名于世，是近代的事情，古代则是藏族地区不可缺少的饮料材料，藏民族爱喝的酥油茶需要普洱茶。滇藏茶马古道就是一条马帮们的道路。

滇藏茶马古道大约兴起于唐代，千百年来，在险峻的山岭中，无数的马帮踏出了一条漫长的小道。思茅地区当地的老人至今还有马帮的记忆："马帮来了，就可以和他们交换想要的东西。""我们这里是茶马驿道上的必经之地，来来往往的人都要在这里歇脚。"

今天，马帮已成历史，古道遗迹也成了观光地区，但普洱思茅地区却开始了一条新的发展之路：生产咖啡。习惯种茶的农民开始转种咖啡。

上世纪80年代后期，雀巢公司的人偶然来到普洱思茅地区，发现这里非常适合种植咖啡豆。此后的30年里，雀巢公司先后派出七位农艺专家到普洱指导咖啡种植。其中第四和第五任专家是比利时人杨迪迈和邬特，巧的是他们是父子。

2002年，父亲杨迪迈来到普洱，手把手指导当地农民种植咖啡豆，赢得了当地人的尊重。儿子邬特则经常骑着摩托车，跑在难行的普洱山路上，进村串寨，和咖农面对面交流，不断扩展雀巢的"咖啡地图"。

普洱，现在已成为一个产量高、品质优的咖啡豆产地，不仅是雀巢公司，就连星巴克也开始使用普洱生产的咖啡豆。从茶马古道的普洱茶源头到"中国咖啡之都"，普洱的历史仍在延续。

茶馬古道の里——プーアル茶からコーヒー豆へ

　雲南省普洱市思茅地区は古くからプーアル茶の主要産地です。プーアル茶が広く世に知られるようになったのは近代のことで、古代にはチベット族地域で欠かすことのできない飲み物の材料でした。チベット民族が好んで飲むバター茶にはプーアル茶が必要です。雲南–チベット茶馬古道とは荷馬のキャラバンの道なのです。

　雲南–チベット茶馬古道はおよそ唐代あたりに興り、長い間、険しい峰々の間を無数の荷馬のキャラバンが通ったために、長い1本の小道ができたのです。思茅地域の現地の老人は、今でもまだキャラバンのことを覚えています。「キャラバンが来れば、欲しいものを彼らと交換できたよ」「ここは茶馬駅道（宿場をつなぐ道）で必ず通る場所だ。行き交う人はみんなここで足を休めたもんだ」

　今では、キャラバンはすでに過去の歴史となり、古道遺跡も観光地域になっていますが、普洱市思茅地区は新たな発展の道をスタートさせました。コーヒーの生産です。お茶の栽培に慣れている農民が、コーヒーへの転作を始めたのです。

　1980年代後期、ネッスル社の人がたまたま普洱市思茅地区にやって来て、ここがコーヒー豆栽培にたいへん適していることに気づきました。その後の30年に、ネッスル社は相次いで7名の農芸専門家を普洱市に派遣し、コーヒー栽培を指導しました。そのうち4番目と5番目の専門家はベルギー人のヤン・デ・スマイトとウォタで、うまい具合に彼らは父と子でした。

　2002年、父のヤン・デ・スマイトは普洱にやってきて、現地の農民に手取り足取りコーヒー豆栽培を指導し、現地の人からの尊敬を集めました。息子のウォタはいつもバイクで普洱の走りにくい山道を走って村や集落を一つひとつ回り、コーヒー農家とじかに交流してネッスルの「コーヒー地図」を絶えず拡張したのでした。

　普洱は今やもう生産量が多く質のよいコーヒー豆の産地となり、ネッスル社だけでなくスターバックスまでもが普洱で生産されたコーヒー豆を使い始めました。茶馬古道のプーアル茶の源から「中国コーヒーの都」へ、普洱の歴史はいまだに続いているのです。

1998
1999
2000
2001
2002
2003
2004
2005
2006
2007
2008
2009
2010
2011
2012
2013
2014
2015
2016
2017
2018
2019
2020
2021
2022
2023

中国进入全民健身时代

"富态",在三、四十年前,可能还是个褒义词,说明有福气。一个人要是太瘦,则会被人说是骨瘦如柴。

进入21世纪以后,很多职业女性认为"瘦弱、苗条"才是理想的身材,并选择通过节食减肥。但是这种减肥,表面上是瘦了,其实对健康并没有任何好处。

这几年,出现了对健美体形的追求。26岁的唐女士,身材强健,腹肌明显,皮肤黝黑,这些都不符合中国人对女性的传统审美观。她说,周围人刚开始很难接受她的转变,"我奶奶起初完全不理解,为什么我想变得这么壮。"但是,现在很多人都羡慕她,说"我也想变得像你一样。"

健身房教练杨磊说,在他出生的80年代,几乎没人想到这也能成为职业,但是,今天,报考体育大学、成为一名健身教练,已经是很自然的选择。

尽管如此,业内人士认为,中国的健身热潮高峰远远没有到来。现在,中国一二线城市只有约5%的人去健身房,全国其他地区最多也只有百分之一。

2019年6月底,国务院发表了《关于实施健康中国行动的意见》,明确要求,"建立健全健康教育体系","实施全民健身行动","努力打造百姓身边健身组织和'15分钟健身圈'"。

有五千年养生之道的中国,以运动方式追求健康,大概是史上第一次。到2025年,预计会有五亿人积极参与体育运动,健身产业也将成为未来中国经济增长的新亮点。

中国、総フィットネス時代へ

「恰幅がいい」は30〜40年前にはまだ褒め言葉で、福々しいことを表していました。あまりに痩せている人は、人から枯れ枝のように痩せていると言われたものです。

21世紀に入ってから、多くの働く女性は「ひょろっとしてスリムである」ことこそが理想のスタイルだと考えて、食べるのを控えることでダイエットするようになりました。しかしこういうダイエットは、見た目が痩せても健康には何のメリットもありません。

ここ数年、健康的な体型への追求が始まりました。26歳の唐さんはスタイルががっちりしていて、腹筋はくっきり割れ、肌は日焼けしています。これは全部、女性に対する中国人の伝統的な美的感覚に合いません。周りの人ははじめのころ、彼女の変わりようをなかなか受け入れてくれなかったと彼女は言います。「祖母は最初まったく理解してくれませんでした。なんで私がこんなにたくましくなりたがるのかって」。しかし今では多くの人が彼女を羨み、「私もあなたみたいになりたい」と言います。

スポーツジムの楊磊コーチは、自分の生まれた80年代にはこれが職業になるなんてほとんど誰も思わなかったと話します。しかし今では、体育大学を受験してジムのコーチになるのはすでにごく自然な選択です。

とは言うものの、業界関係者は、中国のフィットネスブームはまだまだ先のことだと見ています。中国の一、二級都市でジムに行く人は約5％しかおらず、全国の他の地域では多くてもせいぜい1％しかいません。

2019年6月末、国務院は「健康中国キャンペーン実施に関する意見」を発表し、「健康教育体系を打ち立て整備し」、「全国民のフィットネス活動を実施し」、「一般市民の身近なフィットネスの場と『15分フィットネス圏』を作るよう努める」ことをはっきりと求めました。

五千年の養生の道を持つ中国ですが、運動という形で健康を追求するのはおそらく史上初めてのことです。2025年までには5億人が積極的にスポーツをするようになるという見込みで、フィットネス産業は将来の中国経済成長の新たな特色にもなるでしょう。

2021年度

―后疫情时代―

時事中国語の教科書

―后疫情时代―

2021年度版

三潴正道　陳祖蓓　古屋順子

朝日出版社

1998
1999
2000
2001
2002
2003
2004
2005
2006
2007
2008
2009
2010
2011
2012
2013
2014
2015
2016
2017
2018
2019
2020
2021
2022
2023

2021　まえがき

　学生諸君がこの教科書を手にする2021年は、習近平政権にとってまさにその命運を決する重大な年になります。その解説をする前に、例年のことですが、中国の政治システムをお話ししましょう。

　中国は、中国共産党による一党独裁国家です。民主諸派と言われる小政党もありますが、共産党の指導下にある歴史的産物であり、権力とは無縁と言ってよいでしょう。

　中国は「共産党が国家を指導する」国であり、最高議決機関は5年に1回開催される共産党大会で、2と7がつく年に開催され、直近では2017年に第19回党大会（19全大会）が開催されました。次は2022年です。最高指導者は党の総書記で、今は習近平氏です。日本の内閣に当たるのが国務院で、現在は李克強氏が首相ですが、当然、党の指揮下にあり、日本のような三権分立制は採用していません。国会に当たる全国人民代表大会は毎年春に開催されます。

　こうした政治の動きに対し、経済は計画経済で、2021年には第14次5カ年計画（2021年-2025年）が始まります。したがって、2021年という年は、新たな5カ年計画スタートの年であり、かつまた、次の党大会の前年になります。加えて、2021年は習近平政権が「小康社会」の実現、すなわち貧困撲滅を公約した年限であり、達成できなければ政治的責任を問われます。

　しかし、2020年に終了した第13次5カ年計画は、トランプ大統領のアメリカとの米中貿易戦争と新型コロナウイルスの影響で、当初の計画通りにはいかず、政府は経済の立て直しに必死という状態です。以前より掲げていた「2025年には世界の製造大国から製造強国になる」というスローガンも当面ひっこめざるを得なくなりました。

　一方、外交面では、近年の南シナ海における強硬姿勢に対する一部の東南アジア諸国の反発や、香港での統制強化に起因する西側諸国からの反発、さらには、知財権問題などに絡んだ欧米諸国による包囲網の形成などが相次ぎ、習近平政権の大きな旗印だった「一帯一路」という中華経済圏の形成にも黄信号が点滅し始めています。

　この難局を打開しなければ、2022年の党大会以降、習近平政権は圧倒的な政治基盤を維持することが難しくなり、新たな政治的緊張へとつながる可能性も生じてきます。

　以上のように、まさに内憂外患といった局面に遭遇している習政権ですが、そこだけに目を向けていると、逆に中国を見誤る可能性があります。特に、日本では、中国に対するネガティブな見方が一世を風靡し、中国の長所や実力の高さを褒めようものなら、即左翼のレッテルを貼り、自由な言論を封殺するような、目に見えな

い言論統制が生じています。批判すべきは批判し、主張すべきは主張しつつも、良いところは認め、学ぶべきは学び、民衆レベルの友好往来を促進して相互理解を深めるという努力を怠れば、戦前の過ちをまた繰り返すことになるでしょう。

通信技術の5G、クラウド技術、AIロボット、北斗システムなどに代表される新産業革命に中国は国を挙げて取り組み、多くの面ですでに日本を凌駕しています。人類の科学技術発展の歴史を辿ると、コペルニクスによる地動説やニュートン力学などにより近代物理学が誕生した16〜17世紀の第一次科学技術革命と、それをベースにした18世紀の第二次科学技術革命（蒸気機関や様々な機械の発明）によって、西洋が世界の科学技術の主導権を握るまでは、中国にも世界の科学技術を牽引した時代がありました。

しかし、18世紀以降、中国はその面で急速に落後しました。19世紀には電力革命や輸送革命、20世紀には相対性理論や量子論が登場、さらに、第五次科学技術革命とも位置付けられる、コンピュータやインターネットによる電子革命、情報革命が次々と起こりましたが、中国は1978年に鄧小平の改革開放が始まるまで、先進国との距離がますます開き、終には自らを「発展途上大国」と称せざるを得なくさえなりました。これではならじと取り組んだ最初の一歩が1986年の863計画（国家ハイテク発展計画）で、通信技術分野における1Gから現在の5Gに到る、先進国に対する追走と凌駕はまさにその孜々たる奮闘努力の結果と言えます。

昨年5月の全人代で、中国は宿望の民法典を制定しました。経済から医療・教育・社会保障・社会生活に到る様々な規定は、共産党支配の維持に関する政治的要素を除けば、画期的な内容を含み、待望されていた内容を多く含んでいます。その面での学者たちの努力は正当に評価されなければなりません。

香港問題でクローズアップされた民主と人権の問題をどう処理するかは、今後の中国に対する国際的評価を左右します。中国にとって香港は依然うま味はあるものの、深圳・広州・マカオなどを含む大港湾区構想が現実になった今、その相対的価値は以前ほどではなく、歴史的使命を終えつつあると言ってよいでしょう。そこに咲いた独自の融合文化にはかけがえのない価値があるものの、歴史上、多くの交易都市が時代の変遷によってその光を失ったことも事実です。

中国は、台湾についても、海南島の発展を速め、台湾を凌駕することで、台湾の経済的地位の低下を促し、中国に吸収されざるを得ない状況を造り出そうとしています。その是非はさて置き、それこそが「和平的演変」であり、選挙に公然たる圧力を加えるような、北風が旅人の服を脱がせるやり方ではなく、太陽が旅人に服を脱がせたような円満な方策も考えるべきでしょう。それこそが大国の度量であり、世界から尊敬される大国になれるチャンスです。

令和2年秋　三瀦正道

299

一座城市，就这样突然安静下来了
——选自郭晶《武汉封城日记》

1月24日

　　世界安静得可怕。我是独居，偶然听到楼道里的声音才能确定还有其他人在。

　　我有很多时间思考自己要怎么活下去。我的目标之一是尽量不让自己生病，我要坚持锻炼。此外，要活下去，食物也是必要的。目前，政府没有说要封城多久，也没有告诉我们封城后怎么保证城市的运转。

　　社区楼下的药局和便利店都没有营业。路上看到"饿了么"的快递还在送餐，感到一丝丝安慰。超市里抢购的人依然很多，面类几乎被抢光了，米倒是还有一些。我想，既然来了，就买一些东西。

　　匮乏让人没有安全感，尤其在这种有关生存的极端情况下。

2月7日

　　突然，网上有人说："李文亮死了！"

　　我翻了朋友圈，大家都在说，希望李文亮死亡的消息是谣言。可是我们没法随意定义谣言，我们没法让我们不愿意相信的事情变成谣言。

　　睡不着，打开手机，满屏都是关于李文亮的消息。

2月8日

　　有人说，疫情过去，人们就很快会忘记。不，遗忘没那么容易，我们可能无法记得所有人，但我们大部分人都无法忘记这段时间。我们会带着这段日子的记忆生活下去。

　　网上有人发起祭奠李文亮的活动，晚上9点到9点05分用手中能发出光的所有物品照着窗外，并集体吹响口哨。

　　9点钟，我看到住处外的大楼的一些角落里亮起了微弱的光。

　　那一刻，我们是彼此在黑暗中的光，这是穿破封锁的光。

町はこうしてふいに静まり返った

1998
1999
2000
2001
2002
2003
2004
2005
2006
2007
2008
2009
2010
2011
2012
2013
2014
2015
2016
2017
2018
2019
2020
2021
2022
2023

1月24日

　世界は怖いくらい静かだ。一人暮らしなので、何かの拍子に廊下から聞こえる物音で、かろうじてまだ他の人がいるとわかる。

　自分がどう生きていくかを考える時間はたっぷりある。私の目標の一つはできる限り自分が病気にならないこと。だからトレーニングは欠かさない。それに生きていくためには食べ物も必要だ。今、政府はどれだけロックダウンするのかということも、ロックダウン後に都市の運営をどう保証するかということも言っていない。

　団地の1階の薬局やコンビニは営業していない。途中、「オーラマ」の配達員がまだデリバリーをしているのを目にして、わずかにほっとする。スーパーでは買いだめする人が相変わらず多くて、麺類はほぼ売り切れ。でも米はまだ少し残っている。せっかく来たのだから、何か買おうと思う。

　品不足のせいでみんな安心感が持てずにいる。ことに、生存を左右するようなこういう極端な状況ではなおさらだ。

2月7日

　ふいに、ネットで誰かが「李文亮が亡くなった！」と言う。

　モーメンツを開いてみると、李文亮死亡の知らせがデマであってほしいと大勢の人が言っている。でも私たちはデマだと勝手に決めつけられないし、自分たちが信じたくないことをデマだとすることもできない。

　眠れないままにスマホを見ると、李文亮に関する話が画面を埋め尽くしていた。

2月8日

　コロナ禍が過ぎ去ったらみんなすぐに忘れてしまうと言う人がいる。いや、忘却はそれほどたやすくはない。私たちはすべての人を覚えてはいられないかもしれないが、大部分の人はこの一時期を忘れられない。私たちはこの一時期の記憶を抱いたまま生きていくのだろう。

　ネットで、李文亮の追悼活動を始めた人がいる。夜9時から9時5分まで、何でも光るものを手にして窓の外を照らし、みんなで口笛を吹こうというものだ。

　9時。外のビルのあちこちで微かな光が灯り始めた。

　そのとき、私たちはそれぞれが暗闇の中の光だった。ロックダウンを突き破る光だった。

※《武汉封城日记》は台湾聯経出版社から2020年3月に初版が刊行された。

《三体》，在日本受到热捧

2021

2020年6月，新冠病毒疫情还在蔓延，但日本的书店却在热销中国科幻作家刘慈欣的《三体Ⅱ》。不到一周，《三体Ⅱ》就登上了日本亚马逊图书热卖榜单的榜首。多家书店贴出告示："现货已卖光，只接受预订"。日本网友也都是超高评价："一旦开读就停不下，请快点翻译续集"、"无与伦比的想象力，真是了不起"。

前一年7月，《三体》第一部发售时，立即引发了"《三体》热"，一周之内加印了10次。日本知名游戏设计师小岛秀夫说："一口气读完，天哪，好久没接触过这么宏大的正宗科幻作品了。"

《三体》开头的舞台是上世纪60年代的中国，正是文革时期，受到政治打击的一个科学家，在独自偷偷研究时找到了地球外的文明世界——"三体"。人类地球文明到底是什么？作品从历史的反复演绎中努力寻找这个问题的答案。

《三体》从2006年开始在国内一本科幻杂志上连载，2008年，《三体》第一部出版，但是都没有受到很大关注。直到2015年获得第73届雨果奖以后，才正式进入主流媒体的报道。作者刘慈欣是个理工男，大学毕业后成了一名计算机工程师。一个跟文学没有缘分的人，进入21世纪后，开始写起了科幻小说。

这部作品在日本卖得这么好，大概是跟日本人从小就接触科幻动漫有关。而作品中反复出现的毁灭和重生的故事，似乎又与新冠病毒疫情的情况相重叠，也许这也是作品受到欢迎的原因之一吧。

中国SF『三体』が日本で大人気

2020年6月、コロナ禍はまだ蔓延の真っ最中でしたが、日本の書店では中国のSF作家・劉慈欣の『三体Ⅱ』が飛ぶように売れていました。1週間足らずで『三体Ⅱ』は日本のアマゾン図書ベストセラーランキングのトップに躍り出たのです。多くの書店では「在庫は完売しました。予約のみ受け付けます」と告知を貼り出しました。日本のネットユーザーも「読み始めたら止まらない、早く続きを翻訳してください」「類まれな創造力、本当にすばらしい」と、きわめて高評価でした。

前年の7月、『三体』第一部が発売されたとき、たちまち「『三体』ブーム」が起き、1週間で10回も重版されました。日本の有名なゲームクリエイター小島秀夫さんは言います。「一気に読んでしまいました。わお、こんな壮大な正統派SFには長いことお目にかかってないぞってね」

『三体』の冒頭の舞台は1960年代の中国で、ちょうど文革の時期です。政治的に弾圧された科学者が一人ひそかに研究を進めていたとき、地球外の文明世界――「三体」を見つけました。人類の地球文明とはいったい何なのか。作品は繰り返される歴史の演繹からこの問いの答えを見つけ出そうとします。

『三体』は2006年から中国国内のSF雑誌で連載が始まり、2008年に『三体』第一部が出版されましたが、たいして注目されませんでした。2015年に第73回ヒューゴー賞を獲得するに至って、初めてきちんとメジャーメディアで報道されるようになったのです。作者の劉慈欣は理系男子で、大学卒業後はコンピュータのエンジニアになりました。文学とは縁もゆかりもなかった人物が、21世紀に入ってからSF小説を書き始めたのです。

この作品が日本でこんなにも売れ行きがよいのは、おそらく日本人が子どものころからSFアニメに触れていることと関係があるのでしょう。しかも作品に繰り返し現れる滅亡と再生の物語は、新型コロナウイルス禍とも重なるようです。このことも作品が喜ばれた原因の一つなのかもしれません。

1998
1999
2000
2001
2002
2003
2004
2005
2006
2007
2008
2009
2010
2011
2012
2013
2014
2015
2016
2017
2018
2019
2020
2021
2022
2023

中国第一部民法典

新中国历史上首个以"法典"命名的法律——《中华人民共和国民法典》，终于将于2021年1月1日起施行。

2014年，共产党的第十八届四中全会提出要编纂民法典。在此后的五年多的时间里，经过多次审议，2019年底，民法典草案亮相。草案原本要在2020年3月初召开的人大会议上审议通过的，但是由于新冠病毒疫情爆发，人大会期延期，因此，在5月召开的人大会议上，草案中又新增了跟疫情防控有关的规定。

民法典共1260条，总计10万余字，是新中国成立以来条文字数最多的一部法律草案。草案内容涵盖了老百姓生活的方方面面，几乎涉及人一生中所有的民事行为，被誉为"社会生活的百科全书"。

比如，胎儿有继承遗产、接受赠与权利。离婚登记后还将经历30天的"冷静期"，即30天内，可随时撤销离婚登记。又，住在高层公寓的人随便往下扔东西，以前因为没有相关民法，被高空抛物砸伤的人无法要求赔偿，这次也有了明确的规定。

另外，如何在互联网时代保护个人隐私，如何界定"人肉搜索"，《民法典》对这些问题也有了严格限制。比如，如果有个司机在发生交通事故后逃逸，可公布他的信息，但不能把他家庭成员的信息都公布。

有了《民法典》，每个人不仅能用法律来保护自己，同时也将对自己的每个行为负责。

中国初の民法典

　中華人民共和国史上初の、「法典」と名付けられた法律——「中華人民共和国民法典」がついに2021年1月1日から施行されます。

　2014年、中国共産党の第18期四中全会で民法典の編纂が提起されました。その後の5年あまりの間に、幾度もの審議を経て、2019年末に民法典の草案がお目見えしたのです。草案はもともと、2020年3月初めに開かれる人民代表大会で審議され採択されるはずでした。しかし新型コロナウイルスの大流行によって人民代表大会の開会時期が延期されたため、5月に開かれた人民代表大会では草案に疫病の予防とコントロールに関する規定が書き加えられました。

　民法典は合わせて1260条、総計10万字あまりで、新中国の誕生以来、最も条文の文字数が多い法律草案です。草案の内容は一般民衆の生活のあらゆる面をカバーしており、人生における民事行為ほとんどすべてに関わるので、「社会生活の百科事典」とたたえられています。

　例えば、胎児にも遺産を相続したり贈与を受けたりする権利があります。離婚届を出した後には30日の「クーリングオフ」期があります。つまり30日以内であればいつでも離婚届を撤回できるのです。また、高層マンションに住んでいる人が好き勝手に物を投げ捨てることに、以前は関連する民法がなかったため、上から投げ捨てられたもので怪我をした人は賠償を請求することができませんでしたが、今回はこれも明確な規定ができました。

　このほか、インターネット時代にプライバシーをどう保護するか、「ネット上での人海戦術による捜索」をどう規定するか、「民法典」はこうした問題にも厳しい制限を設けました。例えば、もしあるドライバーがひき逃げ事故を起こした場合、本人の情報は公開してもよいのですが、その家族の情報まで公開してはいけません。

　「民法典」ができたことで、誰もが法律で自分を守ることができるばかりでなく、自分の一つひとつの行為にも責任を負うことになるのです。

今天，北斗也在为你导航

"5、4、3、2、1，点火！起飞！"2020年6月23日上午9时43分许，搭载北斗卫星的长征运载火箭，在西昌卫星发射中心点火发射。北斗收官之星奔向苍穹。从2000年起的20年里，中国共发射了55颗北斗卫星，形成了中国的北斗卫星导航系统。

"国外的导航系统每套20万元左右，我们根本用不起，而北斗只需要六七万元，成本大大降低。去年，我们利用北斗导航植树、小麦套种，效果很好。"宁夏吴忠市的拖拉机公司经理谭振龙说。"拖拉机'无人驾驶'全靠北斗导航的'天眼'。行驶千米，误差不超过3厘米，我们的工作量减少了将近一半。"拖拉机司机马海涛说。

哈啰单车也是利用北斗导航系统的公司。前几年，共享单车出现时，给人们的出行带来了方便，但同时也带来了乱停乱放的问题。哈啰单车通过接入北斗高精度导航定位，引导用户规范停放。而对用户来说，可以通过智能手机更准确、更便捷地找车、用车。"北斗导航定位覆盖范围更大，定位盲区小，"哈啰出行的一位干部说。

北斗卫星导航系统也由此完成了全球组网建设，和美国的GPS、欧盟的伽利略等一起，成为目前世界上最先进的定位系统之一。同时，北斗的导航服务已进入中国大众消费领域，在智能终端设备、在线远程工作方面发挥作用，改变着人们的生产、生活方式。

北斗ナビが見守る今日の世界

　「5、4、3、2、1、点火！ 発射！」。2020年6月23日午前9時43分ごろ、北斗衛星を搭載した長征運搬ロケットが西昌衛星発射センターで点火され打ち上げられました。北斗の最後の衛星が宇宙へ飛び立ったのです。2000年からの20年に、中国は計55基の北斗衛星を打ち上げ、中国の北斗衛星ナビゲーションシステムを構築しました。

　「国外のナビは1セット20万元くらいするから、私たちにはとうてい使えません。でも北斗はわずか6、7万元で、コストは大幅に下がります。昨年私たちは北斗ナビを利用して植樹や小麦の間作を行い、効果は良好でした」と語るのは、寧夏回族自治区呉忠市にあるトラクター会社の譚振竜社長。トラクター運転手の馬海濤さんは「トラクターの『無人運転』はすっかり北斗ナビの『天の目』頼みなのです。1000メートル進んで誤差は3センチ未満。私たちの仕事量は半分近く減りました」と言います。

　ハローバイクも北斗のナビゲーションシステムを利用する会社です。数年前にシェアサイクルが登場したとき、人々の外出は便利になりましたが、同時に乗り捨て問題ももたらされました。ハローバイクは北斗の高精度測位ナビゲーションに接続することで、ユーザーが決まった場所に停めるよう誘導したのです。またユーザーにとっては、スマホを使ってより正確に、より便利で早く自転車を探し、利用できるようになりました。「北斗ナビの測位カバー範囲はより広く、測位の盲点はより狭くなっています」と、ハローグローバル社の幹部は言います。

　これにより北斗衛星ナビシステムもGNSSの構築を完了し、アメリカのGPS、EUのガリレオなどとともに、現在世界最先端のナビゲーションシステムの一つになりました。同時に、北斗のナビゲーションサービスはすでに中国の一般大衆の消費領域に入っており、AI端末設備やオンラインのリモートワーク分野で役割を果たし、人々の生産・生活方式を変えつつあります。

─双循环─

時事中国語の教科書

──双循环──

2022
年度版

三潴正道 ｜ 陳祖蓓 ｜ 古屋順子

BEIJING 2022

朝日出版社

1998
1999
2000
2001
2002
2003
2004
2005
2006
2007
2008
2009
2010
2011
2012
2013
2014
2015
2016
2017
2018
2019
2020
2021
2022
2023

2022　まえがき

　学生諸君がこの教科書を手にする2022年は、習近平政権の存続の可否が決まる重大な年になるでしょう。本来ならば2期10年となっていた建前が崩れ、習近平が続投の道を歩むことはすでに公然の事実になろうとしています。江沢民政権にしても胡錦濤政権にしても、2期目に入る党大会で次期総書記・首相候補を中央政治局常務委員に抜擢し、内外に示したのですが、習近平はそれをしていません。それゆえ、10月の党大会を前に、すでに様々な動きが見られ、憶測も飛び交っていますが、その話はさて置きましょう。

　ともかく、上述の理由から、昨年、つまり、2021年は習近平にとって、強固な政治的基盤を築いておくべき極めて重要な年になり、総書記就任時より掲げていた2021年に貧困を全面的に撲滅するという目標のクリアとともに、経済の安定、外交面の成果が不可欠でした。

　トランプ前大統領の中国叩きに苦しんだ中国は、2021年のバイデン氏のアメリカ新大統領就任をチャンスと見、1/21のバイデン大統領就任式に際しては率直に「トランプ時代、非常に不幸な時期を経験したが、両国人民はより素晴らしい未来に期待を寄せることができる」と語り、2月初旬には1.アメリカの内政に干渉しない、2.中国式発展モデルを輸出しない、3.イデオロギー的に対抗しない、4.アメリカの位置に取って代わらない、という「四つのしない」を打ち出すとともに、「一つの中国」の原則を遵守し、台湾問題における中国の立場を尊重し、香港・新疆・チベット問題に触れないよう要請しました。

　このようなソフトな姿勢は3月の全人代終了まで続きましたが、3月後半からは核心的問題（台湾・香港・新疆など）に関する激しい応酬が始まり、それと並行して、EU、中東、ASEANなどを対象としたそれぞれの同盟関係構築合戦が火花を散らしました。そのさなか、3/18-19に米中外交首脳会談が行われ、冒頭の90分の火花が大々的に報じられましたが、それでも王毅外相は「双方はそれぞれの立場を述べただけ」と述べ、外交部スポークスマンも「米中外交首脳会談はタイムリーで有意義だった」と論評しました。

　その後、4月初旬は中国空母が台湾沖で訓練をしたり、クアッドとフランスがインド洋で海上共同訓練をしたり、香港では逮捕者が1万人を突破したりと、厳しい応酬が続きましたが、その一方で、李克強首相が北京で米国財界首脳と対話し、ともに衝突を避け協力することで合意したり、4/14からは、ケリー特使が訪中して中国にアメリカ主宰の「気候変動サミット」への協力を要請したりという探り合いも続きました。4/20のボアオアジアフォーラムで習近平がアメリカ名指し批判を避け、台湾問題にも

触れなかったことは、中国政府が日米との連携を望んでいたことを示しています。

　6月にG7首脳会議が中国を強く牽制する共同声明を採択したり、NATO首脳会議が中国を体制上の挑戦と見なす共同声明を採択したりする中、中国はアメリカ離脱後のTPPへの参加を希望するとともに、中国主導の経済圏作りに向けてRCEPへも期待をかけています。中国外交部は、中米の「競争」について「中国はアメリカを追い越すことを目標とせず、自らを凌駕する」と述べていますが、迫り来る党大会を前に、じわじわと広がる中国包囲網に対し、経済的優位と一帯一路政策を足掛かりに、また、気候変動に対する国際協力でのイニシアチブを突破口に、いかに強気の外交姿勢を保つか、北京冬季オリンピックの成否と合わせ、まさに正念場と言えましょう。

　内政に目を転じると、コロナ対策ではしっかりと封じ込めに成功したものの、プラットフォーマー、アリババに対する規制強化、半導体の紫光集団の経営危機、不動産の恒大集団の経営危機など、次々と大問題が生じています。権力抗争という側面と経済システムの問題という側面が絡みますが、いずれにせよ、それぞれが中国的経済システムの病根の顕在化事例という側面をぬぐい切れず、特に不動産問題は、金融システムの屋台骨をも揺るがしかねません。しかし、投機を目的とした経済バブルが巨大化し、ハードランディングを起こせば、世界金融危機の震源地にもなりかねず、その意味では、コントロール可能なうちに破産処理へ導くのは、むしろ当然成すべき施策とも言えましょう。経済面で直面している大きな課題の一つが国営企業と民営企業の問題でしょう。最近は混合所有形態も珍しくなくなってきましたが、その内容を見れば、平等な取り扱いがされているかはいまだ改善途上であり、民営側から見れば有形無形の壁が至る所に存在しています。国有大企業の存続を進めたのはまさに習近平その人であり、これをどう整合させるか、それは対外的にも、TPP参加の大きな障害になっています。とはいえ、今後の中国経済を考えるとき、民営経済の発展は、政府もこれを率直に認め、推進しているように避けられない必然的道筋であり、着地点をどう見出すかは、市場主体の権利擁護を含め、社会主義市場経済の根本理念への問いかけになるでしょう。まさに、2030年へ向けた大きな試金石と言わざるを得ません。

　カーボンニュートラルをいかに実現するか、これも長期目標を見据えた政策対応は急務になっています。このまえがき執筆時に、中国では大規模停電が相次いでいます。急激な改革が地方へのノルマ押し付けと業績争いを助長し、様々な混乱を生み出すわけです。中国で2000年代初期の電力不足を契機に発展したのが原子力発電でした。その後、大気汚染問題もあり、新エネルギー開発へ邁進する中、原発への比重も増しつつあり、すでに47基の原発が稼働中、さらに11台も建設中です。2019年9月に、国務院は〈中国の核の安全〉という白書を発表し、安全への取り組みを強化しましたが、核の安全もまた核心的課題と言えましょう。

令和3年秋　三瀦正道

中国生育政策之变迁

北京大学法学楼前的老校长马寅初的铜像见证了中国生育政策的几度调整。马寅初早在1953年就提出节制生育，但是直到1982年，马寅初去世后几个月，计划生育政策才被写入宪法。

进入21世纪后不久，中国人口的主要矛盾已经不再是增长过快，而是人口红利将消失、少子老龄化、出生性别比失调等问题。国家从2011年起开始实施双独二孩政策，而后又开放单独二孩政策。2016年，独生子女政策正式终结，强制避孕节育也成为了历史。

据统计，中国总和生育率现在仅为1.3，甚至低于一些欧美发达国家。沿袭了数千年的多子多福的传统思想在今天的中国已荡然无存。当专家还在讨论如何调整人口结构比例时，中国社会已经出现了深刻的变化。社会生育、养育、教育三方面的成本越来越高，使得很多年轻人不敢结婚、不敢生育。据调查，排名前三的"不敢生"原因是：经济负担重、没人带孩子、女性难以平衡家庭与工作的关系。

2021年5月，国务院在公布第七次全国人口普查主要数据后，又同时宣布"实施一对夫妻可以生育三个子女的政策"。7月21日，政府部门又出台了三孩配套政策，将重点放在扩大托儿服务上，以解决年轻人"不敢生"的问题。但是，即使这样，愿意生第三个孩子的家庭大概也不会很多。微增加，或许也是新政的目的之一。

中国人口政策の移り変わり

　北京大学法学部棟の前にある馬寅初もと学長の銅像は、中国人口政策が幾度か行った調整を目の当たりにしてきました。馬寅初は、1953年には人口抑制を提案していたのですが、1982年に彼がこの世を去ってから数カ月たって、ようやく計画出産政策が憲法に書き込まれました。

　21世紀に入って間もなく、中国の人口の主な問題はもはや増加が速すぎることではなく、人口ボーナスが間もなく失われること、少子高齢化、出生性別比率のアンバランスなどになりました。国は2011年から、両親とも一人っ子なら子供を2人産んでよいという政策を実施、さらには両親のどちらかが一人っ子なら子供を2人産んでよいという政策を始めました。2016年、一人っ子政策は正式に終わりを迎え、強制避妊も過去のものとなったのです。

　統計によれば、中国の合計特殊出生率は現在わずか1.3で、一部の欧米先進国よりも低いほどです。子供が多ければ福が多いという、数千年受け継がれてきた伝統的な考えは、今日の中国ではすでに影も形もありません。専門家がまだ人口構成比率をどう調整するかと議論していたとき、中国社会にはすでに重大な変化が起こっていたのです。社会的な出産・養育・教育という3分野のコストは高くなるばかりで、多くの若い世代は結婚・出産に二の足を踏んでいます。ある調査によれば、「産むのをためらう」原因のトップ3は経済的な負担が重いこと、子供を見てくれる人がいないこと、女性が家庭と仕事のバランスをとりにくいことでした。

　2021年5月、国務院は第7次国勢調査の主要データを発表した後、「1組の夫婦は子供を3人産んでよいという政策を実施する」とも宣言しました。7月21日、政府部門はさらに三人っ子に伴う政策を打ち出し、若い世代が「産むのをためらう」問題を解決するため、託児サービスの拡大に重点を置くことにしました。しかしいずれにしても、3人目の子供を産むという家庭はあまり増えないでしょう。微増が新政策の目的の一つなのかもしれません。

1998
1999
2000
2001
2002
2003
2004
2005
2006
2007
2008
2009
2010
2011
2012
2013
2014
2015
2016
2017
2018
2019
2020
2021
2022
2023

74年后，内山书店回到中国

2021年7月10日，内山书店终于回到它的创办者及经营者们念兹在兹的中国，落户于天津。

内山书店由日本人内山完造始创于1917年，开设于上海虹口北四川路，是我国历史上最早引入"开架售书"模式的书店之一。它曾吸引鲁迅、郭沫若、田汉、郁达夫等多位著名作家。郁达夫曾说："我们这一批在日本住久的人在上海，总喜欢到他店里去坐坐谈谈。"1947年，当时的国民政府以亲共罪名，将内山完造遣返日本，内山书店在中国就此成为历史。

2013年，天津籍的纪录片导演赵奇做了一档名为《海外书店》的节目，其中就拍摄了位于东京神田的内山书店。书店的第四代主人内山深告诉赵奇，把内山书店重新开到中国，是内山家族的夙愿。赵奇说，从那天以后让内山书店回到中国就成了他的人生使命。

书店真正落地，就需要政府部门的批准和资本的支持。经过几年的奔波，赵奇终于在2019年获得了天津市的同意，并成为第一任店长。新开张的天津内山书店里不仅有门类丰富的日文书刊，也展示当年内山书店及中国作家的有关资料。

"祖父在上海时，内山书店几乎是他每天必到的地方，在黑云压城的时局下，内山书店成为祖父的一片绿色精神港湾。"鲁迅的孙子周令飞说。在新时代，重新开业的内山书店必将为推动中日友好，传播两国精品图书，发挥重要的桥梁和纽带作用。

74年を経て内山書店が里帰り

2021年7月10日、内山書店が創始者・経営者たちの願ってやまなかった中国への回帰をとうとう果たし、天津に腰を落ち着けました。

内山書店は日本人の内山完造が1917年に創立し、上海の虹口北四川路にオープンした、我が国の歴史上、最も早く「開架式書籍販売」モデルを導入した書店の一つです。これは魯迅・郭沫若・田漢・郁達夫ら多くの著名作家を引きつけました。郁達夫はかつて「我々のように、日本に長く住んだ人間は上海で彼の店に行き、座っておしゃべりするのが大好きだった」と語ったことがあります。1947年、当時の国民党政府は、共産党に親和的だという罪名で内山完造を日本に送還し、そのため中国での内山書店は過去のものとなりました。

2013年、天津出身のドキュメンタリー番組ディレクター、趙奇さんが「海外書店」という番組を作り、その中で東京の神田にある内山書店を撮影しました。書店の4代目店長の内山深さんは趙奇さんに、内山書店をもう一度中国で開くのは内山家の宿願だと語りました。趙奇さんは、その日から内山書店を中国に里帰りさせるのが彼の人生の使命になったと言います。

書店の経営を実現するには、政府関係部門の許可や資本面での援助が必要です。数年の苦労の末、趙奇さんはとうとう2019年に天津市の承認を取り付け、初代店長に就任しました。新規開店した天津内山書店には様々な種類の日本語の図書を置いているだけでなく、当時の内山書店や中国の作家に関する資料も展示されています。

「祖父が上海にいたとき、内山書店は祖父がほとんど毎日のように出かけていく場所でした。町に暗雲が立ち込める時代でも、内山書店は祖父が安らげる場所だったのです」と、魯迅の孫である周令飛さんは語ります。新時代に再び開店した内山書店は必ずや中日友好を推し進め、両国のすばらしい図書を紹介するために、重要な架け橋と絆の役割を果たすことでしょう。

1998
1999
2000
2001
2002
2003
2004
2005
2006
2007
2008
2009
2010
2011
2012
2013
2014
2015
2016
2017
2018
2019
2020
2021
2022
2023

高铁推出"静音车厢"

2020年12月24日，从上海驶向北京的高铁上，首次出现了"静音车厢"。定员90人，基本满座。车厢内总体保持安静，没有携带儿童的旅客。一些旅客闭目休息，也有几位旅客使用笔记本电脑办公，不少人主动戴上了耳机。车内自动广播音量比其他车厢要小，推着餐品小车的工作人员在进入"静音车厢"后，也停止商品介绍。

选择了"静音车厢"的张女士表示，"之前坐高铁，有小朋友，蛮吵的，长途出差没有办法很好地休息。"她支持"静音车厢"的推出，"有时候还是需要有一些约束感，当然这也是一种选择。"

铁路部门从2020年12月24日起，在京沪高铁、成渝高铁部分车次的三号车厢（二等座）试点推行"静音车厢"服务，但是，也表示"静音车厢不是无声车厢"，只是维持一个安静的车厢环境，个别的小声交谈，在不影响其他旅客的情况下是允许的。

澎湃新闻曾发起过"你讨厌哪种乘车行为"的投票。结果显示前三位都是"人为噪音"问题：手机接打电话、小孩打闹声、视频或音乐外放。虽然到处有"公众场合不能大声喧哗"的标语，但是遵守公共秩序，靠的是每个人的自觉，所以，静音车厢也可以说是个权宜之计。还有人认为，可以再推出更多不同的车厢，如亲子车厢，以满足不同乘客的需求。

高速鉄道に「マナーモード車両」現る

　2020年12月24日、上海から北京へ向かう高速鉄道に、初めて「マナーモード車両」がお目見えしました。定員は90名で、ほぼ満席です。車両の中は全体的に静けさが保たれ、子供連れの乗客はいません。一部の乗客は目を閉じて休んでおり、ノートパソコンで仕事をしている乗客も何人かいて、多くの人は自発的にイヤホンをつけています。車内の自動放送の音量は他の車両より絞られ、車内販売のカートを押すスタッフも「マナーモード車両」に入ると商品の説明をやめるのです。

　「マナーモード車両」を選んだ張さんは、「以前、高速鉄道に乗ったときは、子供がいてとても騒がしく、長距離出張なのにおちおち休んでいられませんでした」と話します。彼女は「マナーモード車両」が打ち出されたことに賛成です。「ときには多少の拘束も必要です。もちろんこれもある種の選択ですけどね」

　鉄道部門は2020年12月24日から京滬（北京－上海）高速鉄道、成渝（成都－重慶）高速鉄道の一部の列車の3号車（二等車）で試験的に「マナーモード車両」サービスを導入しました。しかし「マナーモード車両は沈黙車両ではありません」とも言っています。単に静かな車両環境を維持するだけであって、小声の些細な会話をするのは、他の乗客に迷惑がかからなければ許されるのです。

　以前、「ザ・ペーパー」が「車内でのどういう行為が嫌ですか」という投票をしたことがあります。その結果、トップ3はいずれも「人為的な騒音」問題でした。携帯での通話、子供の騒ぐ声、動画や音楽の音漏れです。あちこちに「公共の場では大声で騒ぐべからず」という標語がありますが、公共の秩序を守るのは個々人の自覚頼みなのです。ですから、マナーモード車両は当座しのぎの策とも言えるでしょう。様々な乗客のニーズに応えるため、親子車両などもっと様々な車両を作ってもよさそうだと考える人もいます。

算算我家民宿的幸福账

　　傍晚，太湖边下过一场雨，空气清冷而湿润。正好是吃饭时间，民宿的小院里显得热热闹闹。"有景有茶有朋友，收入情怀都兼顾！"民宿主人宋琪明笑着说。这是栋三层小楼的民宿，雅致、简约又时尚。

　　宋琪明大学毕业后，和不少人一样，选择了"铁饭碗"。2018年，村子开始景区建设，宋琪明和妻子一起辞职，把老屋翻建成了民宿。

　　在当地民宿排行榜上，宋琪明民宿的评价一直排在前列。为此，宋琪明用了不少心思。在一楼客厅，两张长桌取代了沙发，方便客人围坐一起喝茶聊天；照片墙上留下了许多游客的回忆，富有故事性；顶楼上能举办自助烧烤、生日聚会，还能观赏星空。前台的桌上有饮品、点心和糖果，还放着洗手液、消毒酒精等。

　　早前，这个村子也跟中国大部分农村一样垃圾乱堆、河道污染，没有公厕，也没什么游客。景区建成后，民宿也渐成规模，道路平坦了、路灯明亮了、配套设施完善了，乡村发生了翻天覆地的变化。

　　2020年初，受新冠肺炎疫情影响，村里民宿曾暂时关停。宋琪明就在线上推广自家种的土特产。4、5月份重新营业之后，客流基本恢复正常水平。"政策上有支持，未来发展更有信心。"宋琪明说，国庆、中秋假期，入住率达到90%，比上年同期还略有提升。如今，贷款已经还清，收入也颇可观，"算算经济账，算算生态账，再算算幸福账，怎么算都是我赚到了！"

我が民宿の幸福度

夕暮れどき、太湖のほとりでは雨が降りました。空気はひんやりとして湿り気を帯びています。ちょうど食事時で、民宿の庭はわいわいがやがやと賑やかです。「景色あり、お茶あり、友達あり。収入と気分が両立してる」と、民宿のオーナー宋琪明さんは笑って言います。ここは3階建てのこぢんまりした民宿で、優雅で簡素でしゃれています。

宋琪明さんは大学を卒業した後、ご多分に漏れず「鉄の飯碗（公務員）」を選びました。2018年、村で観光地域の建設が始まると、宋琪明さんは妻とともに仕事を辞め、実家の古い建物を建て替えて民宿にしたのです。

現地の民宿ランキングで、宋琪明さんの民宿の評価はずっとトップクラスを守っています。そのために彼は大いにアイデアを練りました。1階のラウンジには、ソファの代わりに長テーブルを二つ置き、利用客が周りに座ってお茶を飲み、おしゃべりできるようにしました。写真を貼る壁には大勢の観光客の思い出が残され、話題に事欠きません。屋上のペントハウスではバーベキューやバースデーパーティーをしたり、星空を眺めたりできます。フロントのテーブルには飲み物やお菓子、キャンディ、さらにハンドジェルや消毒アルコールなどが置かれています。

ずっと前、この村も中国の大部分の農村と同じくゴミがあちこちに積み上がり、川は汚染され、公衆便所もなく、観光客などもいませんでした。観光地域が完成すると、民宿もしだいに規模が大きくなり、道路は平らに、街灯は明るく、付帯設備は整備され、農村には目覚ましい変化が起こったのです。

2020年の初め、コロナ禍のために村の民宿はしばらくクローズしました。そこで宋琪明さんはオンラインで自家製の農産物を宣伝しました。4、5月に営業を再開した後、お客の人出はほぼ通常レベルに戻りました。「政策面でサポートがありましたから、これからの発展にも自信が持てます」と宋琪明さんは言います。国慶節・中秋節の休みには、客室稼働率は90％に達し、前年同期比をやや上回りさえしました。今はもうローンも完済し、収入も相当なものです。「経済面、生態環境面、さらに幸福面、どこをとっても私はうまくやったんです！」

1998
1999
2000
2001
2002
2003
2004
2005
2006
2007
2008
2009
2010
2011
2012
2013
2014
2015
2016
2017
2018
2019
2020
2021
2022
2023

―新征程―

時事中国語の教科書

―――――新征程―――――

2023
年度版

三潴正道 ｜ 陳祖蓓 ｜ 古屋順子

朝日出版社

※本テキストには **T1** ～ **T4** を掲載しています。

1998
1999
2000
2001
2002
2003
2004
2005
2006
2007
2008
2009
2010
2011
2012
2013
2014
2015
2016
2017
2018
2019
2020
2021
2022
2023

2023 まえがき

　「時事中国語の教科書」は毎年出版され、過去1年間の出来事を様々な角度から紹介するもので、2023年でシリーズ27冊目になります。

　2022年は秋に第20回党大会を控えています。この原稿を書いているのは2022年9月ですので、党大会の結果はまだわかりませんが、習近平が、江沢民、胡錦濤の例に倣わず、3期目に突入することはほぼ間違いなく、なおかつ、党総書記から党主席に格上げされることも取り沙汰されています。中国共産党結党百年の2021年に小康社会実現を、という目標を掲げて奮闘してきた習近平は、実現達成を公式発表し、その成果を引っ提げて、さらなる権力基盤の構築を図ろうとしています。

　貧困脱却が実際にどれほど進んだかには議論もありますが、大幅に促進され、農村の様相が一変したことに疑いはなく、改革開放以来の農村振興政策の一大成果と言えましょう。

　1978年の改革開放政策以降、1980年代の人民公社解体、郷鎮の復活、郷鎮企業の発展を経て、1990年代は一村一品運動や村村通（道路、電気、通信）によるインフラ整備に着手、農家生産請負制にも法的根拠を与え、発展の基盤をつくりました。2000年代に入ると、2003年、国務院は〈農村信用社改革推進試案〉を発表、「農村合作銀行」「農村商業銀行」など新型金融機関育成を進めると同時に、農民の転業と職業教育を推進しました。また、2005年には年貢にあたる農業税も廃止しました。

　一方、2004年の農民都市部流動人口は1億4千万人に達し、農村労働力再配置が焦眉の急になり、これに伴い農民工の子弟が都市の学校に入れない問題や、15歳以下の「留守児童」が1000万人に達する問題がクローズアップされ、また、70%以上の農民が適切な医療を受けられない状況の改善が叫ばれ、農村新合作医療もスタートしました。

　第13次5カ年計画がスタートした2016年、政府は、全面的な小康社会実現を目指し、農田水利建設の大規模な推進、現代農業イノベーションの普及、現代種子産業の発展、大規模経営の先導的役割、新職業農民の育成、農業生産構造と地域分布の適正化、農業のグリーンな発展、農業と産業の融合、農産物の流通インフラと市場の構築、レジャー農業と農村観光といった農業政策の大方針を次々に打ち出しました。2018年の"中央一号文件"では「"資本下郷"でいかに農村を富ませるか」をテーマに、五つの振興（農村産業の振興、農村人材の振興、農村文化の振興、農村生態の振興、農村組織の振興）が掲げられ、生活ゴミ、トイレの糞尿、生活汚水といった問題も含む〈農村生活環境整備三年行動方案〉が発表されました。また、2019年の"中央一号文件"では、農村貧困人口を1000万人減らすこと、300の農村

から貧困村というレッテルをはがすことが示されました。

　最近の主要テーマは、農業の科学技術化。温室栽培・水耕栽培・有機野菜・花卉栽培や、科学的管理下での育苗、小型ヘリやドローンでの播種や農薬散布、科学的農薬使用法や施肥方法などの知識の普及も進んでいます。農村伝統文化の破壊や空洞化も問題になり、"城市化"（都市化）、"城乡结合"（都市と農村の結合）による農村再生の取り組みも始まっています。政府は全国伝統農村徹底調査を行い、伝統村落リストを整備し、重要保護村落を指定しています。

　現在、ほぼすべてに自動車道路が行き渡り、公共バスが運行、光ケーブルも設置され、スマホが行き渡り、ECも盛んになった農村。2020年の農業のデジタル化レベルは10％で、今後、急速な普及が期待されています。

　こうした農村の変化と同時進行しているのがあらゆる面でのデジタル化が起爆剤となった社会生活全体のデジタル化。また、壮大な宇宙開発5カ年計画も進んでおり、中国が今後5年で大変貌を遂げることは疑いありません。

　一方、国際関係は大きな転換点を迎え、中国もそのかじ取りに懸命の努力を払っています。降ってわいたウクライナ戦争は、中国にとって決して対岸の火事ではなく、アメリカにとって代わり、グローバルガバナンスの新しい盟主たらんと営々と努力し、築いてきた国際的地位をいかにして保持し発展させていくか、まさにその岐路に立っています。

　ロシアにとって中国は最大貿易相手国。2014年にロシアがクリミアへ侵攻した翌年、習近平とプーチンは計6回会談し、主要協力文書90件に調印しました。同年6月には北京で中露天然ガスパイプライン東線中国国内部分起工式も行われており、ロシアが苦境に立った今は、天然ガスを安く仕入れる絶好のチャンスでもあります。一方、ウクライナにとっても中国は最大貿易相手国。1991年にウクライナが独立したとき、ウクライナの軍事専門技術者が大挙して中国へ流入、1999年には、ウクライナから空母「ワリヤーグ」を観光利用名目で購入した経歴もあります。現在、中国企業はウクライナ国内の太陽光発電建設や石油天然ガス採掘で次々と成果を上げており、一帯一路の列車も2020年6月に、武漢からキーウへ貨物列車の定期便運航が開始したところでした。

　ロシアとの経済関係で漁夫の利を得、またロシアと手を組むことで米英に対抗しようとする中国。一方、ロシアと手を組みすぎれば、中欧貿易ルートが阻害され、台湾問題がらみで更なる西側の経済的圧迫を受けかねない中国。BRICSとの連帯でアメリカに対抗しつつ、コロナ危機に喘ぐ国内経済の立て直しと喫緊の課題である習政権存続をどう乗り切るか、激動の1年が始まろうとしています。

令和4年秋　三潴正道

TOPIC 1

2022年，中国的"超级航天年"

2022年6月5日，在"神舟十三号"回家不到两个月后，又有三名航天员去宇宙"出差"了！这是中国航天员第九次踏上征途，也是"长征"系列运载火箭第423次冲向太空。

接着，7月24日，"问天实验舱"也被送入了太空，并且在13小时后，完成了与"天和核心舱"的对接任务。这是中国首次实现了两个20吨级航天器的在轨对接任务。

中国空间站"天宫"由三个部分组成：2021年升空的"天和核心舱"，2022年5月和7月升空的"天舟四号"和"问天实验舱"。"天宫"在2022年年底完成后，将正式开启中国的空间站时代。

从远古的女娲补天、嫦娥奔月、牛郎织女等神话传说开始，可以说，中国人的飞天梦已经做了几千年，而中国的航天事业真正起步还是在上世纪五六十年代。1970年4月，第一颗人造卫星"东方红一号"在酒泉发射成功，中国成为世界上第五个发射人造卫星的国家。

1992年，"神舟"号载人飞船工程正式列入国家计划。1999年11月20日，"神舟一号"试验飞船在酒泉起飞。经过多次试验飞行，2003年10月，中国第一位航天员杨利伟乘坐"神舟五号"飞船进入太空，实现了中华民族千年飞天梦想。

如今，航天已成为全民热门话题。中国通过29年的不懈探索，让"神舟"、"天舟"和"天宫"等一系列浪漫的名字逐渐变成现实，让中华文明古老的飞天神话从梦想走向现实！

2022年は中国の「スーパー宇宙年」

　2022年6月5日、「神舟13号」が帰着して2カ月足らずで、また3名の宇宙飛行士が宇宙への「出張」に旅立ちました。これは中国の宇宙飛行士の9度目の遠征で、「長征」シリーズ運搬ロケットの423度目の発射でもあります。

　続いて7月24日、「問天実験モジュール」も宇宙へと送られ、13時間後に「天和コアモジュール」とのドッキング任務を完了しました。これで、中国は初めて20トン級の宇宙船2基の軌道上ドッキングミッションを成功させたのです。

　中国宇宙ステーション「天宮」は三つの部分からできています。2021年に打ち上げられた「天和コアモジュール」、2022年5月と7月に打ち上げられた「天舟4号」と「問天実験モジュール」です。「天宮」が2022年末に完成すれば、中国の宇宙ステーション時代が正式に幕を開けます。

　遥か昔の「女媧が天を補う」「嫦娥が月へ奔る」「牽牛織女」などの神話伝説から、中国人は天空への夢を数千年も見続けてきたと言えます。しかし中国の宇宙事業が正式に始まったのは1950〜60年代でした。1970年4月、初の人工衛星「東方紅1号」が酒泉からの発射に成功し、中国は世界で5番目の人工衛星打ち上げ国になりました。

　1992年、「神舟」有人宇宙船プロジェクトが正式に国家計画に入れられます。1999年11月20日、実験宇宙船「神舟1号」が酒泉から飛び立ちました。幾度もの試験飛行を経て、2003年10月に中国初の宇宙飛行士、楊利偉さんが「神舟5号」に乗って宇宙へ飛び立ち、中華民族の千年にわたる天空への夢を実現させました。

　今や宇宙飛行はすでに全国民のホットな話題となっています。中国は29年にわたって絶えず模索を続け、「神舟」「天舟」「天宮」といった一連のロマンチックな名前を少しずつ現実のものとし、中華文明の遥か昔からの飛天神話を夢から現実へと向かわせたのです。

1998
1999
2000
2001
2002
2003
2004
2005
2006
2007
2008
2009
2010
2011
2012
2013
2014
2015
2016
2017
2018
2019
2020
2021
2022
2023

胡月，超酷！

黑暗中，假肢闪闪发光。"闪光少女"名叫胡月，在汶川地震中因受伤而截肢。乐观的她，为自己设计了闪光假肢，惊艳无数人。

2008年汶川地震，年仅12岁的胡月被救出来时，由于伤势严重，不得不进行截肢。截肢后，胡月也担心别人用异样的眼光看。2018年，她第一次穿了短裤。

心态的巨大转变始于2022年初。胡月受邀参加了2022年北京冬残奥会开幕式表演。"我认识了很多同样截肢的朋友，其中还有截肢后登上珠穆朗玛峰的人。这让我意识到截肢患者也可以做很多事，也可以去追逐梦想，不必太在意别人的眼光。"

最近，胡月将自己的假肢装饰出了酷炫闪光效果，大家也亲切地称她是"真实版闪光少女"。胡月说，这个闪光假肢外壳是由她和学设计的朋友一起设计的，而这位朋友也是一位截肢患者。如今，穿着酷炫的假肢走在路上，胡月也变得更加自信。

生活和工作中的胡月是一个爱笑、爱运动的女孩子。她喜欢滑板、跳舞等运动，尤其享受在滑板上风从耳边呼啸而过的感觉。"脚踩在滑板上，风吹过来的时候，特别舒服，感觉自己非常自由，可以滑去任何地方。"胡月说，不太喜欢别人同情的目光，"虽然我受过伤，但我一直在运动中寻找快乐。"她说，还有一个梦想，希望能带着她的小钢腿去潜水、去跳伞、去看遍江河湖海平原山川。

自信的女孩最美，为"闪光少女"点赞！

超クール！「閃光少女」

1998
1999
2000
2001
2002
2003
2004
2005
2006
2007
2008
2009
2010
2011
2012
2013
2014
2015
2016
2017
2018
2019
2020
2021
2022
2023

　暗闇の中で義肢がきらきらと光ります。「閃光少女」の名は胡月、汶川地震で負傷して足を切断しました。けれどもポジティブな彼女は、自ら光る義肢をデザインし、多くの人を魅了したのです。

　2008年の汶川地震で、わずか12歳の胡月さんが救出されたとき、重傷のため足を切断せざるを得ませんでした。手術後は、胡月さんも人から変な目で見られることを心配していましたが、2018年に初めてショートパンツを穿きました。

　気持ちの大きな変化は2022年初めに起こりました。胡月さんは招かれて2022年の北京冬季パラリンピック開幕式のパフォーマンスをしたのです。「同じように切断手術を受けた友達がたくさんできました。その中には足の切断後にチョモランマに登った人もいたんです。このことで私は、手足を切断した人でもいろんなことができるし、夢を追いかけてもいい、人の目をそんなに気にしなくていいんだと思うようになりました」

　最近、胡月さんは自分の義肢にまばゆい閃光エフェクトをデコし、みんなも親しみを込めて彼女を「リアル版閃光少女」と呼んでくれました。胡月さんは言います。この光る義肢のボディは彼女と、デザインを学ぶ友達とが一緒にデザインしたもので、その友達もやはり足を切断した人なのだと。今では、光る義肢をつけて歩いても、胡月さんはいっそう自信を持てるようになりました。

　生活と仕事での胡月さんは、よく笑うスポーツ好きな女性です。彼女はスケートボードやダンスなどの運動が好きで、特にスケートボードに乗り、耳元を風が吹き過ぎる感覚が大好きです。「足でボードを踏み、風が吹いてくるときが特に気持ちいいんです。自分がとても自由で、どこにでも滑って行ける気がします」と胡月さんは言います。人から同情の目で見られるのはあまり好きではなく、「けがはしたけど、ずっとスポーツで楽しみを求めています」。彼女には夢もあって、鉄の足をつけてダイビングをしたりスカイダイビングをしたり、川や野原や山などを見て回ったりしたいと思っています。

　自信を持った女性は最も美しい。「閃光少女」に「いいね」を！

"帐篷经济" 折射消费新趋势

支一顶帐篷，带一些食物，邀三五好友，拥抱自然，共话家常。近年来，露营成为广受欢迎的休闲娱乐活动之一。通过这种形式的"微度假"，人们感受回归自然的舒适，尽享与家人朋友相聚的欢乐。

"3、2、1，茄子。"90后的杨金秋和两位朋友正对着手机镜头开心自拍。三个人在旅行平台上刷到一个不太远但很有人气的露营地后，说走就走，驱车一个小时赶来。

数据显示，2022年上半年，"露营"在旅行平台的访问热度达到历史峰值。购物平台上，帐篷、天幕、户外椅、户外垫等成为消费者新宠。2022年6月25日，北京、郑州、青岛、深圳、厦门五个城市，七家营地在同一时间、不同城市举办了一场户外音乐会，为户外生活增添了人文色彩。

露营商品其实早在1994年就问世了，但直到2008年北京奥运会后才有了起色。但是，2015年以后，商品销售量持续下降。到2019年之前，很多户外用品销售公司退出市场，"那时候，真的是没法干了，两个交叉杆的帐篷卖两百多，毛利润大概只有10%"，一家公司的老板说。

2020年也被称为中国露营元年。在随后的两年里，受疫情叠加影响，露天开放的近郊游和无接触服务，成为更多游客的选择。如今露营的场景也越来越多元化，既有自己搭帐篷的，也有"拎包入住式"的。私家车的普及、城乡道路等基础设施建设的完善，也是露营经济的有力推手。

「テント経済」に見る新たな消費トレンド

　テントを一つ張って食べ物を少々携え、仲のいい友達を数人誘って、自然の中で気楽なおしゃべりに花を咲かせる。近年、キャンプは多くの人に人気のレジャー活動の一つとなっています。こうした「ちょい休暇」によって人々は自然回帰の心地よさを感じ、家族や友人と集まる楽しみを満喫するのです。

　「3、2、1、チーズ」。90年代生まれの楊金秋さんは2人の友人とスマホのカメラに向かって楽し気に自撮り。3人は旅行サイトで、あまり遠くないけれど人気のキャンプ場を見つけると、すぐさま車を1時間走らせてやって来ました。

　データによれば、2022年の上半期、「キャンプ」は旅行サイトの閲覧回数が史上最多を記録しました。ショッピングサイトでは、テント、天幕、アウトドアチェア、アウトドアクッションなどが消費者の新たなお気に入り商品になっています。2022年6月25日、北京・鄭州・青島・深圳・厦門の5都市、7カ所のキャンプ場で、同時刻・別地点の野外コンサートが開かれ、アウトドア生活に文化の彩りを添えました。

　実は、キャンプ用品は1994年には売り出されていたのですが、2008年の北京オリンピック後になってようやく人気が出ました。しかし2015年以降、商品販売量は右肩下がりで、2019年までに多くのアウトドア用品販売会社が市場から撤退しました。「あの時期は本当にどうしようもなかったのです。クロスポールテントが200元あまりでは、粗利は10%くらいにしかなりません」と、ある会社の社長は話します。

　2020年は中国キャンプ元年とも言われます。それからの2年間、コロナ禍の影響もあって、露天で開放的な近郊ツアーと接触ゼロのサービスは、いっそう多くの観光客から喜ばれるようになりました。今やキャンプシーンもますます多様化していて、自分でテントを張る形もあれば、「バッグ一つで泊まれる方式」もあります。自家用車の普及、都市部と地方を結ぶ道路などインフラの整備も、キャンプ経済を強く後押ししました。

1998
1999
2000
2001
2002
2003
2004
2005
2006
2007
2008
2009
2010
2011
2012
2013
2014
2015
2016
2017
2018
2019
2020
2021
2022
2023

饮食花絮

〈1〉 2021年，早餐工程列入上海市的民心工程。2022年，上海"早餐地图"正式上线。杨浦区的"互联宝地"园区里住着众多互联网从业人员。园区内的"逸刻"便利店提供豆浆油条、馄饨、面条等中式早餐，也提供西式口味的咖啡面包等。上班族既可以到店堂食，还可以线上下单，到店取餐。

有了"早餐地图"，人们只要打开手机，查找身边的早餐网点，就能享受晨间幸福。"早餐地图"上每增加一个标记，城市空间里就多一个热气腾腾的早餐空间。

〈2〉 每年夏天都是小龙虾消费的旺季，街头路边小龙虾摊位的飘香往往会引来一众吃货。然而，2021年夏天以后，小龙虾突然呈断崖式下跌。

吃小龙虾的时候，需要自己动手剥壳，费劲费时间。但是大家围坐着一起吃，可谓其乐无穷，吃小龙虾也可以说是一种社交活动。但是，2021年以后，由于受到疫情影响，餐饮业的堂食时间被缩短，聚餐的机会也没有那么多了，自然导致小龙虾的消费下降。

〈3〉 "華美社區剩食廚房"位於臺中市西區，廚師名叫葉凱維。今年三十出頭的他，每到黃昏，便會到市集尋寶，將許多店家賣不出去的"醜蔬果"帶回廚房。

葉凱維早在2016年就成立了一個網上的社團，取名為"剩食終結者"。中秋月餅吃不完、店家煮太多賣不完，都可以在社團上分享給需要的人。早期，這個平臺被家裡長輩看到，說是"很丟臉"。但是，葉凱維和夥伴致力翻轉價值觀，六年來，讓剩食再利用的觀念也愈見普遍。

〈1〉2021年、朝食プロジェクトが上海市の庶民生活プロジェクトに加わり、2022年には、上海の「朝食マップ」が正式にリリースされました。楊浦区の「互聯宝地」団地には、インターネット関連の仕事をしている人がたくさん住んでいます。団地内の「逸刻」コンビニエンスストアでは、豆乳に揚げパン、ワンタン、麺類といった中国式の朝食も、洋風のコーヒーとパンなども提供しています。通勤族は店でイートインもできるし、オンラインで注文しておいて、店に取りに来ることもできます。

　「朝食マップ」ができてから、人々はスマホで近くの朝食スポットを探しさえすれば、朝の幸せを味わえるようになりました。「朝食マップ」にアイコンが増えるごとに、都市空間にはホカホカの朝食スペースが増えるのです。

〈2〉毎年夏はザリガニの旬で、街角や道端のザリガニ屋台から漂う香りはしばしば大勢の食いしん坊を惹きつけます。しかし2021年の夏以降、ザリガニは急に人気が落ちました。

　ザリガニを食べるときは手で殻を剝かなくてはならず、手間も時間もかかります。しかしみんなで輪になって一緒に食べるのはそれこそ無上の楽しみで、ザリガニを食べることは人づきあいの一つだとも言えます。ところが2021年以降、コロナ禍の影響で飲食業の店内飲食時間が短縮され、会食の機会も少なくなって、自然とザリガニ消費が減ることになったのです。

〈3〉「華美社区残り物キッチン」は台中市西区にあり、料理人の名前は葉凱維といいます。今年30過ぎの彼は、いつも黄昏の訪れとともに市場に宝探しにやってきて、多くの店に出せない「わけあり野菜や果物」をキッチンに持って帰るのです。

　葉凱維さんは、2016年には「残り物ターミネーター」というオンラインサークルを作っていました。中秋節に食べきれなかった月餅や、店で作りすぎて売れ残った料理は、サークルで必要な人にシェアできます。はじめのうち、このサイトを見た年配の家族には「みっともない」と言われました。しかし、葉凱維さんと仲間は価値観を変えようと取り組んできて、6年の間に残り物の再利用という考え方もよりいっそう広く受け入れられるようになったのです。

今後5年間に力を入れる分野

- 現代的産業システムを構築、経済発展の重点を実体経済に。
- **製造強国、品質強国、宇宙強国、交通強国、ネット強国、デジタル中国**の建設。

① **農村振興の全面的推進**
- 農村の産業、人材、文化、生態、組織の振興を着実に推進。
- **食糧安全保障**のレッドライン、1億2000万ヘクタールの耕地の確保。

② **地域の協調発展**
- 地域協調発展戦略、地域重大戦略、**主体機能区戦略**、新型都市化戦略。
- 相互補完の地域経済布陣と**国土配置システム**の構築。

③ **高水準の対外開放の推進**
- **制度的緩和**による貿易強国の建設。
- 「一帯一路」の質の高い発展。
- 多元的で安定した国際経済構造と経済・貿易関係を維持。

④ **国家イノベーションシステムの向上**
- 科学技術革新システムを整備。
- **グローバルな競争力**を持つオープンイノベーション環境を形成。

⑤ **主要・コア技術の難関攻略**
- 主要・コア技術の突破。
- 重大な科学技術プロジェクトの実施。

⑥ **世界的に重要な人材センター及びイノベーションにおける優位性構築**
- 人材の国際競争における比較優位の形成。
- 各方面の優秀な人材を党と人民の事業に結集する。

⑦ **重要な生態系の保護・修復プロジェクトの実施**
- 生物多様性の保護における重大なプロジェクトの実施。
- **草原・森林・河川・湖・湿地の回復**。
- 長江10年間の禁漁、耕地休耕輪作制度の整備、外来種からの防御。

⑧**新型エネルギーシステムの構築を加速**

- **二酸化炭素（CO_2）排出量ピークアウトとカーボンニュートラル**。
- エネルギー革命の推進と**石炭のクリーンで効率的な利用**。
- 気候変動対策のグローバル・ガバナンスに積極的に関与する。

⑨**グローバル・ガバナンスのより公正で合理的な方向への発展を後押し**

- グローバル・ガバナンス体制の改革と構築に積極的に関与。
- 真の多国間主義を堅持し、**国際関係の民主化**を推進。

⑩**雇用優先戦略を実施**

- 雇用優先戦略を実施・強化し、**雇用公共サービスシステム**を整備。

⑪**社会保障の拡大**

- **都市部と農村部を統合的に計画**、持続可能で多層的な社会保障システムを整備。

著者の「つぶやき」

　思えば、このシリーズの教科書を作る仕事は四半世紀にわたって私の人生とともにあります。スペシャル版を作るという話が来た時、文字通り感無量でした。手書きから始まった一冊目から、自分のパソコンで編集や校正作業ができてしまう今日に至るまで、25年間は長かったようで短かったようにも感じられました。ここで、「あとがき」の代わりに、教科書にまつわる裏話をつぶやかせていただきましょう。

　まずはトピックの選択。意外と、トピック選択のスタイルはいまも変わっていません。一年の最初の打ち合わせに、三潴先生と互いに気になった記事を持ち寄って議論を交わします。ただ、インターネットがなかった時代は、記事はもっぱら『人民日報』でした。よく覚えているのは、三潴先生が記事を私の目の前で広げて、「これ、どう？」と聞くというシーンです。私が記事を受け取ると、先生はとてもうれしそうですが、私が首を横に振れば、先生はがっかりしながらもすぐさま新しい記事を「これ、どう？」と出します。そのやり取りを最初から編集を担当していた中西（陸夫）さんと、後半から加わった宇都宮（佳子）さんがいつも横でニヤニヤしながら見守ってくれます。

　ネット社会に入ってから、記事の出どころの範囲も次第に広がりました。ネット派の私をよそに、三潴先生は相変わらず、愛用のアタッシュケースかキャリーバッグから『人民日報』の切り抜きを「これ、どう？」と広げます。

　たいへんなのは次のリライト作業です。冒頭にも書きましたが、最初の数年間は全部手書きでした。ピンインをつけるのも手書き。そのため、ゲラにミスが多く、校正はとてもたいへんでした。真夏の八月、いつも汗だくで原稿を書いては先生にファックスで送信、そしてゲラの校正。帰省先の上海でも原稿とゲラを持って行って作業に取り掛かっていました。

　そして、先生とのやりとりもさらにシビアになります。最初の数年間は、先生からのダメ出しが多く、泣き出したり匙を投げたりするのも一度や二度ではありませんでした。家の電話で大声で「ケンカ」してしまい、家族を慌てさせたこともありました。しかし、教科書が世に出た後、先生が正しかったと毎回のように認めざるを得ませんでした。逆に言えば、先生が妥協しなかったから、この教科書が長く続くことができたのです。それに気づき、先生との「ケンカ」も自然と減りましたが、ただなくなってはいません。先生との「ケンカ」が有益なものだと分かっているので、いまも続いています。

　2019年、著者が三人になりました。編集のプロであり中国語の専門家でもある古

屋順子さんはとても心強い仲間です。トピック選択の的確さは三潴先生に負けてはいません。また、原稿の執筆が詰まった私に、「あと少しです」と優しい言葉を掛けてくれたり、校正作業の大半を自ら進んで担ったりしてくれて、真夏に吹く心地の良い風のような存在です。

　最後に、この教科書は、著者と編集者一同が中国社会の変化に向き合い、互いに四半世紀にわたって寄り添ってきた結果だと胸を張って言います。そして、これまでこの教科書を採用してくださった多くの先生方にこの場を借りて感謝の意を伝えたいと思います。

2023年　陳　祖蓓

表紙デザイン：大下賢一郎

時事中国語の教科書 四半世紀版
—中国25年の変遷（1998-2023）—

検印
廃止

© 2024 年 1 月 31 日 初 版 発 行

著　者　　　　　三潴　正道（麗澤大学名誉教授）

陳　祖蓓（外務省研修所）

古屋　順子（ともえ企画）

発 行 者　　　　　小川　洋一郎
発 行 所　　　　株式会社 朝 日 出 版 社
101-0065 東京都千代田区西神田 3－3－5
電話 (03) 3239-0271・72 (直通)
振替口座　東京　00140-2-46008
http://www.asahipress.com
倉敷印刷